Das Buch

Formenlehre ist ein in der Regel we[ ]
trachtetes Gebiet der Musik. Sie wird
musikfernen Schemata verkümmern
pressen und auf leblose Begriffe zu ~~~~~~~ ~~~ ~~~~~ ~~~~~~~~
berechtigt? Gibt es wirklich nur diese Möglichkeiten, über die Form in
der Musik nachzudenken und sich darüber zu äußern?

Clemens Kühn wählt einen vollkommen anderen Weg. Den Grundriß
der Darstellung bieten die Formideen und die formalen Gestaltungsprinzipien selbst in ihren geschichtlichen Verwandtschaften oder Wandlungen
gen und in ihren verschiedenen konkreten Erscheinungsformen. Dieser
Ansatz sucht den Einblick in Wesen und Art formalen Gestaltens und die
sich darin niederschlagende musikalische Denkweise.

Diese Formenlehre will neben sachlichen auch geschichtliche Zusammenhänge begreiflich machen, das ideell Wesenhafte herausarbeiten und
zugleich anreizen, weiterzuarbeiten und selbständig mit Musik umzugehen.

Der Autor

Clemens Kühn, 1945 in Hamburg geboren, studierte dort Schulmusik,
Germanistik, Musiktheorie und Komposition sowie in Berlin Musikwissenschaft. 1973 wurde er Professor für Musiktheorie an der Hochschule
der Künste in Berlin und wechselte 1988 an die Hochschule für Musik in
München; seit 1997 ist er Inhaber des Lehrstuhls für Musiktheorie an der
Hochschule für Musik ›Carl Maria von Weber‹ Dresden. Kühn ist seit
1999 Mitherausgeber der Fachzeitschrift ›Musiktheorie‹ und veröffent-
lichte u. a. eine ›Musiklehre‹ (Laaber 1981), die ›Gehörbildung im Selbststudium‹ (9. Auflage München und Kassel 2000), in der Reihe ›Bärenreiter Studienbücher Musik‹ die Bände ›Analyse lernen‹ (3. Auflage 1999)
und ›Kompositionsgeschichte in kommentierten Beispielen‹ (1998) und
schrieb für Fachzeitschriften und Lexika zahlreiche Artikel zur Musiktheorie, Analyse und Neuen Musik.

Clemens Kühn:
Formenlehre der Musik

Bärenreiter
Verlag

Für Luisa und Marcus und Martina

Besuchen Sie uns im Internet:
http://www.baerenreiter.com

1. Auflage Juli 1987
7. Auflage August 2004
© Bärenreiter-Verlag Karl Vötterle GmbH & Co. KG,
Kassel · Basel · London · New York · Prag 1987
Umschlaggestaltung: Jörg Richter, Bad Emstal
Satz: Knipp Textverarbeitung, Wetter
Noten: Ewoo Music Cooperators, München und Seoul
Druck und Bindung: Clausen & Bosse, Leck
Printed in Germany
ISBN 3-7618-1392-9

Inhalt

»Formenlehre« hat keinen guten Ruf: Sie verkümmere zu musikfernen Schemata, presse in eine Systematik, was historisch im Fluß ist, reduziere Musik auf leblose Begriffe. Formenlehre operiere, kurz gesagt, mit sinnleeren Hülsen.

Es lohnt, über solche Vorwürfe nachzudenken. Sichtbar werden dabei gleichzeitig die Position und das Konzept dieses Buches.

1. Ehrenrettung des »Schemas«

Man kann den Verzweigungen von Wirklichkeit (der realen wie der musikalischen) so rückhaltlos immer weiter folgen, daß buchstäblich nichts mehr geht. Hinter allem lauert sofort das »ja – aber«. »In einem Rondo kehrt der anfängliche Refrain stets in der Grundtonart wieder.« »Ja. Aber im Mittelteil von Beethovens Klavier-Rondo $\underline{C}$-dur op. 51,1 kehrt der Refrain in As-dur wieder.«

Man kann sich, nicht im mindesten beeindruckt von ihrer Vielschichtigkeit, die Wirklichkeit so zurechtlegen, daß man sie in einigen Formeln begriffen zu haben glaubt. »Hinter allen Formen steht im Grunde das Prinzip A B A.« Dann ist eine durchimitierte Motette des 16. Jahrhunderts ebenso formlos wie eine Bagatelle von Anton Webern.

Der erste Weg setzt den individuellen Einzelfall absolut, der zweite verengende Denksysteme. In ihrer rigorosen Ausschließlichkeit sind beide Wege irreführend. Daß zeitlos-universal gemeinte Sehweisen geschichtliche Wandlungen verleugnen und die Eigenart des einzelnen konkreten Werkes ignorieren, ist inzwischen allgemeine Überzeugung. Daß »individuelle Analyse«, heute allgegenwärtiges Zauberwort, ebenso ihre Maßstäbe sehen sollte, droht inzwischen fast vergessen zu werden. Sie darf nicht (aus der pluralistisch-individuellen und zumal in den 1960er Jahren auf das kompositorisch immer »Neue« gebannten Sicht des 20. Jahrhunderts) zu globaler Überschätzung des je »Einmaligen« verleiten. Das Gemeinsame, Nicht-Individuelle einer Zeit gilt es nicht zu unterschätzen: Verbindendes in harmonischer, melodisch-rhythmischer, syntaktischer Gestaltung; stillschweigende musikalische Übereinkünfte; formale Muster.

Die Wirklichkeit selbst legt einen Ausgleich nahe zwischen *abstrahierenden Wegweisern* (die sich nicht als überzeitlich und überpersönlich verstehen) und *analytischer Differenzierung* (die Übergreifendes nicht aus dem Auge verliert). Und die herausfordernde Freiheit von Analyse kann nur bewältigen, der schon um die Dinge weiß: der einmal verstehend gelernt hat, worauf überhaupt er jeweils achten sollte.

Nicht also das viel geschmähte »Schema« ist das Übel – sondern der Selbstzweck und die Hohlheit, zu denen es heruntergewirtschaftet wurde. Entscheidend ist, wie man mit ihm *umgeht*, und wie man es *einschätzt*:

Schemata benutzen Buchstaben, um das Verhältnis von Teilen zu charakterisieren. Wiederkehrende Buchstaben bezeichnen deren Identität (AA) oder Abwandlung (AA'), neue Buchstaben deren Ungleichheit (AB). Das sind hilfreiche Abstraktionen sowohl für das eigene Denken wie für die Verständigung untereinander. Ein »B« jedoch kann für drei wesensverschiedene Relationen stehen: in einer durchimitierten Motette für einen von den anderen *verschiedenen* Gedanken; in einer Liedform für den *kontrastierenden* Teil (wobei noch einmal das Ausmaß des Kontrastes zu differenzieren ist); in einer Collage für die *Beziehungslosigkeit* zwischen musikalischen Zitaten. Ein »AB« also, kommentarlos hingestellt, besagt überhaupt nichts. (Zum Vergleich: Unterlege ich einem Notentext die harmonischen Chiffren der Funktions- oder Stufenbezeichnung, ist damit – entgegen einer sogar an Hochschulen geübten Praxis – noch keine »Analyse« geleistet. Der harmonische Nachvollzug ist nicht schon Deutung, sondern *Voraussetzung* für eine Deutung.) Jedes Schema bedarf, um zu sprechen zu beginnen, der konkreten Interpretation. Ein Schema selbst ist noch nicht Erkenntnis: Es *ermöglicht Erkenntnis*.

Formale Modelle (wo sie möglich sind: Bach-Fugen entziehen sich einem »Modell«) sind *nachträgliche* Abstraktionen. Sie sind von Werken aufgrund gemeinsamer Merkmale abgezogen, die »das« Bild eines bestimmten Formverlaufs ergeben: Schnittpunkt zahlreicher kompositorischer Vorgänge (nicht vorgegebene Richtschnur, der ein Komponist unterwürfig gefolgt ist). Der Vorwurf also, Schemata seien musikferne Konstruktionen, verkennt ihren eigentlichen Wert. Sie bilden keine abgehobene Kontrollinstanz, an der ein Werk sich zu bewähren hat. Sie sind ein *Hilfsmittel der Orientierung*, das ermöglicht, die Eigenart des einzelnen konkreten Werkes zu ermessen: Das Besondere des erwähnten Beethoven-Rondos wird erst vor dem Hintergrund der Norm erkennbar, daß ein Refrain »stets« in der Grundtonart wiederkehrt.

2. *Formen*lehre – Formen*lehre*

Formen*lehre* ist nur die eine Seite: Typen und Modelle zu veranschaulichen. Dabei sollte »Lehre« befähigen und anreizen, weiterzuarbeiten und *selbständig* mit Musik umzugehen. Deshalb kehrt in diesem Buch, durch kleineren Druck abgesetzt, ständig die Empfehlung »man studiere . . .« wieder; um den Leser nicht allein zu lassen, sind die meisten Beispiele, je nach Schwierigkeit, kürzer oder ausführlicher kommentiert.

*Formen*lehre ist die andere Seite: der Versuch, jeweils das ideell Wesenhafte herauszuarbeiten und neben sachlichen auch geschichtliche Zusammenhänge begreiflich zu machen. (Gewiß könnte man – ein spezielles Beispiel – darauf verzichten, Viadanas »Kirchenkonzerte« von 1602 zu erwähnen, die für heutige Musizierpraxis völlig bedeutungslos sind. Aber *mit* Viadana erhält das bloße Etikett »Solistische Motette« plötzlich Leben: Verständlich wird sie aus damaliger Praxis heraus.)

Die Anlage des Buches entspricht dem. Jede Systematik hat ihre Tücken. »Vokalformen« und »Instrumentalformen« lassen sich gruppieren und je für sich darstellen. Die Trennung ist unglücklich. Das eine ohne das andere läßt sich nicht begreifen: in formalen Abhängigkeiten (das Ricercar als instrumentale Motette) und Analogien (Solokantate und Solosonate), in der allmählichen Umkehrung des Ranges (zugunsten der »absoluten« Instrumentalmusik) oder in Beeinflussungen (Schuberts »vokale« Themen). Anstelle einer polaren Systematik finden sich Anordnungen, die schrittweise vom Kleinen zum Großen hinführen: Motiv, Taktgruppen, Halbsatz, Periode, Liedform . . . Das ist griffig und gut zu lernen – aber verfälschend. Zum einen trägt das geschichtlichem Verstehen nichts ein und suggeriert überdies eine formgeschichtliche Zielstrebigkeit, die es nicht gibt. Zum anderen führt die Eingleisigkeit in die Irre: Das Motiv geht geradewegs zu auf die klassische Periode – nicht aber auf barocke Themenbildung. Von der Periode (bzw. dem »Satz«) wiederum gelangt man zwar zum Rondo (bzw. zur Sonate) – nicht aber zur Fuge, der periodische Bauweise wesensfremd ist.

Solche Überlegungen gaben den Anstoß, hier grundlegend anders vorzugehen: Den Grundriß der Darstellung bieten die *Formideen* und die *formalen Gestaltungsprinzipien* selbst in ihren geschichtlichen Verwandtschaften oder Wandlungen und in ihren verschiedenen konkreten Erscheinungsformen. Der Ansatz bei unterschiedlichen formbestimmenden Momenten sucht Einblick in *Wesen und Art formalen Gestaltens* und die sich darin niederschlagende *musikalische Denkweise*.

3. Beethoven und die andere Musik
Die im 19. Jahrhundert entstandene Disziplin »Formenlehre« orientierte sich an Beethovens Instrumentalwerken. Noch heute wirkt das nach. Die Gefahr ist eine vierfache Verengung der Perspektive: die Beschränkung auf instrumentale Formen; eine historische Begrenzung, die gerade noch bis 1600 zurück- und bis 1900 vorangeht; die Ausrichtung an Beethovenschen Kategorien; die einseitige Akzentuierung thematischer (statt harmonischer) Vorgänge. Dem will dieses Buch entgegenwirken:

Vokale Formen sind nicht Anhängsel der »eigentlichen« Instrumentalformen. Sie sollen sichtbar werden als deren Vorbild und Anreger und gewürdigt sein in zentralen Ausprägungen.

Alle Musik ist uns heute in fast atemberaubender Fülle gegenwärtig und verfügbar. Man sollte das als Chance nutzen: als Möglichkeit einer aufregenden Weite des musikalischen und historischen Blicks. An einer »Sinfonia« Monteverdis, einem »Balletto« von Gastoldi, an der Schönheit und Würde Gregorianischer Einstimmigkeit (ohne die doch die ganze Renaissancemusik in der Luft hinge) darf »Formenlehre« nicht achtlos vorbeigehen. Musik des 20. Jahrhunderts andererseits sollte nicht in ein gesondertes Kapitel verbannt, sondern selbstverständlich präsent sein (die Absonderung nährt nur zu leicht das Vorurteil, »Neue« Musik sei – im doppelten Wortsinn – eine Sache für sich).

»Entwicklung«, »Logik«, »Folgerichtigkeit« sind Kategorien, die Beethovens Formgestaltung kennzeichnen und von dort über Brahms und Schönberg in die Gegenwart reichen. Aufgrund dieser Traditionslinie und wegen des Zwingenden, das »Entwicklung« hat, ist die Versuchung fast übermächtig, alle Musik unter diesen Aspekten zu betrachten oder daran zu messen. An Mozarts Musik aber schon geht solcher Ansatz prinzipiell ebenso vorbei wie an Musik von Charles Ives; und aus der Perspektive Beethovens schnitte ein mittelalterliches Organum genauso schlecht ab wie eine Klangfarbenkomposition der 1960er Jahre.

Das Thematisch-Prozeßhafte schließlich des Beethovenschen Komponierens darf nicht blind machen für die frühere Formkraft des Harmonischen. Das mag ungewohnt sein von einer strukturbetonenden Sicht des 20. Jahrhunderts her – läßt sich aber gerade daran rekonstruieren: Thematisch-strukturelles Denken mußte im 20. Jahrhundert um so bedeutungsvoller werden, je mehr Harmonik als formtragendes Moment *ausfiel*.

4. Begriffe

Sprache ist stets nur Annäherung: ein Bemühen, mit Worten zu fassen, was – in Tönen gesagt – nicht restlos im Wort aufgehen kann. Und große Kunst läßt nichts Endgültiges zu; sie bleibt, reich an Sinnschichten und prinzipiell nicht auszuschöpfen in den Möglichkeiten des Verstehens, andauernde Aufgabe. Zu selbstgefälliger Sicherheit also ist niemals Anlaß. Es kann nur um die (immer wieder vorläufige und gerade darum immer wieder faszinierende) Anstrengung gehen, den musikalischen Gegenstand sprachlich und begrifflich so gut wie möglich zu treffen.

Begriffe sind Zeugnisse eines bestimmten Verstehens. Sie helfen – darin liegen ihr Sinn und ihre ausschließliche Funktion – begreifen: um so tiefer, je sachgerechter, präziser und eingegrenzter sie sind (ein Begriff, der großzügig alles fassen will, faßt überhaupt nichts mehr).

»Verschiedenheit«, »Beziehungslosigkeit«, »Gruppierung«, »Logik«: Begriffe dieses Buches, die sich seit langer Zeit im musiktheoretischen Schrifttum finden. Mit einer insgeheimen Orientierung an Beethoven könnte wiederum zusammenhängen, daß sich drei von ihnen bislang nicht allgemeiner durchgesetzt haben: Die Idee der »Gruppierung«, des

Gleichgewichts zwischen Formteilen, steht im Schatten von jener der »Entwicklung«; »Verschiedenheit« als (ihrer Herkunft nach) vor-klassische und »Beziehungslosigkeit« als (im wesentlichen) nach-klassische Kategorie liegen dann außerhalb des Blickwinkels. Die Erweiterung jedoch der üblichen Trias Wiederholung-Variante-Kontrast ist sachlich und historisch geboten (auch wenn, hier wie sonst, die Begrenztheit von Sprache empfindlich fühlbar wird: Denn »Verschiedenheit« als *Stufe* einer Skala, die von »identisch« bis »beziehungslos« reicht, könnte zugleich als *Oberbegriff* einer Skala gelten, die das Ausmaß von Ungleichheit beschreibt). Statt »Beziehungslosigkeit«, wie gelegentlich vorgeschlagen, »Zusammenhanglosigkeit« zu sagen, scheint mir nicht angemessen: »Zusammenhang« meint eher das fertige Ganze, »Beziehung« aber (und darum geht es bei der Abstufung) das Verhältnis von Teilen zueinander.

Um genaues Verstehen bemühen sich auch andere Begriffe. »Soggetto« (statt »Motiv« oder »Thema«) sollte wiederbelebt werden für ältere Musik. »Sonatensatzform« halte ich für die treffendere Bezeichnung gegenüber »Sonatenform«, die an den Sonatenzyklus denken läßt, und »Sonatenhauptsatzform«, die sich auf den Kopfsatz einer Sonate bezieht, während prinzipiell jeder Satz (in Mozarts Klaviersonate *F*-dur KV 280 z.B. alle drei Sätze) diese Form aufweisen kann. Innerhalb der Sonatensatz-Exposition empfehle ich die Begriffe »Entwicklung« (was den musikalischen Vorgang meist korrekter benennt als »Überleitung«) und »Auflösung«. Weniges ausgenommen, wird es pragmatisch allerdings vernünftig sein, eingeführte Begriffe zu belassen, aber wo nötig zu differenzieren: Von Erwin Ratz (Einführung in die musikalische Formenlehre, Wien 1951, ³1973) übernehme ich den Begriff »Satz« als Gegentypus zur klassischen Periode, folge aber nicht seiner verkürzenden Bestimmung. Der Begriff »Satz« ist freilich insofern nicht die idealste Lösung, als schon zu viele Sachverhalte mit ihm belegt sind. Das kann zu sprachlicher Groteske getrieben werden: »Der erste Satz beginnt mit einem als Satz gebauten Hauptsatz, dessen erster Halbsatz, der Vordersatz . . .« (Wenigstens für das erste und zweite Thema in der Sonate sollte man darum auf »Haupt-« und »Seiten*satz*« verzichten.) Will man aber nicht in eine private Terminologie flüchten, befreit aus diesem Dilemma nur genaue Definition dessen, wovon jeweils die Rede ist.

5. Beispiele
Der Wiedergabe von Notenbeispielen sind in jedem Buch Grenzen gesetzt; bloßes Registrieren von Werken aber (womöglich noch mit dem utopischen wie unnötigen Ehrgeiz, vollständig sein zu wollen) nutzt musikalischem Verstehen gar nichts. Zwei Konsequenzen hielt ich für praktikabel und sachlich angemessen:

Standardwerke der Literatur wird jeder Musikinteressierte besitzen oder mühelos erreichen: An Noten glaube ich beim Leser voraussetzen zu dürfen Bachs ›Wohltemperiertes Klavier‹ und ›Inventionen‹, Mozarts und Beethovens Klaviersonaten, Schumanns ›Kinderszenen‹. Andere Literatur, deren Abdruck den Rahmen des Buches gesprengt hätte, ist leicht zugänglich in Partitur und Schallplatte (*selbst* darstellen auf dem Klavier ist ertragreicher!).

Eine Begrenzung im einzelnen ist sinnvoll. Das Kapitel »Suite« verzichtet bewußt darauf, *alle* vorkommenden Suitentänze aufzuführen. Denn wesentlich dürfte kaum sein, sämtliche Tanztypen präsent zu haben, über die bei Bedarf jedes Lexikon informiert: Unsinn wäre, nur stumpf zu lernen statt zu begreifen, und sich dabei noch das einzupauken, worauf es weniger ankommt. Wichtig ist nicht ein fleißiges Auswendiglernen aller möglichen Tanzarten, sondern das Wesenhafte von »Suite« zu verstehen, das Verhältnis ihrer Tänze zueinander, die Satzform, den inneren Sinn ihrer Satzfolge, die Bedeutung und Beziehung von »Tanz«musik und »Kunst«musik.

Die Kapitel des Buches sind für sich verständlich: Der Leser kann einsteigen, wo er mag. Querverweisen jedoch sollte er nachgehen: als Brückenschlägen, die sinnhafte Zusammenhänge zu verdeutlichen suchen.

Berlin, im April 1986   Clemens Kühn

A Formgebung und Zusammenhang

Meist ist es das scheinbar Selbstverständliche, das staunen macht. Woran liegt es, daß ein musikalisches Kunstwerk nicht auseinanderfällt in eine bloße Anhäufung von Einfällen, daß es nicht den schalen Eindruck von Beliebigkeit zurückläßt, sondern als zwingendes, geschlossenes Ganzes wirkt? Dies ist eine ihrer zentralen und stimulierenden Fragen, auf die Formbetrachtung zu antworten versucht.

Musikalische *Form* – die fertige Gestalt eines Gedankens, eines Teilstücks, eines ganzen Satzes oder einer Satzfolge – setzt den gestaltenden Akt des *Formens* voraus. Erst bewußte Formgebung macht aus einer Folge von Tönen verschiedenartige, sinnerfüllte Äußerungen, schafft Verbindungen zwischen Teilen oder läßt sie hart gegeneinander stehen: Zu unterschiedlichen Zeiten in unterschiedlicher Weise zielt Formgebung auf ein *Verhältnis* und auf *Zusammenhang* der musikalischen Details wie des Gesamten. Denn abhängig ist die Art der Formgebung von der Formvorstellung: Musikalische Form verkörpert, in der je eigenen Umsetzung eines Komponisten, *geschichtliche Denkweisen*. Beide Momente sind gleich wichtig: die *Formidee* selbst, die sich ausprägt in den inneren Verästelungen wie dem äußeren Bau eines Werkes, und der *historische Wandel* dieser Ideen.

Ein imaginäres Gegenüber – der künftige Hörer – kann zudem die Formgebung beeinflussen. Daß ein Hörer, grundsätzlich und instinktiv, Momente eines Werkes aufeinander bezieht und einer Richtung erwartungsvoll folgt – *Erinnerung* und *Erwartung* spielen zusammen –, ist für den Komponisten bedeutsam. Er kann Hörerwartungen und Verstehensweisen berücksichtigen, indem er ihnen entspricht oder sie (wie etwa die Beispiele Haydns S. 195f. demonstrieren) durchkreuzt: um zu überraschen, zu provozieren, zu foppen.

Die folgende Zusammenstellung formgebender *Mittel* sagt also noch nichts aus über ihre konkrete Bedeutung, Funktion und Wirkung:

Wiederholung: Gedanken und Teile werden unverändert aufgegriffen; sie sind einander *gleich*.

Variante: Gedanken und Teile werden abgewandelt; sie sind einander *ähnlich*.

Verschiedenheit: Gedanken und Teile setzen sich voneinander ab, ohne identisch zu sein oder ausgesprochen zu kontrastieren; sie sind *anders*.

Kontrast: Gedanken und Teile streben auseinander und gegeneinander; sie sind zueinander *gegensätzlich*.

Beziehungslosigkeit: Gedanken und Teile haben nichts miteinander gemeinsam; sie sind einander *fremd*.

Wiederholung

Wiederholung ist die einfachste und zugleich nachdrücklichste formbildende Kraft. Sie gibt dem Hörer Halt. Er kann etwas wiedererkennen und umstandslos aufeinander beziehen. Unmittelbare Wiederholung dient dem ebenso wie die *Wiederkehr* eines Formteils. Doch hat die Wiederkehr eine andere Funktion. Man nehme Robert Schumanns ›Kinderszenen‹: In ›Von fremden Ländern und Menschen‹ kehren die ersten acht Takte nach sechs Zwischentakten wieder, in ›Kuriose Geschichte‹ nach vier, in ›Wichtige Begebenheit‹ nach acht Takten. Jedes Mal aber ist die Wiederkehr ein räumlich strukturierendes Moment, ein Stück musikalische Architektur. Indem sie früher Gesagtes wieder aufgreift, markiert sie Bezugspunkte, die im musikalischen Ablauf einander entsprechen wie die tragenden Pfeiler einer Brücke.

Sofortige Wiederholung – ein betontes, stabiles, deutlich trennendes Zweimal – bedeutet zugleich Verzicht auf Neues. Sie versagt sich dem menschlichen Hang nach Abwechslung. Dem aber kann die Musik auf verschiedene Weise entsprechen: durch weiterführende *Folgerungen*, die aus der Wiederholung gezogen werden; durch den Anschluß von etwas *Anderem*; durch gleichzeitige *Abwechslung* in einer anderen Dimension.

In Schumanns »Impromptu«, dem ersten der ›Albumblätter‹ op. 124 für Klavier, sind 1. und 2. Takt identisch; die Unterstimmen der jeweils zweiten Takthälfte kehren, komplementär in ♪, die melodische Bewegung um:

Die Erwartung ist geweckt, daß etwas geschieht – die Takte 3 und 4 ziehen, an das Gesagte anknüpfend, *Folgerungen*: ♪ nur oben, unten Verkürzung zu ♫; harmonische Aktivität gegenüber dem anfänglichen Verharren in *d*-moll; Ausbreitung des chromatischen Elements; abwärts strebende Bewegung:

14

›Bittendes Kind‹, aus Schumanns ›Kinderszenen‹, dagegen kreist in
sich ohne Folgerungen: 16 Takte hindurch lauter wiederholte Zweitakter, die sich, bogenförmig den Anfang aufgreifend, in den Septakkord
öffnen – anrührend der poetische Bezug zum Titel durch stete Wiederholung und erwartungsvolles Aufhören. Rhythmisch, mit Ausnahme des
Basses, sind alle Zweitakter identisch; melodisch und harmonisch aber
bringt jede Wiederholung *Anderes* hervor, das hier sanft fortgeht.

Unablässig wird im Klavierpart des Schubert-Liedes ›Die liebe Farbe‹
(aus ›Die schöne Müllerin‹) der Ton *fis¹* angeschlagen. Seine harmonische
Bedeutung jedoch wechselt ständig: Grundton von *fis*-moll, Terz von
D-dur ... Eindringliche Wiederholung wird belebt durch harmonische *Abwechslung*, harmonische Veränderung zusammengehalten
durch Wiederholung ihres Bezugstones:

Ähnlich Chopins Prélude *Des*-dur (Nr. 15 der Préludes op. 28): Hier
sind die Töne *as* bzw. *gis* in Achteln pochender Hintergrund – so
konsequent, daß ihr plötzliches Aussetzen kurz vor Schluß momentlang
den Atem stocken läßt ...

Je mehr Musik in sich kreisen möchte, statt sich gerichtet fortzubewe-
gen, um so bedeutungsvoller werden Wiederholungen. Sie wirken, als
Bestätigung, stabilisierend und unterstützen zugleich, als Beharren, das
Strebungslose. Erklärlich wäre damit, warum in der impressionistischen
Klangwelt von Claude Debussy das *Zweimal-Sagen* geradezu ein Stil-
prinzip ist:

15

Cl. Debussy ›L'Isle Joyeuse‹ für Klavier

Zweimal dasselbe, ein Zwischentakt, noch einmal (oktaviert) der Beginn, ein letzter Takt, der auf dem Ton *cis* beharrt, der jeden Takt eröffnet. Weder strebt dieser Anfang auf etwas hin noch ist er rhythmisch oder tonal fest umrissen. Takt 1 sequenziert eine viertönige Figur mit einem übermäßigen Dreiklang. (Die Umschrift *h-dis-g* statt *fisis* sowie *a-cis-f* statt *eis* ist hier bedeutungslos.) Dabei schält sich ein chromatischer Abstieg heraus, von *cis²* zu *g¹*. Die dritte ♪-Figur weicht mit ihrem letzten Ton ab, so daß das erneut einsetzende *cis²* in die Mitte ihrer Ecktöne *g¹-g²* trifft. Takt 3 bringt behutsam Neues: Der übermäßige Dreiklang scheint als Klang auf (*g h + dis* [=Triller] / *cis + f a*) statt linear gebrochen zu sein; umgekehrt resultiert die Ganztonleiter am Taktschluß (*cis h a g f dis*) aus den Tönen dieser Klänge. Übermäßiger Dreiklang; Chromatik; Oktavteilung (*g¹-cis²-g²*); Ganztonleiter: Tonale Unschärfe ist das Ergebnis. (Eine Ganztonleiter hat keinen definierten Grundton; ein übermäßiger Dreiklang kann, je nach Bedeutung seiner Töne, zu verschiedenen Tonarten geführt werden.) Debussy bevorzugt diese Mittel. Seine Musik will Atmosphäre, verschwimmend weichen Klang. Dem schwerelosen Gewirk gleich wichtiger Stimmen aber kann das *Zweimal-Sagen* Rückgrat und zugleich Bestärkung sein.

Hellhörig macht solche Musik für eine völlig andere Auffassung von Wiederholung: Wiederholung als die *Sache selbst*, um die es geht. Ravels berühmter ›Bolero‹ zieht seine hinreißende Wirkung aus der unablässigen Repetition. Insistierend Immergleiches im Rhythmisch-Melodischen wird zum überwältigenden Ereignis. Das Atemverschlagende der Partitur freilich beruht auf den raffiniert dosierten Veränderungen: auf wechselnder Instrumentation der Melodie und wechselnder Unterstützung des Grundrhythmus, auf dynamischer Eskalation in steter Vergrößerung des orchestralen Apparates und auf dem unerhörten Effekt der harmonischen Ausweichung kurz vor Schluß.

Pure Wiederholung auf lange Strecken ist selten; wenn sie aber komponiert ist, wird das Risiko der Spannungsarmut durch äußerste Drastik ausgeglichen. Bernd Alois Zimmermanns Orchesterwerk ›Musique pour les soupers du Roi Ubu‹ (1966) will schildern, wie eine freiheitliche Akademie, vom despotischen König Ubu zum Bankett geladen, am Schluß durch eine Falltür verschwindet. Der letzte Satz – ›Marche du décervellage‹, Marsch der Enthirnung – ist aus nur drei Zitaten montiert: aus Wagners »Walkürenritt«, aus Berlioz' ›Symphonie fantastique‹ (»Gang zum Richtplatz«) sowie dem Anfangsakkord aus dem ›Klavierstück IX‹ von Karlheinz Stockhausen. Bei Zimmermann tritt dieser Akkord insgesamt 631mal auf, im Wechsel mit den Berlioz- und Wagner-Zitaten dynamisch bis zum »con tutta la forza« getrieben. Die letzten 86 Takte beruhen auf erbarmungsloser Wiederholung von Akkord und (Berliozschem) Rhythmus. Nichts folgt daraus, nichts ändert sich, alles bleibt unerbittlich dasselbe. Beklemmend hämmert die stumpfe Repetition den Untergang der Akademie und mit ihr der künstlerischen Freiheit heraus.

So verschieden Sprache und Kontext, so unterschiedlich die Wirkung von Wiederholung als der Sache selbst: das *nicht-fort-wollen* als Steigerung zu rauschhafter Ekstase bei Ravel, als Ausdruck nackter Brutalität bei Zimmermann. Ein meditatives Moment wird Wiederholung in der (von außereuropäischem Denken beeinflußten) *minimal music* seit den 1960er Jahren, die sich mit wenigen, knappen Elementen begnügt. Ein Schlüsselwerk dieser Richtung wie – seiner Wirkung wegen – der Neuen Musik ist ›In C‹, 1964 von dem Amerikaner Terry Riley komponiert. Das Stück besteht aus 53 kurzen Formeln, die von beliebigen und beliebig vielen Melodieinstrumenten in der gegebenen Abfolge vorzutragen sind. Dazu gibt ein Klavier, mit den ständig wiederholten höchsten *C*'s, einen für alle verbindlichen Achtelpuls vor. Die Spieler beginnen nicht gleichzeitig, sondern fädeln sich nacheinander ein (um sich am Schluß in derselben Weise wieder zurückzuziehen); und ebenso eigenständig schreiten sie, sorgsam aufeinander hörend, von Nummer zu Nummer fort, so daß sich stets mehrere Formeln überlagern. Die ersten sieben Formeln[1] heißen:

[1] Im Cover der Schallplattenaufnahme von ›In C‹ sind alle 53 Modelle wiedergegeben (Columbia Ms 7178).

Nach und nach baut sich ein Klangfeld auf: *c-e*, *f* tritt hinzu und mit ihm die ersten Achtel, *c* fällt fort, *g* als neuer Ton . . . Ganz eigentümlich das Ineins von Statik und Bewegung: Die gelassen in sich kreisenden, versunken-ziellosen Wiederholungen verschränken sich mit behutsamem Fortgang, da die Formeln sich kaum merklich zu verändern beginnen. Einerseits steht die Musik still – nichts ereignet sich –, durchpulst nur von dem konstanten metrischen Schlag des Klaviers; andererseits gleitet sie nach und nach hinüber in andere Zustände. So etwas läßt sich nicht gedrängt sagen. Das verlangt nach Ruhe, Muße, Zeit. Diese Musik lehrte ein neues Zeitgefühl. Sie wirkt, als sei sie immer schon da, ohne eigentliches Beginnen und Schließen.

Im musikalischen Umfeld des 20. Jahrhunderts war ›In C‹ geradezu bestürzend neu: statt knapper Formulierung (Dauer: 10 Minuten, Zeitmaß: ♩ = 60 war ein fast stereotypes Raster dieser Jahre) eine Musik von scheinbar zeitlos unendlicher *Länge*; statt komplizierter rhythmischer Organisation, die ein Metrum auslöschte, wieder greifbare Rhythmik und ein definiertes *Metrum*; statt hochkomplexer Strukturen die Verwendung *einfacher Bausteine* (mit denen angemessen umzugehen das eigentlich Schwierige für die Spieler ist); statt Atonalität, der Preisgabe eines tonalen Zentrums, wieder *tonale Regionen*: vom klaren *C*-dur des Beginns über unterschiedlich deutliche oder verwischte Zwischenfelder zum schließenden *g*-moll; und statt der Scheu vor demonstrativem Zweimal die unbekümmerte *Wiederholung*: Magie des Immergleichen.

Variante

1760 schrieb Carl Philipp Emanuel Bach seine ›Sonaten mit veränderten Reprisen‹, sechs und acht Jahre später ›Kurze und leichte Klavierstücke mit veränderten Reprisen‹. »Reprise« meint im 18. Jahrhundert *direkte* Wiederholung: eines Formteils, der von Wiederholungszeichen eingeschlossen ist, oder kleinerer Teilstücke. In diesen »Sonaten« und »Klavierstücken« erscheinen Abschnitte sogleich noch einmal, dann aber in variierter Gestalt, in »veränderten Reprisen«. Ausgeschrieben und *komponiert* hat Bach hier, was der Aufführungspraxis seiner Zeit entsprach, nämlich bei – nicht erneut notierten – Wiederholungen Verzierungen zu *improvisieren*:

Die veränderte Fassung behält den harmonischen Gang bei und die melodischen Kerntöne. Zugleich aber bringt sie, neben zwei kleinen Abweichungen im Baß, in Rhythmik und melodischer Umschreibung eine spürbare Belebung.

In solcher Schwebe hält sich die *Variante*. Sie ist eine Veränderung (*variieren* = verändern), aber nicht in allem. Sie ist erkennbar rückbezogen auf Vorangegangenes, ohne mit ihm identisch zu sein; sie weicht von ihm ab, ohne sich sofort zu weit zu entfernen. Welches der beiden Momente überwiegt, muß darum im Einzelfall geprüft werden: ob Gleiches oder Ähnliches dominiert, die Variante also der »Wiederholung« näher steht (wie eben im Beispiel Bachs), oder ob das Andersartige oder gar Gegensätzliche vorherrscht, die Variante sich also in Richtung »Kontrast« bewegt. Denn die Art der Varianten ist einerseits abhängig von den Sprachweisen einer Zeit: »Alle Veränderungen müssen dem Affeckt eines Stückes gemäß sein«, fordert Carl Philipp Emanuel Bach in seiner Klavierschule (1753), getreu der barocken Forderung nach der Einheit des Affektes (S. 21) in einem Satz. Andererseits ist sie abhängig von dem jeweiligen Werk; sein Charakter bestimmt Grad, Anzahl und Tempo von Abwandlungen. Eine kleine, auf ruhige Geschlossenheit bedachte Form würde gesprengt von jenen energisch ausgreifenden Varianten, mit denen Beethoven den Schlußsatz seiner Klaviersonate *c*-moll op. 10,1 eröffnet:

Die Schwerpunkte (hört man ♪ | ♩♩♩♩♩ ?) sind zunächst völlig unklar. Daß das sechstönige Unisono metrisch nicht eindeutig definiert, sondern »irgendwo« plötzlich »da« ist, verstärkt seine lineare Kraft.

Begründet ist darin das Ungestüm, mit dem die Figuren den Tonraum durchmessen, erst leittönig den c-moll-Dreiklang umfassen ($h \rightarrow \underline{c}, f \rightarrow \underline{es}$, $as \rightarrow \underline{g}$), bis der vermeintliche Grundton c überraschend zum Bestandteil der Doppeldominante erklärt wird (T. 3). In stets größeren Wellen verläuft die Bewegung, die sich immer wieder abstößt vom c-h-c. Dies und vor allem der identische Rhythmus verknüpft die Varianten miteinander. Die rhythmische Kraft wirkt so stark, daß noch der dritte stauende Takt auf das Vorangegangene bezogen bleibt – ungeachtet des Doppelschlags (in dem noch einmal das c-h-c aufblitzt), der rhythmischen Variante ♩♪ gegenüber (7) ♪ und der nun gegenläufig fallenden Melodie. Hier sind die Varianten nicht, wie bei Bach, *Ornament*, Träger belebender oder intensivierender Abwechslung. Sie sorgen vielmehr (in dem, was sie unterscheidet) für ein »fort von«, ein *Weitertreiben* des Geschehens, zugleich aber (in dem, was sie verbindet) für *Zusammenhang*.

Verschiedenheit

Man singe und vergleiche diese melodischen Teilstücke, die herausgelöst sind aus einem vierstimmigen ›Ave Maria‹ von Josquin des Pres (ca. 1440-1521):

A - ve Ma - ri - - - - - - - - - a

Do - - - mi - nus te - - - cum

Et be - ne - dic - ta sint

Einiges verbindet die Linien: der begrenzte und gleichmäßig ausgefüllte Ambitus; der sanfte Wechsel melodischen Steigens und Sinkens; der Ausgleich von Sprüngen (»A – ve«, »[Do-]mi – nus«) durch gegenläufige Sekundenschritte; die Sekunde als das tragende Intervall. Dies sind jedoch allgemeine Charakteristika der vokalen Sprache im 15. und 16. Jahrhundert, keine spezifischen Merkmale der Beispiele.

Ihr je Eigenes ist gleichwohl deutlich. Das »Ave Maria« bedient sich, die ehrwürdige Anrede zu unterstreichen, eines bevorzugten rhythmischen Eingangs der Zeit: der behutsamen Beschleunigung (hier von ▭ über ○ zu ♩), um sich dann melodisch zu verströmen. »Dominus tecum« hat einen prononciert synkopischen Einsatz, prägnante Rhythmik, fallende

Bewegungsrichtung. »Et benedicta sint« hebt sich ab durch das freudig bewegte Dreiermaß.

Jede der drei Linien steht für sich. Sie sind weder miteinander verknüpft noch gegensätzlich zueinander. Eingebunden in sprachlich Allgemeines, zeigen sie weder Ähnlichkeit (das verbot der unterschiedliche Text), noch Wiederholung (das widerspräche dem Ideal der Zeit, das kontrapunktisch nach immer Anderem verlangte), noch Kontrast (das war der Renaissancemusik wesensfremd). Sie sind lediglich untereinander *verschieden.*

Kontrast

Musik der Renaissance (deren leiserer Tonfall deswegen nicht Leidenschaftslosigkeit meint, wie das blutleere Grau in Grau der meisten Aufführungen mißversteht!) nutzt die *Verschiedenheit* von Gedanken. Musik des Barock geht aus von der *Einheit des Affektes* innerhalb eines Satzes. Darstellung und Stimulation seelischer Erregung – Freude, Zorn, Triumph, Furcht, Trauer – galt als wesenhafte Bestimmung der Musik; der einheitliche Affekt hält die Form von innen her zusammen. Musik der Klassik entdeckt, in tiefgreifendem Wandel der Ausdruckshaltung, den *Kontrast* als eine formbestimmende Idee.

Zwei Beispiele Mozarts verdeutlichen, wie sehr dabei Art, Ausmaß und Wirkung eines Gegensatzes von dem Vorangegangenen abhängen:

W. A. Mozart, Streichquartett A-dur KV 464, 1. Satz

W. A. Mozart, Klaviersonate c-moll KV 457, 1. Satz

Die Beispiele ähneln einander in satztechnischer und harmonischer Anlage. Beide setzen Linie (T. 1/2) gegen Klang (T. 3/4), Einstimmigkeit gegen akkordischen Satz; beide Male verstärken unterschiedliche Artikulation, Bewegungsrichtung und Rhythmik den Kontrast der Taktpaare; beide führen von der Tonika (T. 1) zur Dominante (T. 4) und, bei inhaltlicher Entsprechung der Takte, von der Dominante (T. 5) zur Tonika zurück (T. 8). Doch heben sich im zweiten Beispiel, betont durch das plötzliche piano, die Takte 3/4 schroffer von den Anfangstakten ab: Stabilität, Kraft, Zielstrebigkeit dort gegen Auflösung, Anmut, Beharren hier. Das Streichquartett beginnt zurückhaltender und zugleich metrisch labil: Der melodische Neuansatz auf dem e^2 (T. 2) überlagert dem

notierten $\frac{3}{4}$-Takt ein latentes $\frac{2}{4}$ ♩ | ♩. ♪ | ♫♫ | ♫♫ .

In beiden Fällen jedoch, ob verhaltener oder nachdrücklicher formuliert, erscheint der Kontrast als etwas Dazugehöriges, nicht als Fremdes. Die Eigenart des Vorangegangenen wird an ihm um so erkennbarer. Der Gegensatz verbürgt Zusammengehörigkeit und Abrundung, weil er einem musikalischen Charakter sein jeweils »Fehlendes« hinzugibt. Darum wirkt ein Kontrast ergänzend, nicht entzweiend, verbindend, nicht trennend. Er bedarf dazu jedoch des *Ausgleichs* (stete Kontraste würden sich gegenseitig abstumpfen) und der *Integration* (isolierte Kontraste würden herausstechen). Beide Mozart-Beispiele zeigen diese Prinzipien: Die Takte 5/6 bringen keinen *weiteren* Gegensatz, sondern greifen auf T. 1/2 zurück. Andererseits behauptet sich die Kontrast-Idee durch die Analogie der Takte 3/4 und 7/8. Gleichzeitig wiederum kehrt sich die Harmonik von Tonika (T)→Dominante (D) zu D→T um: Der *harmoni-*

sche Kontrast steht der *inhaltlichen Entsprechung* der beiden Viertakter entgegen. Dies Ausbalancieren von Gegensatz und Entsprechung sorgt für Ausgleich und Integration des Kontrastes.

Nicht automatisch also, allein schon durch sich selbst, wirkt ein Kontrast als Ergänzung. Man studiere daraufhin die zweite der späten Beethoven-›Bagatellen‹ op. 126 für Klavier, die motorisches Laufwerk und Fragmente einer Kantilene zusammenzwingt. 15 Takte nach dem Doppelstrich bricht das »Cantabile« unvermittelt ab; ebenso abrupt platzt danach wiederholt die ♪♪♪♪ -Figur des Anfangs heraus. Dieser nachhaltige Einbruch wird durch das Folgende kaum wieder aufgefangen. Der ungemilderte Kontrast hat sich hier derart zum Eigentlichen emanzipiert (schon Laufwerk und Kantilene streben auseinander), daß nicht das Verbindende dominiert oder ein gelassenes Gleichmaß, sondern das verstörend Auseinanderbrechende.

Beziehungslosigkeit

Musik, die von der Idee des Ungleichartigen ausgeht, verzichtet auf eine Vermittlung. Wenn (seiner Herkunft und seinem Charakter nach) scheinbar Unvereinbares aufeinander stößt, dann wird gerade Beziehungs*losigkeit* zum stilistisch-formalen Prinzip. Ein Ausschnitt aus dem wohl bekanntesten Werk von Charles Ives (1874-1954), ›The unanswered question‹ (1906):

Drei *heterogene musikalische Schichten* sind übereinander gelagert; daß Ives die *räumliche* Trennung der Streicher von Flötengruppe und Trompete empfiehlt, unterstreicht noch die Unabhängigkeit der Beteiligten. Die tragende Schicht bildet das Klangband der Streicher. Es ist tonal, akkordisch, taktgebunden, hintergrundhaft im dreifachen piano, fast regungslos in unverändert langsamem Tempo bei nur minimalen Stimmbewegungen. Konträr in all dem die insgesamt sechs mal auftretenden Flöten: Ihr Part ist atonal, linear konzipiert, frei vom Takt der Streicher (das Übereinander der Partitur meint nur ein Ungefähr) und stetig zunehmend in Dynamik, Tempo, rhythmischer Bewegtheit. Dazwischen die siebenmalige »unbeantwortete Frage« der Trompete: konstant im piano, metrisch ohne Fessel (lediglich notationstechnisch eingebettet in den Streichertakt), stereotyp wiederkehrend. Zwischen den drei Schichten wird nicht vermittelt. Reliefartig gestaffelt stehen sie übereinander. Einander Fremdes passiert simultan.

Bruchlose Gradlinigkeit kennt die Musik von Ives kaum. Im zweiten Satz der ›Three Places in New England‹ (1903-1914) gibt es, wie immer wieder bei Ives, einen abrupten Schnitt. Ein angespanntes, kaum mehr durchhörbares fff-Getümmel des ganzen Orchesters bricht ab, um einer flotten Melodie zu weichen,

die nur dünn gestützt ist von Celli und Bratschen. Ives' Musik neigt zu derart Überraschendem, zu plötzlichem Umschlag. Das muß keineswegs so drastisch geschehen wie in ›Three Places‹. Der 3. Satz seiner 2. Klaviersonate (›Concord Sonata‹, 1911-1912) beginnt so:

Spürbar ist im Hintergrund ein Zweier-Takt. Doch der Verzicht auf Taktstriche zielt auf agogisches, von Schwerpunkten befreites Spiel (das Zitat aus der 5. Symphonie Beethovens ♪♪♩ ♩, das als Klammer das

Werk durchzieht, ist nicht »Auftakt«, sondern nachdrücklich es selbst). Problemlos sind Gliederung und Harmonik. Zwei Teile entsprechen einander durch gleiche Länge und nahezu identische Melodik. Im ersten Teil eine erweiterte Kadenz in *B*-dur, im zweiten mit harmonischen Varianten. Der befremdliche *a*-moll-Akkord aber ist wie ein Signal, daß der Inhalt *nicht* mit der Form übereinstimmt. Der Sopran bringt am Ende den erwarteten »Grundton« *b*, die Unterstimmen sacken überraschend ab nach *As*-dur. Der Ausbruch in harmonisch Fremdes ist um so verblüffender, als die formale und melodische Entsprechung der Teile auch eine harmonische Analogie erwarten ließ.

Parallelen für solche Formgebung, die Disparates zusammenfügt, bieten *musikalische Collagen*. Sie verkoppeln Fragmente unterschiedlichster historischer oder stilistischer Herkunft, sind komponiert mit *Vorgefundenem* statt *Erfundenem*. (Schon Ives hatte unbekümmert Gebrauchsmusik einbezogen, Märsche, patriotische Lieder, Hymnen, Choräle . . .) Collagen wurden vor allem in den 1960er Jahren komponiert: als quasi dokumentarische Vergewisserung von Tradition – so im dritten Satz von Luciano Berios ›Sinfonia‹ (1968/69); als Provokation, Altvertrautes neu hören zu lernen – so auf Mauricio Kagels Schallplatte ›Ludwig van‹ (1970), die Beethovens Kammermusik collagiert; als Arrangement und verfremdende Manipulation bekannter Materialien – so von Nationalhymnen in Karlheinz Stockhausens ›Hymnen‹ (1966/67); oder als teils spielerische, teils kritische Zuordnung heterogener Fragmente – so in der bereits angesprochenen ›Ubu‹-Musik (1966) von Bernd Alois Zimmermann (s. S. 16f.). Gemeinsam aber ist all diesen Collagen, daß Ungleichartiges simultan erklingt. Wenn Zimmermann im 1. Satz der ›Ubu‹-Musik einem alten Tanz den Radetzky-Marsch überstülpt,

zwingt er Beziehungsloses kompositionstechnisch zusammen. Die Teile brechen sich aneinander: Spannung zwischen Fremdem wird zum formbestimmenden Prinzip.

B Bewegung

Grundverschieden sind die Gestaltungsweisen von Renaissance und Klassik. Josquin entfaltet verschiedene Linien (S. 20f.). Mozart geht es um die Entsprechung von Teilen (S. 22f.). Charakterisiert man Josquins Formgebung als musikalische *Prosa*, so wäre diejenige Mozarts der *Poesie* vergleichbar. Poesie beruht auf Vers, Metrum, Reim, Strophe; daraus gewinnt sie Regelmaß, Symmetrie, Entsprechung. Die Sprachform der Prosa kennt solche Mittel und Korrespondenzen nicht; sie meint Ungebundenheit der Rede.

Das weiterziehende Geradeaus der Prosa und die rundende Balance der Poesie verkörpern gegensätzliche Formvorstellungen. Unter diesem Blickwinkel lassen sich faszinierende Brücken quer durch die Zeiten schlagen: Unterschiedlichste musikalische Sprachweisen zeigen dann ihre *ideelle Verwandtschaft*. Denn eine Prosa-ähnliche Gestaltung findet sich schon in der Gregorianik und wieder bei Johann Sebastian Bach und im 20. Jahrhundert; Prinzipien der Poesie prägen schon mehrstimmige Werke um 1200 und wieder Tanzlieder um 1600: *Polare Formkräfte* werden über die Zeiten hinweg fruchtbar.

Doch geht die Vielfalt komponierter Musik nicht in einer Antithese auf. Hinzu kommt ein weiteres Moment, das Form begründet: musikalische *Logik*. Sie schafft Zusammenhang durch folgerichtige Ableitung und Entwicklung aus einem anfangs Gesetzten.

»Prosa« als ungebundene *Bewegung*; »Poesie« als Idee des *Gleichgewichts*; Entwicklung als Ausdruck von *Logik*: drei grundlegende Formideen, die einerseits die Geschichte hindurch in sprachlich wechselnder Gestalt hervortreten, und die sich andererseits oft miteinander verbinden – bei Bach (S. 54f.) ebenso wie in der Klassik (S. 62 und S. 73f.).

*

Bewegung ist ein Urimpuls von Musik und Form: eine vorwärtstreibende Kraft des Linearen. Bewegung heißt Energie, Drang, ein Zug ins scheinbar Unumgrenzte. Sie äußert sich im ungehemmten Fluß melodischer Linien und lebt von der Kraft des Rhythmus.

Gregorianik

Die Gregorianik gilt (obwohl, streng genommen, weder ihre Funktion noch ihr Selbstverständnis dies begründen) als die früheste Kunstform der abendländischen Musik. Bis heute ist sie in ihrer ursprünglichen Gestalt in der katholischen Kirche lebendig: als einstimmiger, unbegleiteter, lateinischer Gesang. Daß er auf Prosa beruht – auf Texten der

Liturgie und der Bibel –, begünstigt seine Freiheit melodischer Gestaltung. Prosa, ohne Versform und Metrik, erlaubt freie Formgebung. Sie bindet die Musik nicht, da sie ihr von der Sprachform her keine Vorgaben macht. Ungehindert kann sich die Melodik verströmen.

Ganz eigentümlich bewegt sich die Gregorianik dabei in zwei Welten. Einerseits ist sie an bestimmte *melodische Formeln* gebunden, an einen festen Kanon von Gesangsweisen, die je nach Rang des Kirchenfestes schmucklos einfach oder festlich ausgeziert sind. Dieser rituellen Verfestigung begegnet andererseits melodische Fülle, ein *gestalterischer Reichtum* von der Bündelung kleiner Tongruppen bis hin zu endlos ausschwingender Melodik.

Zahlreiche *melodische Formeln* besitzt der katholische Hauptgottesdienst, die *Messe*: so für das feierliche Singen von Lesung, Evangelium oder des »Vater unser«; für den abschließenden Segen; für Grußformeln wie »Der Herr sei mit Euch« / »Und mit Deinem Geiste« zwischen Priester und Gemeinde – in schlichter

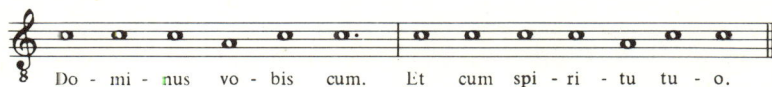

Do - mi - nus vo - bis cum. Et cum spi - ri - tu tu - o.

oder ausgeschmückterer Fassung:

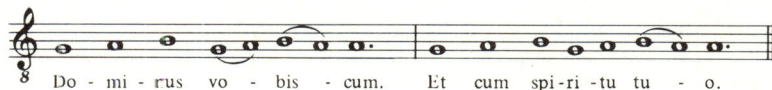

Do - mi - nus vo - bis - cum. Et cum spi - ri -tu tu - o.

Gruß und Entgegnung ergänzen einander wie *Frage* und *Antwort*. Solche formbildende Zweigliedrigkeit kennzeichnet auch die *Psalmtöne*, die das Singen der Psalmen formelhaft regulieren. Die musikalische Teilung entspricht der sprachlichen: Der sprachliche Parallelismus eines Psalms findet in der musikalischen Paarigkeit seinen äußerlich sinnfälligen Ausdruck. »Zu Dir erhebe ich meine Augen / der Du im Himmel wohnest« (Ps. 122):

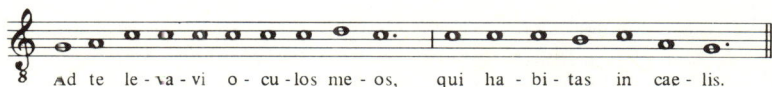

Ad te le - va - vi o - cu -los me - os, qui ha - bi - tas in cae - lis.

In ihrem Aufbau folgen die Psalmtöne einer ebenso einfachen wie bezwingenden Idee: Mit der Eingangsfigur steigt die Melodie empor, rezitiert den ersten Halbvers auf dem erreichten Ton, schließt nach der Zäsur die zweite Vershälfte an und fällt mit einer Schlußformel, die zahlreiche Varianten kennt, zum Schlußton (*Finalis*) ab: schön geschwungener

Ausgleich von melodischem Ansteigen und Niedersinken (vgl. auch den Psalm S. 29). Charakteristisch für das gleichsam gehobene Sprechen des Psalmvortrages ist der Rezitationston (*Repercussa*). Technisch gesehen erlaubt er den Vortrag unterschiedlich langer Verse. Musikalisch-sinnhaft aber verkörpert er eine schlichte Intensität des Sagens. (Im »Libera me« seines ›Requiem‹ hat Giuseppe Verdi diese verhalten-eindringliche Weise des Betens ergreifend nachgeformt.) Die – vielfältig differenzierten – Gregorianischen Formeln sind also nicht als versteinerte Mechanik mißzuverstehen: Wenn die Heiligen der Kirche mit ständig derselben aus- und einschwingenden Formel angerufen werden,

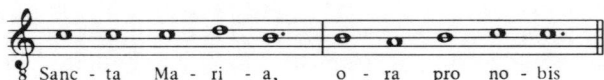

Sanc - ta   Ma - ri - a,   o - ra   pro   no - bis

meinen die engräumige Floskel und ihre stete Wiederholung eine nach-drückliche Beschwörung, die zugleich, nicht ablenkend durch Neues, zu innerer Versenkung einlädt.

Daß Gregorianik *lebendige Ausdruckskunst* ist, wird noch spürbarer an ihrem *gestalterischen Reichtum*. Die Art der melodischen Ausformung hing von zwei Dingen ab: zum einen vom solistischen oder chorischen Vortrag (ein Solist kann Schwierigeres bewältigen als eine Schola, eine Schola wiederum Anspruchsvolleres als die Gemeinde), zum anderen von der Placierung des Gesanges in der Liturgie (ein »Alleluja« nach der Lesung entfaltet sich üppiger als der Gesang zum Beginn der Messe). Fünf Gesänge sind zu unterscheiden. Sie bilden das *Proprium*, dessen wech-selnde Texte auf das jeweilige Kirchenfest eingehen. (Die Texte des *Ordinarium* dagegen bleiben in jeder Messe gleich: Kyrie, Gloria, Credo, Sanctus, Agnus Dei.) Auf den *Introitus* (Eingangsgesang) folgen: das *Graduale* (zwischen Lesung und Evangelium; der Name leitet sich ab von lat. gradus = Stufe, da der Gesang von den Stufen vor dem Lesepult aus vorgetragen wurde); *Alleluja* (im Anschluß oder an Stelle des Graduale, in der Fastenzeit ersetzt durch den *Tractus*); *Offertorium* (zur Opferberei-tung) und *Communio* (zur Kommunion, dem Abendmahl).

Diese Proprium-Gesänge gleichen einander in ihrer äußeren Dreiteilig-keit, unterscheiden sich aber nach Ausführung und Stil. Anfang und Ende (Introitus und Communio) werden *antiphonal* vorgetragen, im Wechsel zweier Halbchöre: Ein (chorischer) Kehrvers und Psalmverse im chorischen Wechselgesang folgen einander mehrfach. Die mittleren Ge-sänge (Graduale, Alleluja, Offertorium) werden *responsorial* vorgetragen, im Wechsel von Chor und Solo: Ein chorischer Teil umrahmt einen solistischen Vers, z.B. Alleluja – Vers – Alleluja.

Entsprechend unterschiedlich also ist die melodische Ausformung. Die Kehrverse der *antiphonalen Gesänge* sind bündiger gehalten; sie beschränken sich auf kleinere Tongruppen pro Silbe. Dem Ausdruck des Textes spüren sie intensiv nach. Der Introitus »Erbarme Dich meiner, Herr« kreist nach drängendem Anlauf inständig in der Dreitongruppe *g h a* (zitiert nach dem ›Graduale Romanum‹, Ausgabe 1974, S. 125):

Auf vergleichbare Weise verleiht der Introitus »Neige, Herr, Dein Ohr zu mir« (Graduale, S. 326) seiner Bitte Nachdruck. Die Melodie beginnt kraftvoll empor aus dem Stand, in großem Aufschwung, um sich dann zu eng-intensiver Bewegung zusammenzuziehen:

Wenn danach der Psalm in diesem Psalmton folgt,

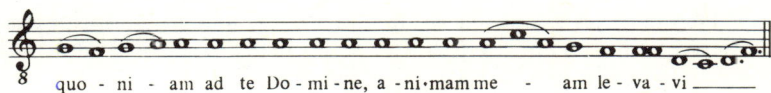

tritt formelhafter Textvortrag neben eigenständige, konzentrierte Textvertonung: Die antiphonalen Gesänge leben aus dieser Spannung.

Anders die *responsorialen Gesänge*. Ein Ausschnitt aus dem Offertorium »Jubilate Deo« (Graduale, S. 259):

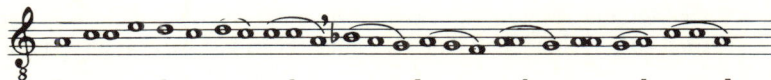

Auf einer einzigen Silbe (»-la-«) ein hingegebenes, nicht enden wollendes Melisma, in seinem Schwung nur mühsam aufgefangen durch die pendelnde Zweierbewegung des Schlusses. Nur wenige Male und um so ausdrucksstärker übersteigt es den Halt gebenden Rahmen *f-c*, immer wieder sucht es die Töne *a* und *c* auf. Das Faszinierende der melodischen Gestaltung liegt in ihrer Beschränkung: Aus Wiederholung, Wiederkehr und wechselnder Kombination von nur drei Elementen ist der ganze melodische Bogen geformt (Sekundbewegung, Terzsprung oder -fall, Dreitongruppe abwärts). Die Grenzenlosigkeit des melodischen Stroms ist innerlich gebändigt durch Reduktion der Mittel.

Die responsorialen Gesänge bevorzugen ausgedehnte Melismen (beim »Alleluja« ist dafür der *Jubilus* kennzeichnend: die wortlos-jauchzende Melodik auf dem Endvokal »-a«). Sie sind weniger bündig gefaßt als die antiphonalen Gesänge. Der Text gibt auch ihnen Anstöße. Wie das »Jubilate« sich in großer melodischer Welle ausdrückte, so setzt das Offertorium zum Fest Christi Himmelfahrt dessen Glaubenssatz in melodische Richtung um (Graduale, S. 237):

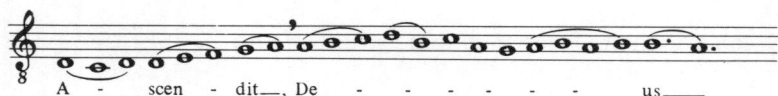

A - scen - dit__, De - - - - - - - us__

Die responsorialen Gesänge lassen sich Zeit. Nicht Konzentration der Aussage herrscht vor, sondern Kontemplation. Dazu bedarf es nicht unbedingt einer jeweils neu geformten Melodie. Mehr als die antiphonalen Gesänge (die ja schon im Psalmton ihr Formelhaftes haben) binden sie sich an melodische Modelle. Dieses »Alleluja«

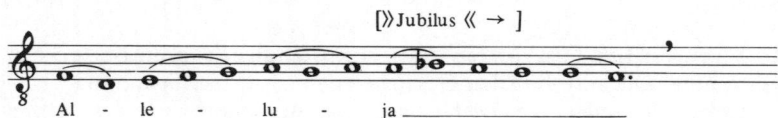

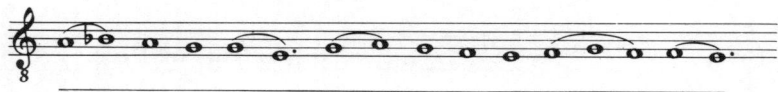

[»Jubilus « →]

Al - le - lu - ja _____

nebst der Melodie des von ihm eingerahmten Verses wird nicht weniger als achtmal zu verschiedenen Anlässen eingesetzt: zur Adventszeit (Graduale, S. 23), an Himmelfahrt (S. 236), Pfingsten (S. 252), Heiligenfesten (S. 612, 866), durch das Jahr hindurch (S. 262, 358, 364). Das »Alleluja« bleibt melodisch konstant. Die Versmelodien dagegen zeigen, unter dem Einfluß des je nach Fest wechselnden Textes, mehr oder minder ausgeprägte Varianten und Abweichungen: Das melodische Gerüst wird zur variablen Hülle.

In den großen melodischen Ausspinnungen der responsorialen Gesänge äußert sich am eindrücklichsten der Bewegungszug der Gregorianik. Ihrem Wesen nach ist sie frei strömende, ungemessene Linie. Melodisch sich schließende Bögen; klare formale Grundrisse; Formeln; wiederkehrende Modelle; Reduktion der Mittel; intensivierende Wiederholungen: All das bedeutet nur formale Bändigung, nicht aber Aufhebung ihrer linearen Energie. Wie expressiv und beschwörend dabei gerade ihre Wiederholungen wirken, belegt auch die Regel einer innerlich verwandten Kunst: Im Kontrapunkt des 15. und 16. Jahrhunderts, dessen Linienführung der Gregorianik verpflichtet ist, waren Wiederholungen verboten.

Ockeghem – Josquin: Varietas und Soggetto

Johannes Tinctoris, der bedeutendste Theoretiker des 15. Jahrhunderts, hatte in seinem Lehrbuch ›Liber de arte contrapuncti‹ (1477) Regeln für den Kontrapunkt aufgestellt. In der achten und letzten Regel fordert er *Varietas*, Abwechslung und Mannigfaltigkeit des Satzes. Für die Chorpolyphonie des 15. und 16. Jahrhunderts ist dies ein Schlüsselbegriff. Polyphonie soll nach immer Anderem streben in der melodisch-rhythmisch-kontrapunktischen Formung. Direkte Wiederholung war untersagt: Ungehemmt sollen die Linien fortströmen.

Im folgenden Beispiel, dem Beginn des »Sanctus« aus der ›Missa »Ecce ancilla Domini«‹ von Johannes Ockeghem (ca. 1420-1497), ist dieses Ideal verwirklicht:

In unaufhörlicher Bewegung entfaltet sich der Satz. Jede Zäsur ist vermieden; pausiert eine Stimme (so in 4, 7, 8), singt die andere fort. Überdeckt werden damit auch die hintergründig gliedernden Schlußformeln. Ihre Anordnung verstärkt noch das Weitertreibende: Nach zwei gleich langen Strecken, begrenzt durch die melodischen Schlußformeln in 3/4 und in der Mitte (6/7), gehen die Linien um so unaufhaltsamer fort – für eine doppelt so lange Strecke. Nirgends gibt es Entsprechungen; stets wird Anderes formuliert. Weder in der Einzelstimme noch im Stimmverhältnis wiederholt sich eine melodisch-rhythmische oder kontrapunktische Konstellation.

Beziehungen im Hintergrund jedoch ergänzen dies Prinzip der Varietas. Gleiche Tonfolgen nämlich erscheinen in anderer Rhythmik, gleiche Rhythmik erscheint mit anderen Tonfolgen. Dreimal singt die Unterstimme, in der c^1 wie ein Fixpunkt wirkt, die Tonfolge $c\ d\ e\ c\ d$ (c), im Beispiel durch ↦ angezeigt. Jedes Mal aber wechseln die rhythmische Gestalt und zusätzlich der Kontrapunkt der Oberstimme; dasselbe gilt für die Tongruppe $c\ h\ g$, im Beispiel durch * angezeigt. Sechsmal tritt die rhythmische Figur ♩. ♩ ♪(♩) auf. Jedes Mal aber wechselt die Tonfolge; und wo sie einmal, nach großem Zwischenraum, identisch wiederkehrt – als $a\ g\ e$, nach 2 in 7/8 –, ändert sich der Kontrapunkt. Der jeweilige Wechsel gehorcht dem Prinzip der Varietas; das jeweils Gleiche aber in Tonfolge und Rhythmik hält den Satz unterschwellig, wie mit geheimen Fäden, zusammen.

Ockeghems Polyphonie lebt einerseits von grenzenlos anmutender Bewegung. Andererseits bindet sie ihre Linien sehr oft durch die Technik des *Kanon* aneinander. Der Kanon ist die strengste Form der *Imitation*, der notengetreuen oder leicht abgewandelten Nachahmung in einander folgenden Stimmen: Im Kanon tragen zwei oder mehr Stimmen, zeitlich versetzt oder gleichzeitig in unterschiedlichen Notenwerten und Taktarten (*Proportionskanon*), dasselbe vor. So zeigt diese zweistimmige Partie aus dem ›Credo‹ derselben Messe Ockeghems einen *Kanon in der Quinte* – die zweite Stimme folgt der ersten im Quintabstand:

Jede Stimme ist durch *melodische Identität* streng an ihr Gegenüber gebunden. Darin aber steckt, vor dem Gebot der Varietas gesehen, etwas Neues: die *Wiederholung* nämlich *aufgrund* der Imitation, und vor allem – dadurch herausgefordert – die bestimmte *Gestalt* des Wiederholten. Diese kanonische Partie zeigt drei umgrenzte melodisch-rhythmische Wendungen: »Et in unum«, »Dominum«, »Jesum«. Und die folgende imitatorische Stelle aus dem »Credo« von Ockeghems ›Missa sine nomine‹ bringt pro Texteinheit einen anderen Gedanken, der durch die Stimmen wandert, zäsurlos ineinander verzahnt – ① und ②, ② und ③ überlappen einander –, melodisch meist ungenau nachgeahmt, durch den Rhythmus aber als Imitation kenntlich:

33

Die kompositorische Technik also konkurriert schon im 15. Jahrhundert mit der ästhetischen Norm: Kanon und Imitation setzen Varietas streckenweise außer Kraft. Wenig später, in der Generation von Josquin des Pres (ca. 1440-1521), ist diese Technik beherrschend: als *Durchimitation* eines ganzen Satzes, nicht nur vereinzelter Stellen. Je weiter sich aber die Imitation über den ganzen Satz ausbreitet, desto mehr *erzwingt* sie gleichsam – soll sie als Imitation faßlich sein – greifbare melodische Teilstücke. Beispielhaft kann das die *Motette* zeigen, die im 15. und 16. Jahrhundert ihre eigentliche Blütezeit hat. Sie ist ein geistliches[1], normhaft vierstimmiges Vokalstück; ihre Prosatexte entstammen den Psalmen, der Bibel und den Texten der Kirchenväter. Löst sich die Motette von ihrer traditionsreichen Bindung an den Gregorianischen Choral, ist sie also ganz *frei erfunden*, geschieht etwas Folgenschweres. Dann nämlich prägt nicht mehr eine vorgegebene Weise den Satz. Dann lenkt und inspiriert der gewählte *Text* die Erfindung. Die *durchimitierte Motette*, der klassische Typus des 16. Jahrhunderts, ist davon bestimmt; hier drei Ausschnitte aus Josquins Motette »Missus est Gabriel angelus«:

[1] Um 1600 gab es daneben auch *weltliche* Motetten, sog. *Staatsmotetten*, als repräsentative Stücke für staatliche Feierlichkeiten.

(70)

al - le-lu - ja

al - le-lu - - ja, al - - le - lu - ja

al - le - lu - ja, ___ al - le - lu - ja

(alle-) lu - ja al - le - lu - ja al - (leluja)

Alle Stellen sind dem Wort verpflichtet: das ausgreifende »missus est«, die ehrerbietige Anrede »Ave Maria«, das bewegte »Alleluja«. Musik *reagiert* auf Sprache. Sie erfindet einen den Text nachzeichnenden oder abbildenden Gedanken – in der Sprache des 16. Jahrhunderts: ein *Soggetto* (Subjekt). »Varietas« aber wird durch diese gestalthafte Verfestigung und die Imitation aufgehoben. Sie lebt nur noch fort in der *Verschiedenheit* der Soggetti: Jedem neuen Wort oder Satzglied entspricht ein neuer, von den anderen verschiedener Gedanke, knapp gefaßt (»missus est«, »Alleluja«) oder mit melismatischem Ausschwingen nach prägnantem Anfang (»Ave Maria«); und jeder neue Gedanke wird imitierend durch alle Stimmen geführt. Die durchimitierte Motette ist daher eine pure *Reihungsform*. Sie reiht durchimitierte Abschnitte aneinander, deren Melodik weder miteinander verknüpft noch in ergänzendem Kontrast gegeneinander gestellt ist. Anderes garantiert den formalen Zusammenhalt: der Ablauf des Textes; die durchgehende Satztechnik der Imitation; der gleichbleibend hohe Tonfall der musikalischen Sprache; die zäsurlose, vorwärtsziehende Verzahnung der Abschnitte (so bei der zweiten Stelle die nahtlose Überlappung von »[ver-]bum« und »Ave Maria«).

Im Soggetto wiederum hat das *Motiv* seinen Ursprung, die kleinste musikalische Sinneinheit aus zwei oder mehr Tönen: Das instrumentale Motiv erwächst aus vokaler Musik; seine Wurzel ist das *textgeprägte Singen*. Aus Soggetto wie Motiv bezieht Musik eine treibende Kraft: »Motiv« ist *das Bewegende* (lat. movere = bewegen), eine Keimzelle, die sich auswirken will. Und die Soggetti verkörpern *lineare Ströme*, die impulshaft den Satz durchdringen.

Der Bequemlichkeit aber, statt »Soggetto« gleich »Motiv« zu sagen, sollte man nicht nachgeben. Zum einen würde diese begriffliche Gleichsetzung querstehen zur geschichtlichen Auffassung und Entwicklung. Zum anderen heftet sich »Motiv« vorrangig an *Instrumental*musik, wäh-

35

rend ein »Soggetto« sprachgebunden ist und sich erst durch die Übertragung von Vokalmusik auf Instrumente auch im Instrumentalen findet (vgl. S. 109f. und S. 116). Und schließlich ist »Soggetto« neutraler und umfassender gedacht. Man vergleiche diese Motive aus Klaviersonaten Beethovens

mit diesen Soggetti aus Motetten Josquins

– ein Soggetto kann, muß aber nicht jene Konzentration, Prägnanz und Charakteristik haben, die ein Motiv auszeichnen.

Soggetto und Imitation verdrängen zwar die Varietas. Als Regel, Wiederholungen zu meiden, bleibt sie für polyphone geistliche Musik gleichwohl wirksam. Gerade die *Negation* dieser Regel belegt das: Ausdrückliche Wiederholung wird zum Mittel gesteigerter Expressivität. Chorleiter sollten, um dies sinnlich erfahrbar zu machen, das »Kyrie« II aus Josquins ›Missa »Pange lingua«‹ singen lassen. Ein aufmerksamer Chor wird gegen Ende von sich aus ein Crescendo machen – dort, wo der Satz, mit einschwingender Beschleunigung, momentlang in sich kreist:

Solche Wiederholungen innerhalb kontrapunktischer Vielfalt sind etwas Außerordentliches, das sich unmittelbar als Intensivierung des Ausdrucks mitteilt. Im »Agnus« II seiner ›Missa »L'homme armé« sexti toni‹ repetiert Josquin beim »miserere nobis« insistierend dieselbe Formel. Die mehrmalige Wiederholung ist ein kalkulierter Verstoß gegen die Norm der Varietas. Denn dadurch wird sie zu ausdrucksmächtig Besonderem: zu äußerstem Nachdruck des Flehens um Erbarmen:

Monteverdi: Madrigal und Stile recitativo

Um 1600 vollzieht sich ein umwälzender stilistischer Wandel. Das Ideal des *Klanges* tritt vor die Kunst der *Linie*, akkordisch-harmonisches Denken verdrängt das linear-kontrapunktische. Heftiger Widerstand regt sich gegen die Polyphonie, da sie die Verständlichkeit des Textes behindere. Das Wort aber müsse Vorrang haben gegenüber der Musik; es solle ihre Herrin, nicht ihre Dienerin sein, forderte Claudio Monteverdi (1567-1643): Die Ausdeutung des Textes solle seinen Affekt ganz deutlich machen.

Zukunftsweisenden Ausdruck findet der Stilumbruch in der *Monodie*: dem *solistischen* deklamatorischen oder konzertanten Gesang über einem *Generalbaß*. Dieser durchgehende instrumentale Baß (*Basso continuo*, abgekürzt B.c.) ist Träger und harmonische Ergänzung der Stimme. Der Wandel in Stil und Formgebung ist radikal. Die Singstimme ist nicht mehr vom chorischen Verband her erfunden; von vornherein wird sie als *individuelle, solistische* Stimme komponiert. Sie führt die *Melodie*, harmonisch gestützt von der untergeordneten *Begleitung*. Und die *vokale* Oberstimme verbindet sich mit dem Gegenpol der *instrumentalen* Baßstimme. Der ganze Kanon neuzeitlicher Formen und Gattungen – wie Oper, Lied, Kantate, Konzert, Sonate – verdankt der Monodie seine Entstehung.

Unvorbereitet war die Monodie nicht: Ihr affektbetonter Stil knüpfte an die Ausdruckskunst des *Madrigals* an. Das Madrigal – weltliche Parallele im 16. Jahrhundert zur Motette – ist vornehme Kammermusik als solistische Kunst. Aus schlichter Homophonie erwachsend, übernimmt das (schließlich normhaft fünfstimmige) Madrigal die motettische Polyphonie. Die ursprüngliche Diskretion einer Motette aber brauchte es nicht zu teilen: Es brauchte keine liturgische oder geistliche Rücksicht zu nehmen, sondern konnte sich rückhaltlos dem Affekt des Textes hingeben. Der unerhörte Beginn von Monteverdis Madrigal »Piagn' e sospira« aus seinem 4. Madrigalbuch (1603) gibt dafür ein Beispiel:

Äußerlich motettische Technik: Erfindung eines neuen Soggetto zu jedem neuen Wort oder Satzglied; und Durchimitation im Quintabstand (Tenoreinsatz auf *b*, Alt auf *f*, Sopran wieder auf *b*). Doch dies Gerüst wird gesprengt von der Intensität des Ausdrucks und der klanglichen Kühnheit (schon die verminderte Quarte *cis-f* zwischen Tenor und Alt macht deren Quintimitation fast unkenntlich). Tonmalerische Wendungen (*Madrigalismen*) entzünden sich im Madrigal an seelischen Regungen (Schmerz, Trauer) und Äußerungen (lachen, weinen), an Bewegungen (tanzen, fliehen) und – immer wieder in der stilisierten Welt des Madrigals – dem Sterben aus Liebesgram. Affektreiche Sprache bildet sich ab in affektreicher Musik: Das Weinen (»piagn'«) ist bei Monteverdi ausgedeutet durch Chromatik; das Seufzen (»sospira«) nachgeahmt durch die Pause, die den chromatischen Anstieg unterbricht; das Fliehen (»fuggon«) nachgezeichnet durch die schnellen Achtel. Und Ergebnis der linearen Chromatik ist die unglaubliche Klangfolge *g-moll, E-dur, a-moll, F-dur, A-dur* – man meint, sich klanglich 200 Jahre später zu befinden.

An diese affektbetonte Sprache schloß die Monodie an. Eine spezielle Ausprägung fand sie im *Stile recitativo*, dem Ausgangspunkt der frühen Oper. Er galt als *recitare cantando*, als Mittelding zwischen Sprechen (recitare) und Singen (cantare). Seine ganze Ausdrucksbreite – schlichtes Erzählen, dramatische Konzentration, lyrische Kantabilität – zeigt der *Sprechgesang* bei Monteverdi. Ein eindrucksvolles Beispiel aus Monteverdis ›Orfeo‹ (1607) ist der Bericht der Botin vom Tod Euridices. Bei der zentralen Stelle steigert er sich, vorher weithin im Erzählton gehalten, zu leidenschaftlicher Dramatik:

e te chia-mando Or-fe- o / Or-fe- o / Dopo un gra- ve so-
(und dich rief sie) / / Nach ei-nem tiefen Seufzer

-spi - ro ... spi - rò fra que-ste brac - cie / ed io ri - ma-
starb sie in die - sen Ar - men / und ich blieb zurück

si piena il cor di pie- ta - de e di spa - ven - to
das Herz erfüllt von Mit- leid und von Schre-cken)

Die Affekte des Textes beherrschen (nicht anders als oben bei dem Madrigal) jedes Moment der Vertonung: beim Aufschrei »Orfeo« der lang gehaltene Spitzenton e^2, plötzlich, wie verstummend, mit ungewöhnlichem Sextfall[1] abgerissen; schroffer Wechsel E-dur / g-moll, mit ungemildertem Querstand (*gis/g*) zwischen Singstimme und Baß; hastig, erregt, knapp (wuchtiger dadurch als durch ein ausgedehntes Lamento) der Satz vom Sterben Euridices; symbolhaft die Stille der Generalpause – schon hier wie später ein rhetorischer Topos zur Abbildung des Todes; Bewegungslosigkeit in Melodik, Rhythmik, Harmonik: wie versteinert »blieb ich zurück«; und, im Zuge des Terzfalls *es-c-a* im Baß, das »schreckhafte« Gegeneinander von c-moll und A-dur, mit chromatischer Hebung der Singstimme.

An jeder Stelle wird Neues gesagt. Bei strikt *syllabischer* Vertonung (auf jede Silbe entfällt ein Ton) gibt es keine Wiederholungen, keine Symmetrien, keine überwölbende Melodie, keine tonale Geschlossenheit[2], keine Unterwerfung unter ein Taktschema. Der Stile recitativo ist

[1] (Kleine) Sexten abwärts sind schwer zu singen; in der Vokalpolyphonie der Renaissance waren sie, mit Rücksicht auf die Sanglichkeit, untersagt. Monteverdis bewußter Verstoß gegen solche (noch unmittelbar lebendige) Regel unterstreicht das Gequälte des Ausrufs.
[2] Daß hier eine Tonart (*d*-moll) den Rahmen bildet, ist ein Zufall des Ausschnitts, keine Verbindlichkeit des Stile recitativo.

frei in jeder Dimension des Satzes; er ist nur ausdruckvollem Vortrag verpflichtet. *Gliederung* und *inneren Zusammenhalt* besorgt der Text in seinem Fortgang.

Anders das *Arioso*. Monteverdi komponiert es in seinen späten Opern als eigenständiges kleines Stück oder als Steigerung innerhalb eines Rezitativs – so in den folgenden Takten aus ›L'Incoronazione di Poppea‹ (1642), vor Beginn der siebten Szene:

che vò accen-der-ti il fo - co che vò accen - der-ti il fo - co che vò accen -der-ti il foco

(♯)

Eine kantable, aus Sequenzierung des Terzgangs gewonnene Melodie; ein ausgebildeter, die Singstimme imitierender B.c.; eine harmonisch ge-schlossene Strecke (die Folgetakte führen mit einer Kadenz nach G-dur zurück); ein klar definiertes Zeitmaß und Taktschema: In allem ist diese ariose Episode ein Gegenstück zum oben zitierten Rezitativ.

Diese ausdruckshafte Differenzierung von Arioso und Stile recitativo, von *kantabler* und *deklamatorischer* Monodie, wird auch formgeschicht-lich bedeutsam. Vorgezeichnet ist darin einerseits die spätere Trennung von *Arie* und *Rezitativ*, das dann als *Secco*-Rezitativ (ital. trocken) – nur von Akkorden gestützt – die Handlung trägt und als *Accompagnato* (ital. begleitet) – mit durchgebildeter, textausdeutender Begleitung – dem Bereich der Affekte zugehört. Andererseits aber lebt das Arioso vor allem in der Kirchenmusik fort. Als *selbständige* Form ist es dort ein kürzeres Stück betrachtenden Charakters, dessen expressive Melodik getragen wird von einer einheitlichen Bewegungsfläche der Begleitung – so in Bachs ›Johannes-Passion‹ das Arioso »Betrachte, mein Seel'« (Nr. 31).

Vivaldi – Bach: Fortspinnung

Auch an dem eben genannten Arioso wird ein Wesensmoment der Musik Johann Sebastian Bachs (1685-1750) greifbar. Die Einheitlichkeit der Begleitfläche ist von jener Bewegung durchzogen, der Bachsche Musik ihr unaufhaltsames Weitertreiben verdankt. Von Anfang an ist dies Arioso getragen von einer konstanten, unaufhörlich fortgehenden Bewegung:

Violen

Laute
(Cembalo)

B.c.

Die Musik Bachs verströmt sich, harmonisch fundiert, in großen melo-
disch-kontrapunktischen Zügen. Nicht zufällig beginnt sie so oft *nach*
der Takteins. Als Beispiel sehe man die Anfänge der zweistimmigen
›Inventionen‹ in C, c und F. Andere (die in *Es*, *e*, *g*, *a*, *B* und *h*) geben zwar
die Takteins vor, aber nur als Impuls für die nach ♪ oder ♪ anspringende
Oberstimme. Solcher Beginn ist wie ein federndes Antippen: Einmal
angestoßen, übergibt sich die Musik ihrer losgelassenen Bewegung.

Aus rhythmischen Kräften gewinnt Bachs Musik ihre Motorik. Motivische Kräfte bestimmen ihre Linearität. Beide Momente, das Motori-
sche und das Lineare, treffen sich im Formprinzip der barocken *Fortspinnung*: der – eher lockeren, forttreibenden – Anknüpfung von Motiven und Teilen. Beispielhaft kann das der *Fortspinnungstypus*[1] zeigen. Er
ist das syntaktische Grundmuster des Spätbarock, wie die unterschiedliche Herkunft schon der beiden folgenden Beispiele belegt. Das erste
eröffnet das Violinkonzert *a*-moll op. 3/6 (1711) von Antonio Vivaldi
(1678-1741), das zweite die Arie »Bereite dich, Zion« (Nr. 4) aus Bachs
›Weihnachtsoratorium‹ (1734). Beide sind *Ritornelle*[2]: einleitende orchestrale Partien, die – ganz oder teilweise – zwischen den solistischen Teilen
einer Arie oder eines Konzertsatzes gliedernd wiederkehren.

Vordersatz   *Fortspinnung*

Viol. 1   2   3

f   Vla.   f

Vl. c   f
B.C.   (a)

[1] Den Begriff prägte Wilhelm Fischer (Zur Entwicklungsgeschichte des Wiener
klassischen Stils = Studien zur Musikwissenschaft III, Wien 1915).
[2] ital. ritornello, Diminutiv von ritorno = Wiederkehr. – Vgl. auch die auf den
S. 150-155 zitierte Arie Giovanni Battista Pergolesis.

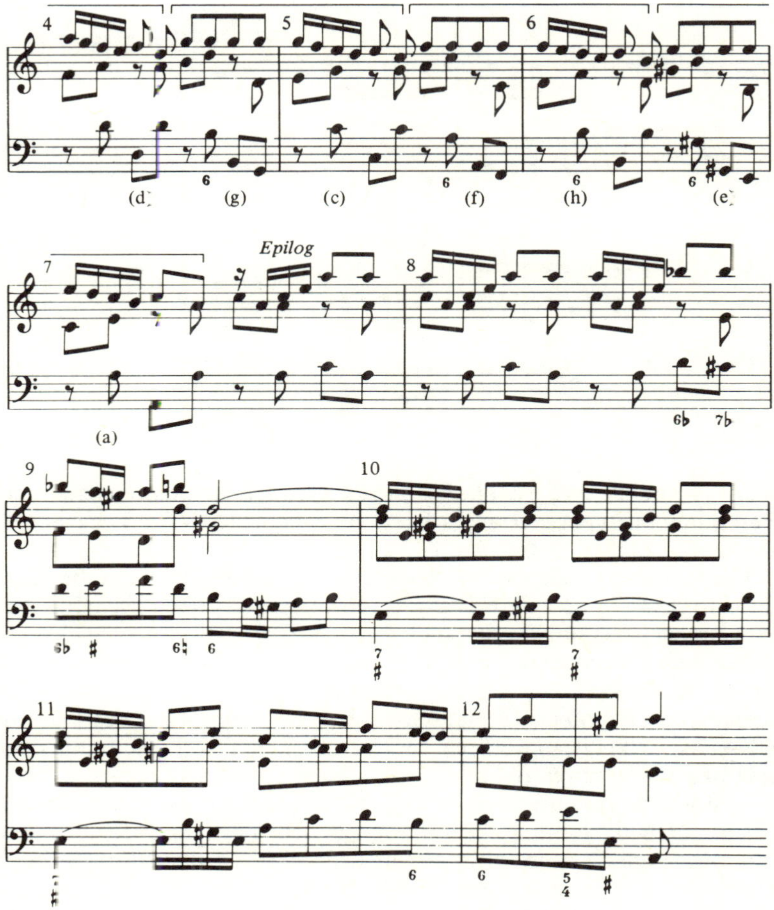
(d) (g) (c) (f) (h) (e)
Epilog
(a)

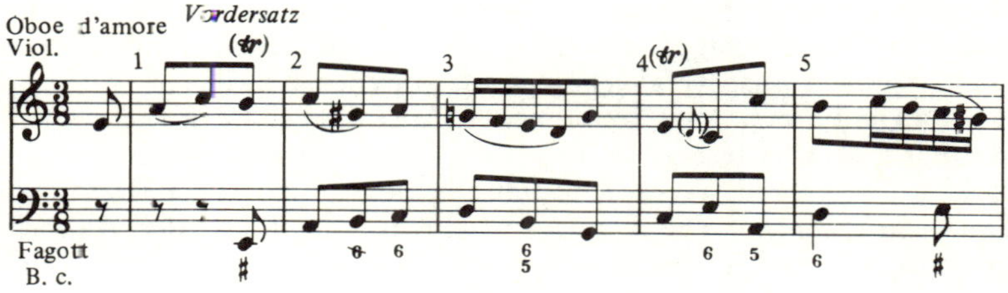
Oboe d'amore
Viol.
Vordersatz
Fagott
B. c.

Beide Ritornelle sind – bei bezeichnenden stilistischen Differenzen – als Fortspinnungstypus gebaut. Er hat drei Formglieder: *Vordersatz* – *Fortspinnung* – *Epilog*.

Der *Vordersatz* zeichnet sich aus durch motivische Prägnanz. Bei Bach unterstreicht das auch die Baßstimme. Im Mittelteil primär harmonisches Fundament, ist sie im Vordersatz linearer Widerpart des Sopran: Der Baß imitiert die Oberstimme zu Beginn und in T. 6, während diese in T. 6/7 an die Baßlinie T. 2/3 erinnert. Ungleich schneller ist dadurch der *harmonische Rhythmus* (der durchschnittliche Zeitabstand des Harmoniewechsels): Bei Bach wechselt die Harmonik in T. 1-8 pro Achtel oder spätestens aller zwei Achtel. Vivaldi breitet eine großzügige *a*-moll-Fläche aus; sie wird bestätigt durch die Dominante im zweiten Takt und belebt durch die rhythmische Imitation zwischen Baß- und Mittelstimme (die unermüdlich weiterzieht bis in den achten Takt). Entsprechend maßvoller und introvertierter sind bei Bach Tempo und Charakter gegenüber ihrer mitreißenden Frische und Direktheit bei Vivaldi.

Weniger konturiert als der Beginn ist die *Fortspinnung*. Motivisch knüpft sie mehr oder weniger unmittelbar an den Vordersatz an: bei Vivaldi an dessen prägnanten *Themenkopf* (Quartsprung und Tonrepetition), bei Bach – weniger nach außen gekehrt – in lockerem motivischen Weiterspinnen (man vergleiche den melodischen Umriß von T. 4 und T. 10). Die Fortspinnung treibt weiter. Aber das geschieht leicht, mehr assoziativ als zielstrebig. In aller Regel unterstützen Sequenzen dies lockere Fortführen. Beide Ritornelle bedienen sich der bevorzugten *Quintschrittsequenz*: Die Fundamentschritte (die Folge der Akkordgrundtöne) gehen in Quinten fort, wie in den Beispielen notiert. Bei

Vivaldi wird die leitereigene Quintenreihe komplett, von *a* bis *a*, durchlaufen, so daß der Epilog mit spürbarer Kraft wieder auf *a*-moll anhebt. Bachs Sequenz steigt auf dem Fundament *f* aus, so daß sich Fortspinnung und Epilog verschränken: Das harmonische Ende der Fortspinnung ist zugleich der melodische Beginn des Epilogs. In fortziehender Bewegung fließen die Formteile ineinander, während sie bei Vivaldi deutlicher getrennte Gruppen sind.

Den *Epilog* bildet eine mehr oder weniger erweiterte und ausgezierte Kadenz. Motivisch zehrt sie wiederum vom Vorangegangenen: bei Bach durch weiterlaufende Sechzehntel, leittönige Wechselnoten (vgl. die T. 2, 5, 7) und Schlußwendung (T. 15, mit oktaviertem *a* = T. 1); bei Vivaldi durch Dreiklangsbrechung, Tonrepetition und Rhythmik, wobei der dichtere Satz den Beschluß festlich hervorhebt: Erstmals geht der Baß ab T. 9 pausenlos fort und erstmals imitiert er den Sopran.

Die Ausdehnung der drei Formglieder gehorcht keiner Norm (8 Takten Vordersatz bei Bach stehen 2 ½ Takte bei Vivaldi gegenüber). Ihre Proportion ist also nicht dem Prinzip des Gleichgewichts verpflichtet. Zwar zeigt das Bach-Ritornell ein ausbalanciertes Verhältnis von 8 (= 4 + 4) + 4 + 4 Takten. Doch dies ist kein wesenhaftes Merkmal des Fortspinnungstypus. Zum Vergleich studiere man das Ritornell der Arie »Ach, mein Sinn« (Nr. 19) aus Bachs ›Johannes-Passion‹: 8 Takte Vordersatz, 5 (2 + 2 + 1 = abgespaltener Takt) Takte Fortspinnung, 3 Takte Epilog; oder aus der ›Matthäus-Passion‹ »Aus Liebe will mein Heiland sterben« (Nr. 58): Hier ist das Verhältnis 4 + 7 + 2 Takte.

Stellt man diese Ritornelle neben die Beispiele Mozarts (S. 21f.), treten das Eigene des Fortspinnungstypus und die unterschiedlichen formalen Denkweisen noch schärfer hervor. Nicht Symmetrie bestimmt den Fortspinnungstypus, sondern fließendes Weitertreiben, nicht inhaltliche Entsprechung zweier Hälften, sondern motivische Ausspinnung in drei Teilen, nicht entgegengestellter Kontrast, sondern ungehinderte motivische Energie: Fortspinnung meint *Bewegung* statt *Gleichgewicht*.

C Gleichgewicht

Die Formidee des Gleichgewichts zielt im Kleinen wie im Großen auf Balance. Durch Wiederkehr, Korrespondenz, ergänzenden Kontrast sind Taktgruppen und Abschnitte aufeinander bezogen und halten einander die Waage. Vor allem rhythmische Analogien sorgen für Entsprechung der Teile. Statt strömender Bewegung herrscht eine Gliederung in *Gruppen* und *Proportionen*, statt unumgrenztem Fluß ein Moment des *Beharrenden*. Gleichgewicht zeigt sich als Regelmaß, Symmetrie, Rundung.

Organum

Wie die ungeheure Fülle ihrer weltlichen und außerliturgisch-geistlichen Lieder belegt, ist mittelalterliche Musik eine wesentlich *einstimmige* Kunst. Quantitativ weit geringer, bedeuten aber ihre *mehrstimmigen* Werke (*Organa*) eine umwälzend neue Qualität: Verschiedene Stimmen treten zueinander in Beziehung und müssen melodisch-klanglich-rhythmisch koordiniert werden – das Problem der Formgebung stellt sich auf völlig neue Weise. Einen ersten Höhepunkt *komponierter* Mehrstimmigkeit (in ihren Anfängen seit dem ausgehenden 9. Jahrhundert wurde sie *improvisiert*) bezeichnen die Werke der *Notre Dame-Epoche* in der ersten Hälfte des 13. Jahrhunderts. Ihr Zentrum ist die Kathedrale Notre Dame in Paris; ihre führenden Vertreter sind Leonin und Perotin. Gegenüber den zweistimmigen Organa Leonins findet sich bei Perotin, der wohl um 1200 an Notre Dame gewirkt hat, klangprächtige Drei- und Vierstimmigkeit. Zwei vierstimmige Organa sind von ihm überliefert: »Viderunt omnes« und »Sederunt principes«[1]. Formbestimmende Merkmale teilt »Sederunt principes« mit den anderen komponierten Organa, steigert sie aber zu unerhörter Wirkung: (1) den frappierenden Wechsel von solistischer Mehr- und chorischer Einstimmigkeit, (2) eine satztechnische Differenzierung innerhalb der mehrstimmigen Partien, (3) die Bindung an wenige rhythmische Modelle.

· [1] Beide Werke sind (allerdings in unglücklicher ♩/♪ -Notation und textlich nicht immer zweifelsfrei) leicht zugänglich in Taschenpartitur (Kalmus Study Scores Nr. 1241, New York). Eine Gesamtausgabe der ›Drei- und vierstimmigen Notre-Dame-Organa‹ besorgte Heinrich Husmann (Publikationen älterer Musik XI, 1967, Hildesheim, Olms und Wiesbaden, Breitkopf). Eine Bearbeitung des »Sederunt« legte Rudolf Ficker vor (Wien 1930, Universal Edition). – Im folgenden geht es um Prinzipien der Form, nicht der detaillierten Satztechnik. Dafür sei ergänzend zum Studium empfohlen: Diether de la Motte, Kontrapunkt, Kassel usw. und München 1981, ²1985, Bärenreiter/dtv, S. 17-30 (Kapitel »Perotin«).

1. Jedem Organum zugrunde liegt, als Unterstimme, ein der Liturgie entnommener Gregorianischer Gesang. Aus der Liturgie wurden aber nur jene Gesänge herangezogen, die responsorial, im Wechsel von Chor und Solo, auszuführen sind (vgl. S. 29) – und deren solistische Teile wurden mehrstimmig komponiert. So ist »Sederunt principes« das Graduale aus der Messe zum Fest des Hl. Stefan. Das Anfangswort »Sederunt«, als solistische Intonation, hat Perotin mehrstimmig gesetzt,

die chorische Fortsetzung (*) dagegen unverändert einstimmig belassen:

Der anschließende solistische Vers des Graduale (»Adjuva me, Domine . . .«) erklingt wiederum mehrstimmig, der Schluß des Verses erneut choraliter. In seinem Gesamtaufbau zeigt also »Sederunt« zweimal die Folge mehrstimmiger Abschnitt – einstimmiger Choral: Die feierliche Mehrstimmigkeit, Schmuck kirchlicher Hochfeste, blieb den Solisten vorbehalten.

2. Solcher Wechsel des Vortrags zeigt Nähe wie Distanz zur Gregorianik. In der Einstimmigkeit bleibt sie ursprünglich erhalten. In den mehrstimmigen Teilen aber wird sie zur Stützstimme degradiert, zum Tenor (lat. tenere = halten). Denn am Anfang des »Sederunt« ist der Choral lediglich Träger der drei Oberstimmen: Auf *sie* richtet sich das eigentliche Interesse. Die erste Note der Melodie, das *d* auf der Silbe »Se-«, wird zu einem Halteton enormer Länge gedehnt (in moderner Notation ergibt sich eine Dauer von mehr als 50 Takten!): Der Ton ist

nur noch dienendes Fundament, nicht mehr sinnerfülltes Melodieglied.

Dichter an der melodischen Gestalt bleiben dagegen jene Partien, in denen die Choraltöne schneller aufeinander folgen, so – in drängender Steigerung – gegen Ende des zweiten mehrstimmigen Teils. Die schnellere Tonfolge in ♩. läßt den Oberstimmen nicht so viel Raum, so daß sich der Satz dem Prinzip »Note gegen Note« annähert:

(Choral)

De - - us

Dieser satztechnischen Differenzierung verdanken die Organa ihr eindrucksvolles Gegeneinander von weit ausschwingenden, quasi-improvisatorischen und gebändigten, rhythmisch gerafften Abschnitten.

3. Der Rhythmus präsentiert sich in der Notre Dame-Zeit in bestimmten Schemata, sogenannten *Modi*; ihre ständige Dreizeitigkeit ist an die Vorstellung der göttlichen Trinität gebunden. Theoretisch unterschied man, angelehnt an antike Versmaße, sechs Modi; sie gehen von einem langen und einem kurzen Wert aus:

1. Modus	♩ ♪	(Trochäus)	Grundlegend sind der 1. und 3. Modus.
2.	♪ ♩	(Jambus)	Der 5. und 6. Modus repräsentieren die
3.	♩. ♪ ♪	(Daktylus)	langsamste bzw. schnellste Bewegung.
4.	♪ ♪ ♩.	(Anapäst)	Nebenformen (z.B. im 1. Modus die
5.	♩. ♩.	(Spondeus)	Aufteilung der ♩ in ♪ ♪) können den
6.	♪ ♪ ♪	(Tribrachys)	Grundmodus modifizieren.

Der normierten Rhythmik fügt sich der melodische Bau. Gekennzeichnet ist er durch *Entsprechung* oder *Wiederholung* von Gruppen[2]. (Um so frappierender darum der Wechsel zur einstimmigen Gregorianik: Ihre frei ziehende Bewegung markiert geradewegs den formalen Gegenpol.) Der oben zitierte Beginn des »Sederunt«, die Balance seines 4 + 4, zeigt

---

[2] Von den Theoretikern wurde die Wiederholung melodischer Gruppen, in Anlehnung an die Rhetorik, als *Color* – als (lat.) Färbung, Schmuck – bezeichnet.

dies; nach dem Anfangsklang werden die ersten vier Einheiten wiederholt, mit abweichendem Endton der Oberstimme und Stimmtausch in den Mittelstimmen.

Die Melodik bleibt gleichsam bei sich selbst. Sie gestattet sich Varianten, läßt melodische Teilstücke wie raumhaft durch die Stimmen wandern, umkreist Töne,

repetiert sie intensiv

oder durchmißt den immer selben Weg:

Die Melodik zielt auf nichts hin. Sie kreist in sich: ein versunkenes, magisches Tönen, nicht strebige Richtung. Die unterschiedliche Länge von melodischen Teilen wirkt um so nachhaltiger; sie kann (man beachte auch in den Beispielen eben die Zählung der Einheiten) gleichmäßig gliedern, unregelmäßige Gruppen bilden, Bewegung abbremsen, über Zäsuren hinwegtragen. Identität der Länge, wie am Anfang des »Sederunt«, schafft in sich ruhendes Gleichgewicht. Ein Verhältnis 1:2 wie im folgenden Beispiel zieht weiter. Zwei Einheiten werden in einem Zug zu vier Einheiten geweitet, die dann in sich wiederum ihr 2+2 bilden; und die Sechstakter halten einander in doppelter Wiederholung die Waage (das erste Mal mit fortziehender Oberstimme und Varianten in der – transponierten – 2. Stimme; das zweite Mal mit konsequentem Stimmtausch der Mittelstimmen). Jede Stimme stößt sich von ihrem Ton ab und findet zu ihm zurück – der Klang (d)-a-(d) ist soghafter Mittelpunkt gegeneinander kreisender Bewegung:

Die Selbstvergessenheit der Melodik (was für ein elementares Erlebnis muß Mehrstimmigkeit damals gewesen sein!) hat ihr Gegenstück in der Formelhaftigkeit der unbeirrten Dreier-Rhythmik. Und deren quantitatives Prinzip beschwert nicht das melodische Kreisen: Die Rhythmik trägt keine Akzente. Ihre Längen und Kürzen messen *Quantitäten*; sie gewichten nicht nach Betonungen wie der moderne Takt.

Musik zum Tanz

1591 erschienen die drei- und fünfstimmigen ›Balletti per cantare, sonare e ballare‹ von Giovanni Gastoldi. Ihre dreifache Verwendung ist bezeichnend. Es sind Tanzlieder (Balletti) zum Singen (das entspricht dem damaligen Vorrang der Vokalmusik), zum Spielen (das ist ein Zugeständnis an die erwachende Instrumentalmusik) und zum Tanzen (das verweist auf ihre Nähe zur ausgesprochenen Tanzmusik):

Poi (Nachdem ch'el mio fo - co è meine Qual ein Ende spen - to, hat, vi i vrò lie - werde ich froh und to e con zufrieden

ten - to e ri leben und den - do e so - nan - do e bal lachend, spielend und tanzend lan - do go werde

drò ich mich can - tan singend vergnügen.) do. E ri do

Gegenüber dem Kontrapunkt der Renaissance verkörpern Gastoldis Balletti zukunftsweisend Neues. Dort verschlungene Polyphonie; hier ein schlichter homophoner Satz. Dort ungebundener Fluß der Linien; hier, den schweren und leichten Schritten des Tanzes folgend, die Ausbildung des modernen Taktes mit seinen abgestuften und regelmäßig wiederkehrenden Akzenten. Dort Varietas als Norm (S. 31); hier das Prinzip von Symmetrie und Korrespondenz. Taktpaare treten zusammen, die Form ist *periodisch gegliedert* in Zwei-, Vier- und Achttaktgruppen: Die acht Takte des zitierten Balletto bestehen aus 4+4 Takten, die wiederum je aus 2+2 Takten gefügt sind. Den zwei ersten, melodisch absteigenden Takten (a) treten gleichrhythmisch zwei melodisch aufsteigende Takte (b) gegenüber. Der folgende Zweitakter ist eine Variante von a (a'). Und der zweitaktige Schluß beginnt, wie als kleine Zusammen-fassung, melodisch wie b, fällt dann aber, unter Einbeziehung der Achtel-bewegung aus a', kadenzierend ab. Auf kleinstem Raum entsteht ein vollkommenes Gleichgewicht zwischen kleinen (2 T.) und aus ihnen herauswachsenden größeren (4 T.→8 T.) Einheiten.

In ihrer potenzierten Zweitaktigkeit und symmetrischen Melodik entsprechen Gastoldis Balletti jenen Prinzipien, die sich in der Tanzmu-sik immer deutlicher ausprägten. 61 Jahre vor den Balletti publiziert wurde die folgende *Pavane*, ein geradtaktiger Schreittanz des 16. und frühen 17. Jahrhunderts:

P. Attaingnant, Pavane (1530)

Rhythmische, motivische und harmonische Momente wirken zusammen in diesem ersten Teil der Pavane: Die o schließen jeden Zweitakter zusammen. Die Identität von T. 1/2 und 5/6 betont die Entsprechung der 4+4 Takte. Und die Harmonik stützt die achttaktige Form: Nach der V. Stufe in Takt 4 führt Takt 8 zur I. Stufe zurück.

Die Gestaltung musikalischer Form verdankt der Tanzmusik Grund-legendes: das Taktprinzip selbst wie auch die Unterscheidung »schwerer« und »leichter« Takte, analog dem schwer-leicht der Tanzschritte; motivisch-rhythmische Symmetrie und die gleichgewichtige Entspre-chung von Taktgruppen, analog der Symmetrie der Tanzfiguren. Im periodischen Gestalten der Klassik (S. 55ff.) schlägt sich das am nach-drücklichsten nieder; ob hier allerdings die Abfolge »schwer-leicht« oder umgekehrt »leicht-schwer« das metrische Verhältnis von Takten regelt, ist strittig – und dürfte sich auch einer abstrakten Normierung entzie-hen.

Erst recht bewahrt natürlich *artifizielle Tanzmusik* periodisch-symmetrisches Denken – um es zugleich raffiniert zu verfeinern oder zu stören. Denn aus dem Bezirk zweckhafter Gebrauchsmusik (zum Volks- und Gesellschaftstanz spielte man zu allen Zeiten auf) war der Tanz zum Artifiziellen stilisiert worden: Das ursprünglich *Gebrauchshafte* wurde in den Rang der *Kunstmusik* erhoben. Diese Umbildung schließt eine kunstvolle Durchformung ein, deren Feinheiten niemals grob nach außen gekehrt sind. Zwei Menuette, von Bach[1] und Haydn, zeigen, wie unterschiedlich die Kunstmittel ausfallen können. Das Menuett Bachs entstammt seiner *E*-dur-Partita für Violine solo; das *Menuett*, französischer Herkunft, ist ein mäßig bewegter Tanz im $\frac{3}{4}$-Takt, *Partita* bezeichnet hier eine Folge von Tanzsätzen.

---

[1] Vgl. auch die Bemerkung zu einer Bourrée Bachs S. 194.

Das Menuett hat zwei Teile. Beide werden wiederholt. Mit 26 Takten ist der zweite Teil mehr als dreimal so umfangreich wie der erste. In Takt 27/28 deutet sich eine thematische Reprise an. Weitere formgliedernde Zäsuren verursacht die Harmonik: den Halbschluß auf der Dominante (T. 8), die Kadenz zur Tonikaparallele (Tp) *cis*-moll (T. 17/18).

So problemlos der formale Grundriß, so raffiniert der innere Bau. Acht Anfangstakte: 4+4 Takte, der erste Viertakter als 2 (1+1) + 2 Takte, der zweite, fortgezogen durch die Achtel, als zusammengehörige Gruppe. Was darin an Energie steckt, wird im zweiten Teil wirksam. Nach dem Doppelstrich motivischer Beginn wie am Anfang, 4 Takte, die dreimal den Rhythmus ♩ ♫ ♩ hervorkehren. Jetzt aber, nach dem Stau (♩.) in T. 12 um so kraftvoller: *sechs* (2 + 4) Takte bis zur Tp. Dann: *acht* Takte in einer großen Achtelbewegung, deren Zug das Gliedernde der ungenauen Sequenz (T. 19, 20 → T. 21, 22) überspielt. Und danach die raffinierte Konsequenz: der Kunstgriff, die letzten acht Takte als *2 plus 6* (nicht mehr als 4+4 des Anfangs) zu bringen: Die losgelassene Bewegung (T. 29/30 entsprechen T. 19/20) drängt in den Schlußabschnitt weiter. 2-, 4-, 6- und 8takter: faßbare Größenordnungen, die aber vom Sog linearer Energie immer mehr in den Hintergrund gedrängt werden. Der charakteristische Rhythmus (nach dem Doppelstrich wohl deswegen noch einmal hartnäckig festgeschrieben) ♩ ♫ ♩ ist am Schluß längst in Vergessenheit geraten: Die Takte 27/28 wirken wie ein Einsprengsel in die ♪-Motorik, wie eine flüchtige Erinnerung formaler Deutlichkeit zuliebe, damit das Menuett sich nicht haltlos verströmt.

Das Menuett Haydns, von dem die ersten vier Takte zitiert seien, entstammt seiner Klaviersonate *Es*-dur, Hob. XVI/28:

Äußerlich hat alles seine Ordnung: Vier Takte, in 2+2 gegliedert. Der *Hörer* jedoch, der die Notation nicht weiß, wird irritiert. Er wird nur das erste ♪ als Auftakt begreifen und für sich die Taktstriche anders setzen (♪| ♫ ♩). Dadurch aber erscheint ihm der dritte Takt um ein Viertel zu lang, denn konsequenterweise erwartet er hier ♪| ♫ ♫ ♫ | ♩ ♪ . Nach außen völlig regelmäßige Periodik kommt innerlich durch metrische Verschiebung aus dem Tritt.

Die *Norm* der Tanzsymmetrie setzen beide Menuette voraus, um in ihrem *Besonderen* überhaupt erfahrbar zu sein. Das Gleichgewicht des einleitenden Achttakters macht erst im Bach-Menuett den sich steigernden linearen Zug des Folgenden, sein »weg von«, deutlich. Und Haydns kompositorischer Witz – das augenzwinkernde Spiel mit der Metrik, das er in unzähligen Menuetten treibt[2] – setzt die metrische Normalität der Klassik voraus.

Periode und Satz

Wie der *Fortspinnungstypus* (S. 42ff.) für Musik des Barock, so ist die *Periode* für Musik der Klassik ein syntaktisches Grundmuster – »Grundmuster«, nicht Dogma: Mozarts Klaviersonate C-dur KV 309 beginnt mit 2 + 6 (= 1 + 1 + 1 + 3) Takten, wobei der achte Takt zugleich der erste Takt des folgenden ist. Vor der klassischen Norm periodischen Gleichgewichts gewinnt solche Asymmetrie ihren besonderen Reiz.

Periode

Eine Periode umfaßt modellhaft acht Takte. (Erweiterung zu 16 Takten ist häufig.) Sie vereint zwei viertaktige *Halbsätze*: einen *Vordersatz* und einen *Nachsatz*. Die Halbsätze wiederum bestehen aus 2+2 Takten, so daß sich ein weiterwirkendes Bezugssystem ergibt: 2 → 2+2 = 4 → 4+4 = 8. Diese Idee der *Ergänzung* und *Entsprechung* – die Korrespondenz von 2+2, 4+4 Takten – bestimmt auch die *motivischen* und die *harmonischen* Beziehungen. Der Vordersatz exponiert zwei, oft gegensätzliche Motive (a, b); sie kehren im Nachsatz wieder. Harmonisch führt der Vordersatz von der Tonika (T) zum öffnenden Halbschluß auf der Dominante (D); der Nachsatz führt schließend, mit entsprechend abgewandeltem Motiv b (=b'), zur Tonika zurück. Nicht selten erscheint dabei im Nachsatz die harmonische Umkehrung (D→T) des Vordersatzes (T→D); in schöner Balance greifen dann motivische Entsprechung (a b | a b') und harmonischer Gegensatz (T D | D T) ineinander.

Metrik, Motivik und Harmonik wirken also in der Periode auf besondere Weise zusammen: als *metrische Korrespondenz* der Taktgruppen, *motivische Entsprechung* von Vorder- und Nachsatz, *harmonische Ergänzung* von Halb- und Ganzschluß. Dies sorgt für die *in sich ruhende Geschlossenheit* der klassischen Periode:

---

[2] Vgl. auch das Haydn-Beispiel (2), S. 195f.

W.A. Mozart, Symphonie C-dur KV 551, 1. Satz

Man studiere zum Vergleich noch einmal die beiden Mozart-Beispiele S. 21f., die diesem Modell entsprechen. – Schon die auf S. 52 zitierte Pavane von 1530 ist einer Periode ähnlich gebaut.

Solches Aussehen und Zusammenwirken von Metrik, Motivik und Harmonik ist das sinnfälligste Modell einer klassischen Periode, nicht aber ihre ausschließliche Möglichkeit. Denn grundlegend und wesenhaft für die Periode ist das Verhältnis von *Öffnen* (Vordersatz) und *Schließen* (Nachsatz). Dies Öffnen-Schließen kann aber auch anders geschehen als hier. Drei Beispiele:

1. In dieser Periode Haydns (Klaviersonate *G*-dur, Hob. XVI/11, 1. Satz)

endet der Vordersatz auf der *Tonika*, und der Nachsatz wiederholt harmonisch den Vordersatz (T → T). Gegenüber der »schließenden« Tonika des achten Taktes aber ist die Tonika des vierten Taktes zweifach »offen« gehalten: *rhythmisch* (Oberstimme: ♫ statt♩) und *melodisch* (Terz statt leittönig bestärktem Grundton).

Metrische Korrespondenz und motivische Entsprechung der Halbsätze begründen hier die Periode, nicht harmonische Ergänzung: Für sie treten melodisch-rhythmische Momente ein.

Man studiere entsprechend: Beethoven, Klaviersonate *e*-moll op. 90, 2. Satz, T. 1-8.

2. Beim Menuett aus Haydns Streichquartett *C*-dur op. 1,6 ist es genau umgekehrt. Die harmonische Ergänzung von Halbschluß (T. 4) und Ganzschluß (T. 9) als »Öffnen«-»Schließen« begründet hier die Periode, nicht metrische Korrespondenz und motivisch genaue Entsprechung:

Der Nachsatz beginnt diesmal trugschlüssig, mit der Tonikaparallele (Tp) *a*-moll. Motivisch bringt er Neues, wobei man im Quintrahmen c^2-g^2 und der Chromatik (┈┈) eine sehr vage Erinnerung sehen könnte; nur die letzte (allerdings Menuett-typische) Baßformel bringt eine greifbare Parallele zum Vordersatz (vgl. T. 9 mit T. 4).

Identische Länge der Halbsätze ist die Norm. Um so wirkungsvoller sind Störungen dieses metrischen Gleichgewichts. Hier ist es durch den gleichsam gedehnten siebten Takt, genauer: durch die gedehnte Subdominante (S), außer Kraft gesetzt; normhaft hätte der Nachsatz etwa so

S   D_____   T

verlaufen können.

Dehnungen oder Einschübe oder Wiederholung von Takten führen zu solch metrisch reizvoller *inneren Erweiterung*. Entsprechend – jedoch seltener – kennt die Periode auch fortziehende *äußere Erweiterungen*, angehängte Takte, die den Schluß erneut umschreiben oder bekräftigen (so im 4+4+2 des Volksliedes »Es waren zwei Königskinder«).

3. Das entscheidende Ereignis des Nachsatzes ist, bezogen auf das Öffnende des Vordersatzes, der Vorgang des Schließens. Er muß deshalb nicht unbedingt zur *Tonika* zurückkehren. Ein Beispiel, stichwortartig vorgestellt: Beginn des 2. Satzes von Beethovens Klaviersonate *D*-dur op, 28. Achttaktige Periode. Anfang in *d*-moll. Takt 4 Halbschluß in *A*-dur (*Terz*lage). Überraschend und (nach *A*-dur) harmonisch leuchtend beginnt der Nachsatz in *F*-dur, motivisch gleich dem Vordersatz. Takt 8 aber kehrt nicht zur Tonika *d*-moll zurück, sondern endet in *a*-moll – mit merklichem Schließen (*Oktav*lage; vollständige Kadenz): Die acht Takte bilden eine *modulierende Periode*.

Man studiere zum Vergleich: Beethoven, Klaviersonate *A*-dur op. 2,2, Schlußsatz, T. 1-8.

»Geschlossener als« (der Vordersatz) heißt also, je nach Zusammenhang und Fortführung, die Formel für den Nachsatz. Die eben skizzierte modulierende Periode Beethovens ist am Ende gegenüber dem Vordersatz »geschlossen«; aber sie bleibt durch die *V.* Stufe (statt der I.) dem Folgenden »offen«. Die Periode Mozarts S. 56 ist mit der Tonika am Ende gegenüber dem Vordersatz »geschlossen«; aber sie bleibt durch die Tonika-*Quint*lage dem Folgenden »offen«. Denn auch von der *Lage* wie von der *Stellung* eines Akkordes hängt seine Schlußkraft ab.

Die Lage ist den gliedernden Satzzeichen der Sprache vergleichbar. *Oktav*lage ist gleichsam ein musikalischer Punkt; *Quint*lage und *Terz*lage können für ein Semikolon oder Komma stehen, je nach Harmonik (Tonika, Dominante) und formaler Placierung (Mitte, Ende). Und ein *Sext*akkord ist weniger schlußkräftig als ein Akkord in Grundstellung. Man studiere noch einmal die beiden Mozart-Beispiele S. 21f. Das erste endet mit der Tonika in *Terz*lage: Verweis darauf, daß diese Periode Glied eines größeren Formteils wird. Die zweite Periode endet mit einem *Sext*akkord statt in Grundstellung: Sie bleibt der folgenden Entwicklung geöffnet.

58

Satz

Zum Wesen der Periode gehört es, daß die Takte 3 und 4 nicht einfach wiederholen, was in den Takten 1/2 bereits gesagt war. Sie befriedigen sofort das Bedürfnis nach Abwechslung, in unterschiedlichem Ausmaß ihrer Andersartigkeit oder Gegensätzlichkeit. Eine Wiederholung oder Entsprechung schon im *Vorder*satz provoziert einen anderen Verlauf. Neues wird damit zunächst verweigert. Um so mehr richtet sich, wie schon an dem Beispiel Schumanns S. 14 erörtert, die Erwartung auf das Folgende: Der *Nach*satz, der die Erwartung einlöst, hat einen *fortführenden, sich öffnenden* Zug. Der klassische *Satz* verkörpert diese Formidee; historisch kann man ihn als Nachfolger des barocken Fortspinnungstypus (S. 42ff.) verstehen.

Modellhaft achttaktig, ist der Satz aus 2+2+4 Takten gefügt:

L. van Beethoven, Klaviersonate g-moll op. 49, 1, 1. Satz.

Die Takte 3/4 sind motivisch (T. 3: ohne Auftakt, T. 4: melodischer Sext- statt Quartsprung) und harmonisch (T. 4: Subdominante statt Dominante) eine Variante der ersten beiden Takte. Der Nachsatz führt weiter. Die ♩ entfallen, das chromatische Seufzermotiv aber (Oberstimme T. 5/6) knüpft an T. 1-3 (*fis-g*) an; die Unterstimmen sind rhythmisch auf $\flat$ | $\downarrow$ und $\downarrow$ zurückgenommen, die Achtelbewegung aber fließt in der Melodie weiter. Und der absteigende *Sekundgang*[1] $d^2 \rightarrow fis^1$ hält die Takte 5-8 zusammen; durch das es^2 in Takt 4 schließt er unmittelbar an den Vordersatz an. Überwiegend ist der viertaktige Nachsatz, wie hier, in 1+1+2 Takte gruppiert: Das 1+1+2 ist gleichsam ein verkleinerter »Satz« im Satz.

Die Fortführung des Nachsatzes kann unterschiedlich streng ausfallen, *locker weiterführend* wie eben oder in *zielstrebiger Entwicklung* – so am Beginn von Beethovens Klaviersonate *f*-moll op. 2,1, einem Wunderwerk an Formgebung:

Problemloser Satz: Zu den 2+2 Takten des Vordersatzes tritt gleichgewichtig ein viertaktiger Nachsatz, wieder in 1+1+2 Takte gruppiert. Unerhört aber die Dichte und Stringenz der Beziehungen: Aus den *Teilmotiven* a und b (T. 1/2) ist zielstrebig alles Weitere gewonnen. Die Takte 3/4 sequenzieren die Takte 1/2, um den Auftakt verkürzt. In den Takten 5/6, durch Harmonik (Tonika→Dominante) und Sequenz (T. 6), derselbe Vorgang – beschleunigt aber durch *Ein*taktigkeit und weitere motivische Verkürzung: Das Teilmotiv a entfällt, b wird also *abgespalten* (vgl. T. 5/6 mit T. 2/4), sein Vorschlag $\flat$ ist wie ein Reflex auf das

---

[1] Den Begriff prägte Paul Hindemith. Er bezeichnet die sekundmäßige Verbindung melodischer Hoch- oder Tiefpunkte.

fehlende a. Und nochmalige Komprimierung in den – nunmehr harmonisch *halb*taktigen – Schlußtakten: Das Arpeggio rafft a in der Vertikalen zusammen; die Achtel *b as g f* bewahren die Tonhöhen von b'; Takt 8 (*e f 8f*) kehrt die Bewegung von b (*8f e f*) um. Sekundgänge schließen wiederum den Nachsatz zu einem melodischen Zug zusammen (Oberstimme: *as – b – c*, Baß: *f – g – as – b – c*).

Hier wie vorher in der g-moll-Sonate wird das *Öffnende* des Satzes (gegenüber der *Geschlossenheit* der Periode) noch durch die Dominante im achten Takt betont. Doch zeigen beide Beispiele, daß für den Satz *motivische Ereignisse* maßgeblicher sind als harmonische Beziehungen (wie Halbschluß → Ganzschluß für die Periode). Der achttaktige Satz beispielsweise, mit dem Mozarts Klaviersonate C-dur KV 330 beginnt, bleibt völlig um die Tonika zentriert, treibt nur motivisch unaufhaltsam weiter. Als *motivisches Ereignis* also können die Takte 5-8 auch mit einem *Gegensatz* reagieren. Man studiere Beethovens Klaviersonate c-moll op. 13 (›Pathetique‹), 1. Satz, »Allegro«: 2 + 2 (= oktavierte Wiederholung) + 4 Takte. In allem jedoch – in Rhythmik, Motivik, Harmonik,

Bewegungsrichtung – treibt der Vordersatz in T. 5-8 das gerade Gegenteil aus sich heraus: Reaktion auf seine angestaute Spannung.

Satz und Periode beruhen also auf ganz unterschiedlichen Denkweisen. Dem Satz, mit motivisch *Gleichem* oder *Ähnlichem* im Vordersatz, geht es im Nachsatz um weiterstrebende *Fortführung*. Der Periode, mit motivisch *Anderem* oder *Gegensätzlichem* im Vordersatz, geht es im Nachsatz um ergänzende *Entsprechung*. Mit solcher konträren Haltung sind sie für bestimmte Formen und Satztypen besonders geeignet: Der »offene« Satz ist charakteristisch für den Beginn eines *Sonatensatzes*, der auf Entwicklung zielt (vgl. auch das Beispiel S. 127). Die »geschlossene« Periode ist charakteristisch für den Beginn eines *Rondo* (S. 162), dessen wiederkehrendes Thema auf Faßlichkeit zielt, und für den Beginn *langsamer Sätze*.

Mischungen

Satz und Periode prägen nicht nur gegensätzliche Formideen aus. Bezeichnend sind gerade jene Fälle, in denen sie zusammentreten oder einander überlagern. *Periodisches Gleichgewicht*, von *motivischer Energie* durchzogen – *satzartiges Drängen*, von *harmonischen Kräften* gezähmt: Das ist in der Klassik die Regel, nicht die Ausnahme. Dies sinnhafte Ineinander will die formale Beschreibung aufzeigen. Stichwortartig sei versucht, die Möglichkeiten zu ordnen:

1. *Satz* mit *periodischem Vordersatz*

J. Haydn, Klaviersonate G-dur, Hob. XVI/27, Finale:

Nach Gesamtanlage ein Satz. Sein Nachsatz ist wiederum als 1+1+2 angelegt und durch den Sekundgang der Oberstimme (*h-a-g*) zusammengeschlossen. Vordersatz: Die Sequenz der Takte 3/4 ist Satz-typisch. Die Harmonik aber (die Umkehrung von T→D zu D→T) und die motivische Anlage (zwei Ideen: Dreiklang und Vorhalt) verdanken sich dem Vorbild der *Periode*.

Man studiere entsprechend: Mozart, Klaviersonate G-dur KV 283, 1. Satz, T.1-10: zehntaktiger Satz. Die 2+2 Takte des Vordersatzes entsprechen einer Periode: harmonisch (T D | D T) wie motivisch (zwei verschiedene Motive a: ♪ ♩ ♩ und b: ♩ | ♩ ♩, in der Folge: a b | a b). Der Nachsatz, in T. 11-16 wiederholt, ist auf 6 Takte gedehnt: Die Takte 8/9, als *Hemiole* komponiert (die *zwei* $\frac{3}{4}$-Takte schließen sich zu *einem* $\frac{3}{2}$-Takt zusammen), sind innere Erweiterung. Man lasse die Takte 8/9 einmal fort, um zu spüren, wie matt der Nachsatz mit bloßem 1+1+2 würde: Der ungeheure metrische Zug der Hemiole sprengt die idyllische Geschlossenheit des Vordersatzes auf.

2. *Periode* mit *satzartigen Halbsätzen*

L. van Beethoven, Klaviersonate G-dur op. 49,2, 2. Satz, »Tempo di Minuetto«:

Nach Gesamtanlage eine Periode: Der Nachsatz *schließt* nachdrücklich (Grundton statt Terzlage, Endung auf der Takteins, ♩♩ der Begleitung statt der ♪ in T. 4). Die Halbsätze aber sind verkleinertes Abbild eines *Satzes*: als 1 (Motiv) plus 1 (Motiv in *Umkehrung*; bei Umkehrung wird die Intervallrichtung, ihr aufwärts-abwärts, vertauscht) plus 2 Takte. Die Motivumkehrung korrespondiert hier mit der gleichzeitigen Umkehrung der Harmonik zu D → T; und das Weiterführend-Öffnende des Zweitakters wird durch (wie befreit ausschwingende) Motiv*weitung* unterstrichen: Das enge Anfangsmotiv spreizt sich zu zwei aufsteigenden Terzen.

Man studiere entsprechend: 1. Beethoven, Klaviersonate A-dur op. 2,2, Scherzo, T. 1-8 2. Beethoven, Klaviersonate g-moll op, 49,1, Rondo, T. 1-8.

3. *Überlagerungen*

L. van Beethoven, Klaviersonate f-moll op. 2,1, 2. Satz, »Adagio«:

Unzweifelhaft eine Periode: Halbschluß T. 4 – Ganzschluß T. 8 und identischer Beginn des Nachsatzes (T. 5 = T. 1). So deutlich aber sich dann der Nachsatz in *einem* Bogen ausschwingt und, über die klangerfüllte Subdominante (S), steigernd weiterführt, so deutlich ist der Vordersatz in 2+2 Takte geteilt: Beide Zweitakter enden identisch, mit Vorhalt zur Dominante, und durch absteigenden melodischen Zug ist T. 3 wie T. 1 bestimmt. Die Rundung der Periode wird überlagert von der Gerichtetheit des Satzes; man beachte, wie das Weiterführende schon die Auftakte ergreift: ♪♫ → ♫♫ → ♫♫♫♫ .

Umgekehrt kann eine satzartige Anlage durch periodische Harmonik (Halbschluß → Ganzschluß) »geschlossen« werden (Beethoven, Klaviersonate *G*-dur op. 31,1, 2. Satz, T. 1-8).

Man studiere die ersten 10 Takte von Beethovens Klaviersonate *D*-dur op. 10,3. Weder »Periode« noch »Satz«: Der Vordersatz fällt hinunter und stürmt empor in einer einzigen, vehementen, ununterbrochenen Bewegung. Aber: Takt 4 verharrt unbestimmt offen; der Nachsatz – um zwei kadenzierende Takte äußerlich erweitert – beginnt motivisch wie der Vordersatz und schließt mit dem Ganzschluß: Prinzip der Periode. – Das fallende Tetrachord des Anfangs (*d cis h a*) wird für den Nachsatz abgespalten und in Sextakkordketten sequenziert; der Nachsatz, durch Akkordik, Richtung, Artikulation stark kontrastierend, zieht Konsequenzen: Prinzip des Satzes. (Vgl. zu diesen Takten auch S. 196f.)

4. *Potenzierung*

W. A. Mozart, Violinkonzert *A*-dur KV 219, 3. Satz:

Die Instrumentation verdeutlicht die Form: Nach dem Halbschluß (T. 8) übernimmt das Orchester die Melodie und führt (mit abgewandelten Schlußtakten) zum Ganzschluß der Tonika: 16taktige *Periode*. Ihre beiden Halbsätze (T. 1-8 / T. 9-16) sind als *Satz* gebaut (2+2+4). Dessen Vordersatz (T. 1-4) wiederum ist hier harmonisch periodisch (T D | D T), der Nachsatz (T. 5-8) motivisch-syntaktisch satzartig (1+1+2).

Das syntaktische Ineinander dieses Beispiels ist prinzipiell – siehe (2) und (1) – nicht neu. Neu aber ist, wie es eine große *Fläche* provoziert und trägt. Das Prinzip von Vordersatz (Vs) und Nachsatz (Ns), entstanden aus einem zweitaktigen Impuls, zeugt sich gleichsam potenzierend fort. Und die wechselseitige Stimulation von in sich ruhender Periode und weiterführendem Satz begründet dabei den wunderbaren inneren Ausgleich: Ruhe wird in Bewegung versetzt, Bewegung durch Ruhe aufgefangen:

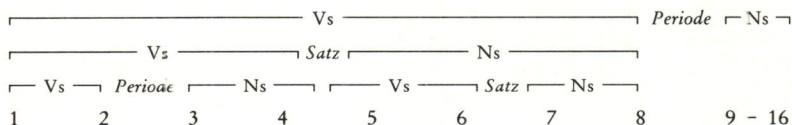

```
┌─────────────────── Vs ───────────────────┐  Periode ┌─ Ns ─┐
┌──────── Vs ────────┐ Satz ┌─────── Ns ───────┐
┌─ Vs ─┐ Periode ┌─── Ns ───┐ ┌─── Vs ───┐ Satz ┌─ Ns ─┐
1        2        3         4         5         6        7        8        9 – 16
```

Man studiere entsprechend: 1. Mozart, Klaviersonate D-dur KV 311, letzter Satz, T. 1-16. 2. Beethoven, Klaviersonate B-dur op. 22, letzter Satz, T. 1-18. Der 10taktige Nachsatz ist um 2 Takte äußerlich erweitert: ausgezierte Wiederholung seiner beiden Schlußtakte, die deswegen in Terzlage »offen« bleiben. Im Vordersatz verfolge man genau den Wechsel der Chromatik zwischen Melodie und Begleitung. 3. Beethoven, Klaviersonate G-dur op. 49,2, 1. Satz, T. 21-36.

Liedform

»Liedform« heißen kleinere zwei- oder dreiteilige Formen, deren Grundriß auch, durch Wiederholung oder Anfügung von Teilen, erweitert werden kann.

Vorherrschend ist der Typus der *dreiteiligen Liedform*: Einem ersten Teil (A) folgt ein kontrastierender Mittelteil (B), der meist in einigen Momenten an A anknüpft; die Reprise des ersten Teils (wörtlich: A, oder mit Varianten: A') rundet die Form ab.

Einzelne Lieder sind, dem Text nachspürend, in dieser Form komponiert. Franz Schubert, ›Ihr Bild‹ (aus dem ›Schwanengesang‹): Drei Textstrophen, deren erste und letzte vom Betrachter sprechen, deren mittlere die träumerisch-irreale Verwandlung des Bildes beschreibt: »*Ich* stand in dunklen Träumen und starrt' ihr Bildnis an, und das geliebte Antlitz heimlich zu leben begann. / Um *ihre* Lippen zog sich ein Lächeln wunderbar, und wie von Wehmutstränen erglänzte ihr Augenpaar. / Auch *meine* Tränen flossen mir von den Wangen herab, und ach! ich kann es nicht glauben, daß ich dich verloren hab'!« Dem Wechsel von Perspektive und Ebene folgt Schuberts Vertonung. Erste und letzte Strophe (Beginn in b-moll, Ende in B-dur) sind identisch. Die mittlere Strophe, in rhythmischen Momenten anknüpfend, setzt sich auf zauberhafte Weise ab. Auch sie beginnt mit dem Ton b, gleitet von dort aber sanft fort in das zu B-dur entfernt terzverwandte Ges-dur (b, Grundton von B-dur, wird zur Terz von Ges-dur). B-moll/-dur, Ges-dur und wiederum B-moll/-dur:

Ges-dur verkörpert die Gegensphäre der *B*-Realität, harmonisch entrückt als traumhafte innere Vorstellungswelt.

Generell jedoch meint »Lied«form nicht die formale Anlage von Liedern, sondern einen bestimmten Bau *instrumentaler* Sätze zumal der Klassik und Romantik. Der Begriff zielt dabei lediglich auf Schlichtheit, Regelmaß, Geschlossenheit des *formalen Charakters*, nicht auf ein vokales Vorbild. Denn ein Modell wie A B A ist ebenso einfach wie bestechend: Eine allgemeinste Formel musikalischer Formgebung – *etwas bleibt gleich, etwas ändert sich* – wird durch das Zusammengehen von Wiederkehr (A) und Gegensatz (B) überzeugend umgesetzt. Die Form ist überschaubar, eingängig, problemlos. Gerade deshalb sind in der Klassik die Themen eines Rondo (S. 162) oder einer Variationenfolge (S. 182) gern in Liedform komponiert; gerade deshalb bevorzugt die Romantik sie für das Lyrische Klavierstück. Denn ein Rondo-Thema, dessen Wiederkehr der Hörer ersehnt, wie ein Thema als Ausgangspunkt von Variationen müssen faßlich und einprägsam sein; und das Lyrische Klavierstück will von seinem Eigentlichen – dem, was es an Poesie ausbreitet – nicht durch formale Komplikationen ablenken.

Als dreiteilige Liedform beschreiben läßt sich dieses Variationen-Thema Mozarts (KV Anh. 137):

Die ersten acht Takte sind, wie überwiegend in Liedformen der Klassik, eine Periode (Halbschluß T. 4, Ganzschluß T. 8). Von ihr hebt sich der Mittelteil (T. 9-12) ab, bewahrt aber andererseits Erinnerungen. Neu sind der Orgelpunkt; die Aufteilung in Melodie und Begleitung; die durchgehende Achtelbewegung; die Imitation (Sopran/Alt T. 9/10). Rhythmisch jedoch knüpft die Oberstimme von T. 9 an T. 4 an; in der Begleitung stecken erinnerungshaft die Terzen des ersten Teils; und T. 12 benutzt, nun ausgeterzt, dieselbe überleitende Figur wie T. 4. – In den abschließenden Takten (T. 13-16) kehrt, wegen seines definitiven Ganzschlusses, nur der anfängliche *Nach*satz wieder (T. 5-8). Daß er jetzt nicht mehr strikt homophon, sondern imitatorisch aufgelockert ist, darf man als Nachwirken des polyphonen Ansatzes T. 9/10 deuten.

So eindeutig *drei*teilig jedoch, wie eben nachgezeichnet, ist die Form keineswegs. Betont man nicht das *Andersartige* des »Mittelteils« (T. 9-12), sondern seine *anknüpfenden* Momente, läßt sich die Form auch als *zwei*teilig auffassen. Denn die Takte 1-8 und 9-16 stehen sich mit 8+8 Takten wie zwei Teile gegenüber, bestärkt noch durch die jeweilige Wiederholung. Und der »zweite« Teil (T. 9-16) beginnt zwar auf der Dominante; aber auch er zeigt dann die harmonische Ergänzung von Halbschluß (T. 12) und Ganzschluß (T. 16), vergleichbar dem Verhältnis zwischen T. 4 und T. 8.

Bei dem Modell 8 (= 4 + 4) + 4 + 4 muß daher im Einzelfall gewichtet werden, ob es sich eher um Drei- oder um Zweiteiligkeit handelt. Je ausgeprägter der *Kontrast* eines B-Teils, desto selbständiger hebt er sich als *eigener* Formteil ab. Oder umgekehrt gesagt: Je ausgeprägter die *Abhängigkeit* eines B-Teils vom Anfang, desto widerstandsloser verschmilzt er mit der Reprise zu einem *zusammengehörigen* Formteil. Die formale Doppeldeutigkeit also des Mozart-Themas läßt sich so darstellen:

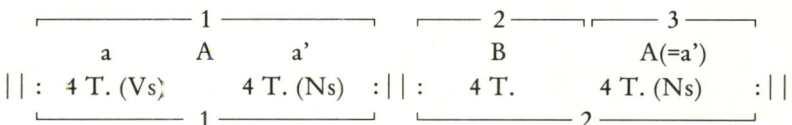

67

Man merke und veranschauliche sich das Modell sowie das formale Problem an dem Kinderlied »Hänschen klein«!
Vergleichend studiere man: 1. Beethoven, Klaviersonate *Es*-dur op. 7, letzter Satz (»Rondo«), T. 1-16. Die Periode am Anfang (T. 1-8) hat satzartige Halbsätze (1+1+2; vgl. S. 63). Beachte, wie sich der einleitenden, graziös *fallenden* Geste der melodische *Aufschwung* in T. 9 entgegenstellt.
2. Mozart, Klaviersonate *A*-dur KV 331, Thema des 1. Satzes. Wiederum hat die anfängliche Periode (T. 1-8) satzartig gebaute Hälften: T. 2 ist Sequenz von T. 1, das Teilmotiv $\downarrow$ $\downarrow$ wird in T. 3/4 abgespalten. Man beachte Feinheiten der Gestaltung: Dem anfänglichen Liegeton *e* (Tenor) antworten T. 9/10 der Orgelpunkt (Baß) und T. 11/12, in Umkehrung (♩♪) der Baßrichtung (♪♩), der Sopran mit seinem markierten e^2. Der wiederkehrende Nachsatz (T. 13-16 = T. 5-8) öffnet sich, abweichend von T. 8, zur *Terz*lage. Erst die 2taktige *Coda*, ein angefügter Abschnitt, besorgt den definitiven Schluß – in wunderschöner Zusammenfassung: im Baß die Melodie des Nachsatzes (T. 7 bzw. 15); im Sopran (T. 17, letzte Zählzeit) die Erinnerung an den melodischen Höhepunkt des »Mittelteils« (T. 10 auf »eins«); und im letzten Takt harmonisch die Schlußformel des Nachsatzes, melodisch-rhythmisch aber (Sopran) jene des Vordersatzes.

Proportion und Umfang der Liedform können unterschiedlich ausfallen. Man nehme Schumanns ›Kinderszenen‹: 8 + 4 + 8 Takte in ›Kuriose Geschichte‹; 8 + 8 + 4 Takte in ›Hasche-Mann‹; 8 + 8 + 8 Takte in ›Wichtige Begebenheit‹; 8 + 8 + 8 + achttaktige Coda in ›Am Kamin‹; von solchem Gleichgewicht abweichend ein 8 + 6 + 8 in ›Von fremden Ländern und Menschen‹. Geforderte Wiederholungen modifizieren dabei lediglich den dreiteiligen Grundriß (z.B. ›Wichtige Begebenheit‹: A | B *B* | A). ›Fürchtenmachen‹, subtil schwankend zwischen *e*-moll und *G*-dur, gewinnt dagegen aus der Reprise eine übergeordnete Dreiteiligkeit: Identische Eckteile umrahmen einen achttaktigen Mittelteil (T. 21-28); in den Eckteilen selbst (8 + 4 + 8) wie im Gesamtaufbau (T. 1-20 | T. 21-28 | T. 29-48) herrscht die Formidee A B A.

Einsichtig wird an solchem Beispiel, wie aus der dreiteiligen Liedform die *zusammengesetze Liedform* erwächst. Sie wird beispielhaft verkörpert durch das klassische Satzpaar *Menuett – Trio*, nach dem abschließend stets das Menuett wiederkehrt. Menuett wie Trio sind für sich in dreiteiliger Liedform komponiert (wobei sich zwischen ihnen oft motivische Berührungspunkte zeigen) und kontrastieren[1] meist schon durch Tonart oder Tongeschlecht. Dreiteiligkeit nach dem Muster A B A bestimmt in der zusammengesetzten Liedform also die Anlage des

---

[1] Nicht Dreistimmigkeit (»Trio«) ist für den Mittelsatz des Menuetts typisch, sondern der allgemeine (in Orchesterwerken auch besetzungsmäßige) Kontrast. Der Begriff wird nur ethymologisch verständlich: Ursprünglich, in der französischen Barockmusik (Jean-Baptiste Lully), bezeichnet »Trio« jene 3stimmig-solistischen Zwischenstücke (meist 2 Oboen plus Fagott), die zum vollen 5stimmigen Streichersatz kontrastieren.

einzelnen Satzes *und* das Verhältnis der Sätze zueinander – als Modell skizziert (siehe das »Menuetto« aus Beethovens Klaviersonate *f*-moll op. 2,1):

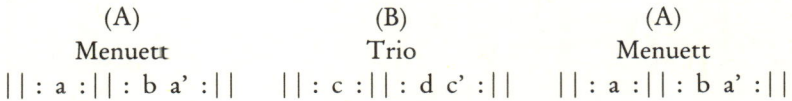

(A)	(B)	(A)
Menuett	Trio	Menuett
|| : a : || : b a' : ||	|| : c : || : d c' : ||	|| : a : || : b a' : ||

Die Prägnanz und Rundung der Liedform A B A werden noch offenkundiger, hält man zweiteilige Anlagen oder andere dreiteilige dagegen. Die *zweiteilige Liedform* (Modell: A B, auch A A'), oft in Tänzen des 16. Jahrhunderts, gibt es in Klassik und Romantik seltener. Als Beispiel studiere man das »Andante con moto« aus Beethovens Klaviersonate *f*-moll op. 57 (›Appassionata‹). Seine 8 = 4 (2+2) + 4 (2+2) Takte und 8 = (3×2) + 2 Takte treten als A B zusammen; dabei sorgen rhythmische Momente und der gleichlautende Abschluß der Achttakter für inneren Zusammenhang.

Dem dreiteiligen Schema A B C folgen manche Tänze des 16. Jahrhunderts. Daß diese *Reihung* später kaum noch begegnet, entspricht dem gewandelten formalen Denken. Denn das *spätere* Denken sieht darin zwei Probleme: Das Ende ist nicht voraussehbar (prinzipiell können noch D E F. . . anschließen), und Abschnitte drohen beziehungslos nebeneinander zu stehen. Zu beobachten ist jedoch an derartigen Tänzen, daß sie meist von innen her auf Einheitlichkeit bedacht sind: durch rhythmische Entsprechungen (nahegelegt durch die Tanzfiguren), melodische Anklänge, und vor allem durch korrespondierende Schlußwendungen als Zielpunkte. An der folgenden Pavane (1530) von Pierre Attaingnant beachte man, neben solchen Analogien, auch die harmonische Abstufung der Zeilen (*F*-dur steht »schließend« am Ende):

Seltener als Formanlage begegnet später auch die *Barform*, eine vor allem im Meistergesang des 15. und 16. Jahrhunderts gepflegte Strophenform: Zu zwei melodisch gleichen *Stollen* als *Aufgesang* tritt ein melodisch anderer *Abgesang*. Als äußere Form ergibt sich damit ein A A B (das man auch, im Gegenüber von Aufgesang und Abgesang, als *zwei*teilig begreifen kann:||: A :|| B). Das Lied »Ach bittrer Winter« veranschauliche solchen Bau:

Ach bitt - rer Win - - ter, wie bist du kalt!

Du hast ent - lau - - bet den grü - nen Wald. Du hast ver -

blüht - die Blüm - lein auf der Hei - den.

Daß Robert Schumanns Lied ›Mondnacht‹ (aus dem ›Liederkreis‹ op. 39) die Barform abwandelt, gründet weniger in dem Streben nach ausdrücklich gerundeter Form. Die drei Strophen des Liedes stehen zueinander wie Stollen-Stollen-Abgesang. Denn den betörenden Naturbildern von Strophe 1 und 2 antwortet in Strophe 3 das Ich (»Und *meine* Seele spannte weit ihre Flügel aus. . .«). Durchgehend Anderes jedoch wird dabei gemieden. Die zweite Hälfte von Strophe 3 greift auf die Eingangsstrophen zurück: tiefsinnig *gleichnishaft* gerade ab dem Moment, da Natur und Ich einander vereinen: ». . . flog durch die stillen Lande, als flöge sie nach Haus.«

Gruppierung

Liedformen – das ist ihre bestimmende Idee – beruhen auf der *Gruppierung* gleicher bis kontrastierender Teile. Gruppen werden wiederholt, kehren wieder, verbinden sich mit anderen Gruppen, und aus solchem

Zusammenschluß gehen wiederum größere Verbände hervor. Motivische, rhythmische, harmonische Verbindungen können quer durch die Gruppen Zusammenhalt stiften. Entscheidender aber ist deren gleichgewichtige Entsprechung durch *Reprise* und *periodisches Gleichmaß*: Wiederkehr von Teilen und Regelmaß oder Proportion von Takten halten die Gruppen untereinander im Gleichgewicht.

Mit solchem Ansatz dürfte man dem Formgeheimnis der Musik Mozarts[1] näher kommen, bei der auf so herausfordernd-unergründliche Weise alles »stimmt« – zumal dem Formgeheimnis jener Werke, die eine unerhörte Fülle musikalischer Gedanken ausbreiten, ohne doch in eine Ansammlung schöner Melodien auseinanderzufallen. Man nehme den 1. Satz der Klaviersonate *F*-dur KV 332 zur Hand. Bis zum Doppelstrich folgen einander, wie assoziativ fortziehend, immer neue Ideen (T. 1, 13, 23, 41, 56, 71). Greifbare Zusammenhänge zwischen ihnen gibt es nur am Anfang (T. 11/12 und 19/20 haben dieselbe Schlußwendung), sonst überhaupt nicht oder höchstens latent (vgl. die Repetition ♩ ♩ ♩ in T. 14/15 mit T. 41 und 71). Verantwortlich für den formalen Zusammenhalt muß etwas anderes sein; und man kann das – nach Charakter, Umfang, Gliederung, Rhythmik, Harmonik, ja selbst Dynamik – in der ausbalancierten Entsprechung und dem ergänzenden Ausgleich von Gruppen sehen.

Am Anfang 12 Takte, die ein syntaktisches Verwirrspiel treiben. Die ersten Takte hört man zunächst als Vordersatz, Takt 5 also – in den der Anfang harmonisch-melodisch mündet – als Beginn des *Nach*satzes. Satztechnisch jedoch (als kantable Melodie und Begleitung) und vor allem harmonisch (als Kadenz über dem Orgelpunkt der Tonika[2]) sind die Eingangstakte deutlich vom Folgenden abgesetzt. Die Sonate scheint erst mit Takt 5 »richtig« zu beginnen: mit dem *Vorder*satz eines Achttakters.

Diesem Achttakter entspricht ein zweiter Achttakter, um 2 Takte äußerlich erweitert. Die erwähnte Kadenzformel (T. 19/20) schließt beide Komplexe zusammen. Nach Satztyp, Register und Syntax sind sie unterschieden – und ergänzen sich dadurch: Imitatorischer Polyphonie

[1] Für den Beginn des 1. Satzes der Symphonie C-dur KV 551 (›Jupiter-Symphonie‹) hat Carl Dahlhaus diese Formidee überzeugend nachgezeichnet (»Rhythmus im Großen«, in: Melos / NZ für Musik 1, 1975, S. 439-441). Grob wiedergegeben: (a) Thema aus Vorder- und Nachsatz (T. 1-8) + (b) nicht-thematische Fortsetzung (T. 9-23) + (c) Entwicklungsteil aus »Vordersatz« (T. 24 ff.) und »Nachsatz« (T. 37 ff.) + (d) verkürzte Fortsetzung (T. 49-55). Die Abschnitte halten einander die Balance durch Ähnlichkeit (a und c, b und d) und komplementären Gegensatz (a – b); a b und c d stehen wiederum wie »Vorder-« und »Nachsatz« zueinander.
[2] Zu dieser harmonischen Formel vgl. S. 130.

(T. 5-8) antwortet ein homophoner Satz (T. 13 ff.), der die Assoziation an den Klang von Holzbläsern hervorruft. Zugleich kehrt sich die Syntax genau um: Die Takte 5-12 sind ein Satz mit periodischer Harmonik (Halbschluß T. 8, Ganzschluß T. 12), die Takte 13-20 dagegen eine Periode mit satzartiger Motivik der Halbsätze (1+1+2 Takte).

Danach eine andere Welt: Das abgespaltene ♩|♩ wendet sich überraschend nach *d*-moll (T. 23); schlichteste Kadenzharmonik (bis auf T. gab es bislang nur T, S und D) weicht chromatischen Abenteuern; dem Lyrischen tritt Dramatisches entgegen. Der Achttaker T. 23–30 bleibt offen. Er läßt die folgenden Zweitakter (ab T. 31) aus sich heraus, die in die plagale Kadenz hinüberziehen (T. 37–40).

Bis hierhin offenbart sich einerseits ein dynamischer Zug: Die Abschnitte sind konsequent verkürzt (12, 10, 8, 6, 4 Takte), unterstützt von dem Prozeß rhythmischer Beschleunigung (♩→♩→♪→♪). Andererseits wird dieser dynamische Zug stabilisiert durch die Entsprechung, den ergänzenden Kontrast und die Proportion von Gruppen: Die markante Zäsur T. 22 stellt der ersten (in sich satztechnisch, klanglich und syntaktisch differenzierten) Gruppe eine zweite, ununterbrochen fortgehende, sich aber innerlich auflösende Gruppe entgegen:

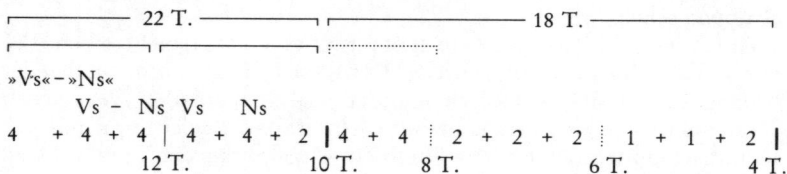

```
┌──────── 22 T. ────────┐ ┌──────────── 18 T. ────────────┐
┌──────┐ ┌────────┐  ┌┄┄┄┄┄┄┄┄┄┐
»Vs«-»Ns«
   Vs  –  Ns  Vs    Ns
4  + 4 + 4 | 4 + 4 + 2 | 4 + 4 ┊ 2 + 2 + 2 ┊ 1 + 1 + 2 |
     12 T.      10 T.    8 T.       6 T.         4 T.
```

Der erstaunliche Ausgleich von (diatonischer, flächenhafter) Kantabilität und (chromatischer, kleingliedriger) Erregung bleibt für den Satzablauf formbestimmend. Korrespondenz der Gruppen ist die Folge.

Takt 41 beginnt eine 16taktige Periode, im variierten Nachsatz (T. 49-56) in lebhaftere Bewegung versetzt: große Fläche in Korrespondenz zum Beginn des Satzes. Mit den nachfolgenden, wieder dramatisch kontrastierenden Takten ist sie verkettet durch *Phrasenverschränkung* (das 18. Jahrhundert sprach plastischer von *Takterstickung*): Das Ende einer Einheit ist *gleichzeitig* Beginn einer neuen – der Schlußtakt der Periode (T. 56) ist gleichzeitig Anfangstakt des folgenden Komplexes. Er umfaßt *15* Takte. (Hätte Mozart die Takte 64/65 metrisch nicht gestaucht, ergäben sich äußerlich *16* Takte. In Konsequenz der Quintschrittssequenz ab Takt 60 würden die Fundamente *as*, *d*, *g* der Takte 64/65 je einen *ganzen* Takt beanspruchen. Die umstürzende Hemiole aber – die Gliederung in 3 × 2♩ statt der Normalfolge 2 × 3♩ – zieht die beiden $\frac{3}{4}$-Takte zu einem großen $\frac{3}{2}$-Takt zusammen). Nicht nur in ihrem dramatischen Affekt und ihrer Chromatik, sondern auch im Harmonischen korrespondiert diese Gruppe mit den Takten 23 ff.: *As*-dur ist dort (T. 33) wie hier (T. 64) der tiefste harmonische Punkt; es wird dort (T. 35/36) wie hier (T. 65) umgedeutet zum übermäßigen Quintsextakkord (*as c es fis*); und dort wie hier folgen vier Takte Dominante mit Orgelpunkt.

Pausenlos geht es fort. Doch harmonisch (überraschend sackt die Dominante zur Subdominante ab) und gedanklich ist T. 71 ein Neuansatz: erneut eine (kürzere: 6+6taktige) lyrische Fläche, der wiederum, melodisch angeglichen, die erregten Synkopen entgegentreten (T. 82). Die Gruppierung der Takte 71-93 ist dadurch doppeldeutig: Charakterlich verschränken sich 12+12 Takte; Takt 82 ist 12. und zugleich 1. Takt. Harmonisch jedoch (T. 86 erst schließt die Kadenz ab) treten 16+7 Takte zusammen; der Siebentakter ergibt sich durch Phrasenverschränkung: Takt 90 ist darin ein 4. und zugleich 1. Takt. Wie im ersten Satzblock (T. 1-40) beschleunigt sich die Rhythmik von ♩ und ♩ über ♪ zu ♪. Und die dichteren Wiederholungen signalisieren den nahenden Schluß: Am Ende stehen wiederum 1+1+2 Takte, wie in T. 27-40, und wie dort durch ♩ ♩-Akzent abgeschlossen.

Durch den Ausgleich und die (bis ins Detail gehende) Korrespondenz von Gruppen sind die ganzen 93 Takte in Balance gehalten; im Gegenzug gleichsam sind sie dabei im einzelnen wie im Gesamt von einem Verkürzungsprozeß belebt. In sich ruhendes Gleichgewicht und gerichtete Bewegung – wechselseitig einander ausgleichende Kräfte – wirken zusammen:

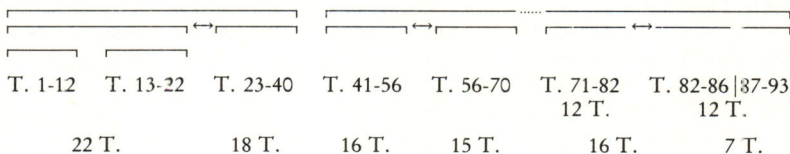

T. 1-12	T. 13-22	T. 23-40	T. 41-56	T. 56-70	T. 71-82	T. 82-86 | 87-93
					12 T.	12 T.
22 T.		18 T.	16 T.	15 T.	16 T.	7 T.

Formverdeutlichend wirkt dabei vor allem die harmonische Anlage; das 18. Jahrhundert sah darin das maßgebliche formgebende Moment. Vergleichbar den Satzzeichen der Schriftsprache bestimmen, neben der Tonart (Tonika, Dominante), die Lage und die Stellung eines Akkordes sowie die Kadenzgestalt das Maß einer Zäsur (vgl. auch S. 58): *Schließende* (↓) und *offene* (→) Kadenzformeln gliedern und stützen in diesem Satz den Formverlauf (die zum Ende drängende Schlußpartie ausgenommen, schließen sich die »lyrischen« Gruppen ab, während die »dramatischen« offen bleiben):

Solche Formkonzeption – die unsagbaren Erfindungsreichtum ausbalan-
ciert, weniger auf motivische Dichte setzt – ist für Mozart durchaus
charakteristisch; für den weiteren Ablauf des Satzes bleibt das formbestimmend (vgl. S. 138f.). Kunstvolle Gruppierung musikalischer Gedanken, gestützt von der Harmonik, überwiegt bei ihm, nicht zwingende
Ableitung und Entwicklung aus mitunter unscheinbarsten motivischen
Zellen: Das ist Haydns Errungenschaft, an die Beethoven anknüpft.

D Logik

Reihung stellt eines locker neben das andere; *Fortspinnung* geht assoziativ von einem zum anderen weiter; *Gruppierung* hält eines mit dem anderen im Gleichgewicht. Keinem dieser Formprinzipien geht es um die Konsequenz der *Entwicklung*, die thematisch wie harmonisch eines aus dem anderen folgerichtig hervorgehen läßt. Musikalisch entwickeln heißt, Möglichkeiten abtasten, Folgerungen ziehen, Auswirkungen bedenken: Entwicklung ist Ausdruck *musikalischer Logik*. Sie verknüpft statt locker zu reihen, sie denkt statt zu assoziieren, sie zielt vorwärts statt Gleichgewicht zu suchen. Denn jeder Moment einer musikalischen Entwicklung ist zweifach eingebunden: Er ist *Ergebnis* des Vorherigen und *Ausgangspunkt* des Folgenden. Er ist Teil eines dichten Netzes von Beziehungen und Abhängigkeiten, das Einheit und Zusammenhang verbürgt.

Haydn – Beethoven: Motivisch-thematische Arbeit

Motiv (S. 35f.) und *Thema* sind im Begriff »motivisch-thematisch« zusammengezogen. Beider Erscheinungsformen sind ganz unterschiedlich.

In bisherigen Beispielen zeigte sich das *Motiv* als *melodischer* (also Tonfolge und prägenden Rhythmus zusammenschließender) *Baustein*. Es kann aber auch, in Gestalt eines bestimmten Klanges, als *harmonisches Motiv* auftreten (siehe S. 85). Und es kann als *rhythmisches Motiv* erscheinen. Beethoven: Streichquartett *F*-dur op. 59,1, 2. Satz: Das Cello allein exponiert einen 4(= 1+1+2)taktigen Rhythmus, der vom rhythmischen Motiv ♪♩ ♪♩ aus entsteht. Gleich darauf kehrt er, mit zwei Varianten, in der solistischen zweiten Violine wieder: Rhythmus *wird* erst Teil einer melodischen Gestalt. Denn anfangs wurde der Rhythmus, der nachher den ganzen Satz motivisch durchzieht, nackt herausgestellt, verstörend damals (und verblüffend wohl immer noch für heutige Hörer): auf einem einzigen Ton:

In Schuberts Lied ›Der Tod und das Mädchen‹ ist ♩ ♩ ♩ das rhythmische Motiv des Todes. Daraus gewinnt Schubert den ergreifendsten Augenblick, die eigentliche Schlüsselstelle des Liedes. Wenn das Mädchen fleht ». . . und rühre mich nicht an«, erklingt gleichzeitig im Klavier das Motiv ♩ ♩ ♩: Der Tod *rührt* sie an, in eben diesem Moment . . .

Auf einem Motiv oder mehreren Motiven beruht das *Thema*, eine in sich sinnhaft gerundete, prägnante musikalische Gestalt. »Das« Thema aber gibt es nicht. Einerseits begründet die jeweilige *Funktion* seinen Charakter, seine äußere Form, seine innere Struktur: Das Thema einer Fuge (S. 117f.) ist in all dem grundverschieden von dem eines Sonatensatzes (S. 126f.), eines Rondo (S. 162) oder einer Variationenfolge (S. 182f.). Andererseits ist es abhängig von der *individuellen Sprache* eines Komponisten: Themen Mozarts, die sich nicht weiter auswirken; eine konzentrierte Formulierung Beethovens, aus der gerade alles Weitere entwickelt wird; ein thematischer Komplex Brahms', der selbst schon hervorgeht aus ständiger Verwandlung eines Motivs; oder Melodien Mahlers, die sich nicht zu definitiver Gestalt verfestigen: »Thema« meint jedes Mal etwas persönlich Anderes.

Aus einem Motiv nun oder von einem Thema her das Weitere entwickkeln: Das ist die Idee der *motivisch-thematischen Arbeit* der Klassik. Bisherige Beispiele zeigten schon wesentliche *Techniken* der Verarbeitung: Bildung von *Varianten* (S. 59, T. 3/4); *Abspaltung* von Teilmotiven (oder Motivteilen), motivische *Verkürzung, Sequenz* (S. 60); *Umkehrung* und motivische *Weitung* (S. 63).

Vorrang haben dabei die *rhythmischen Kräfte*; die Beziehungen zwischen bloßen Tonfolgen sind eher hintergründig wirksam (so im *f*-moll-Thema S. 60, T. 7, die bloße, vom ursprünglichen Rhythmus gelöste Tonfolge *b as g f* aus Motiv ♭).

Rhythmik und Tonhöhenverlauf (Diastematik) bedingen darum einander im Grad ihrer Verarbeitung. Rhythmische Identität erlaubt (auch weitreichende) diastematische Veränderung und Entwicklung; die Prägnanz des Rhythmischen hält die diastematischen Vorgänge zusammen[1]:

L. van Beethoven, Klaviersonate C-dur op. 53, 1. Satz

[1] Vgl. daraufhin auch noch einmal das Beispiel S. 19 und die Takte 1-3 des *G*-dur-»Menuetts« S. 63.

Rhythmische Veränderung und Entwicklung verlangt umgekehrt nach Identität der diastematischen Substanz; die Kontur des Diastematischen macht die rhythmischen Vorgänge verständlich:

L. van Beethoven, Klaviersonate c-moll op. 111, 1. Satz

Welch vielfältige Möglichkeiten aber motivisch-thematische Arbeit kennt, zeigt sich allein schon an drei Werken:

1. J. Haydn, Streichquartett d-moll op. 76,2, 1. Satz. Ein Urelement von Musik, das Intervall der Quinte, eröffnet den Satz, rhythmisch hingestellt wie ein Monument, belebt nur durch das akkordische ♪♩ der Begleitung:

Die elementare Kraft dieses motivischen Urgedankens wirkt sich aus: In den verschiedensten Versionen durchzieht er den Satz – transponiert (a), variiert (b), geweitet (c), zum Dreiklang aufgefüllt (d), in Umkehrung (e), in rhythmischer Verkleinerung (*Diminution*) (f), in imitatorischer Kombination – alles ist das Motiv selbst (g), verengt und zugleich in rhythmischer Vergrößerung (*Augmentation*) (h). Ausbreitung und Verarbeitung eines einzigen Elements geben dem Satzgefüge Halt:

2. L. van Beethoven, 1. Symphonie C-dur op. 21, Menuett. Die heftig auffahrende Skala am Beginn überflutet fast das syntaktische Gerüst: 4 Takte Vordersatz (Vs), 4 Takte variierter, markant zur Dominante fallender Nachsatz (Ns), beide aus rhythmisch identischen 1+1+2 Takten gefügt:

Die Zweitakter (T. 3/4, 7/8) aber sind lediglich Varianten des Eintakters: nach *einem* Ton ($\downarrow$ in T. 1/2) erst *zwei* (T. 3), dann *drei* wiederholte Töne (T. 7). Die eigentliche Bauweise des Achttakters also wird ersichtlich, wenn man ihn auf eine vereinfachte Fassung zurückführt:

Der auftaktige Sekundschritt ♩|♩ ist *motivische Zelle* des Achttakters wie weiterhin des ganzen Menuetts. Der zweite Sekundschritt ($h^1 - c^2$) komplettiert den ersten zum Tetrachord $g^1 - c^2$; T. 3/4 sind dessen Transposition ($d^2 - g^2$); und im Ns drängen sich vorwärtsziehend die Halbtonschritte (⌐¬) vor. Ein kleinstes, völlig unscheinbares Element – das Intervall der Sekunde – treibt, ausgestattet mit rhythmischer Energie, einen ganzen Satz aus sich heraus.

3. L. van Beethoven, 8. Symphonie *F*-dur op. 93, Finale. Der zweite Gedanke des Hauptthemas

wird später sequenzierend verarbeitet. Zwei Momente sind dafür von dem Ganzen abgelöst und miteinander kombiniert: die rhythmische Formel ♩ ♪♪ ♩ und die Geste des Fallens (der Oktavsprung zum d^3 im 2. Takt ist nur ein leuchtender Registerwechsel – eigentlich zieht die Linie konsequent abwärts). Die gleichzeitige Umkehrung stellt eine *auf*wärts strebende Linie entgegen; und harmonisches Rückgrat der Verarbeitung ist die Quintschrittsequenz:

Im Haydn-Quartett (1) ein Urmotiv, das sich in verschiedenen Gestalten zeigt; im Beethoven-Menuett (2) eine simple Zelle, aus der alles Weitere herausgetrieben wird; und hier die Arbeit mit Partikeln einer thematischen Ganzheit: drei Möglichkeiten motivisch-thematischer Arbeit. Während aber im Haydn-Beispiel motivische *Aufstellung* und *Verarbeitung* deutlich getrennt sind, beginnen sie bei Beethoven ineinanderzugreifen: Das Thema seines Menuetts (wie der *f*-moll-Sonate, siehe S. 60) ist nicht mehr nur Ausgangspunkt, sondern ist selbst schon *Ergebnis* motivischer Arbeit.

Dieses Streben nach thematischer Dichte steht auch hinter der *kontrastierenden Ableitung*[2], einem für Beethoven grundlegenden Verfahren: Durch kompositionstechnische Umwandlung thematischer Substanz wird ein Gegensatz gewonnen. Dem Thema der *f*-moll-Sonate op. 2,1 tritt wenig später ein anderer Gedanke entgegen:

Im 1. Satz der Klaviersonate *f*-moll op. 57 (›Appassionata‹) antwortet dem ersten Thema ein zweites:

Beide Male ist der zweite Gedanke aus dem ersten *abgeleitet*; vor allem rhythmische Momente machen das kenntlich. Zugleich aber bildet er einen charakterlichen *Kontrast*: durch Tonart, Bewegungsrichtung, Begleitung, und (im ersten Fall) Artikulation. Ein Erstes wird umgewandelt in ein Zweites, Gegensätzliches und ihm doch Verwandtes. Und indem zeitlich Späteres aus zeitlich Früherem hervorgeht, Früheres das Spätere

---

[2] Der Begriff stammt von Arnold Schmitz (Beethovens »Zwei Prinzipe«, Berlin und Bonn 1923).

schon unausgesprochen in sich birgt, wird die *Entwicklung in der Zeit* erfahrbar: Kontrastierende Ableitung unterstreicht, mehr noch als die motivisch-thematische Arbeit, das *Prozeßhafte* des musikalischen Ablaufs.

Brahms – Mahler – Schönberg: Entwickelnde Variation

Aus dem Finale der 1. Symphonie *c*-moll op. 68 (1876) von Johannes Brahms:

Eine ostinate Baßfigur (1) grundiert die Takte. So wie diese Figur eine Variante des Satzbeginns (2) ist, beruhen die zitierten Takte insgesamt

auf der immerwährenden Weiterführung einer einzigen Idee: eines viertönigen Motivs, das aus zwei Sekundschritten besteht (a).

Eines geht fortsehnend aus dem anderen hervor: aus a dessen Variante

81

(V), aus der Variante deren umrißhafte Umkehrung (U), aus der Umkehrung deren Transposition und zugleich motivische Weitung. Neuer Ansatz: a zu a¹ verengt, davon die Variante (V¹), a in anderer, die Sekundrichtung vertauschender Gestalt (a²), davon die Variante (V²). V und U kehren wieder, jetzt aber mit weiterfließenden Achteln, aus denen ein neues Tetrachord mit der übermäßigen Sekunde entsteht (*d e fis g →g b cis d → a b cis d*); am gegenläufigen Baßgang (*g fis e d → g fis es d*) ist besonders schön zu sehen, wie der übermäßige Schritt erzeugt wird. Drei Takte später: Einsatz eines Gedankens, der gewonnen ist als Variante (*d es fis a g*) des eben Entstandenen, und der aus sich heraus das Weitere gewinnt. Er ist *Konsequenz* und *Ursache* in einem:

Aus dem Anfang (T. 118) ist am Ende durch *entwickelnde Variation* (Arnold Schönberg) etwas Anderes hervorgegangen. *Entwickelnde* Variation betont den Akt des Hervorbringens: Alles wächst heraus aus *einem*, aus einem konkreten Motiv (wie hier) oder aus bloßen, vom Rhythmus gelösten Intervallordnungen (so in den noch folgenden Beispielen Schönbergs). Entwickelnde *Variation* betont den Akt der Verwandlung: Eine Ausgangsidee präsentiert sich immer anders, wird prozeßhaft überführt in andere Gestalten.

Man studiere den Beginn von Brahms' 4. Symphonie *e*-moll op. 98: wie aus dem Motiv ♩ |♩ (Terz*fall*, Sext*sprung*, . . ., Oktav*fall*, Terz*sprung* . . .) der erste thematische Komplex herauswächst (4 + 4 + 6 Takte; dann – nach dem Halbschluß – polyphon durchbrochene, variierte Wiederholung, nach 4 + 4 + 4 Takten aber immer weiter ziehend . . .). Beachte, wie die Musik dabei – als eine charakteristische Möglichkeit des Anfangens – in immer stärkere *Bewegung* gerät: 4 Takte Orgelpunkt mit (nur) melodischer Sequenz; 2 + 2 Takte melodisch-harmonische (*C G/d a*) Sequenz . . .

Bei Brahms geht ein unscheinbares Motiv fort und erzeugt aus seinen Verwandlungen eine thematische Fläche: Motivisches ist der Ausgangspunkt, Thematisches das feste Ergebnis. Bei Gustav Mahler dominieren demgegenüber thematische Flächen, deren innere Gestalt sich ständig verwandelt: Thematisches ist der Ausgangspunkt, Motivisches variables und bewegliches Glied. Auch Mahlers Verfahren kann man »entwickelnde Variation« nennen, doch beschreibt das eher eine Außenseite, rührt kaum an das Eigentliche: Die Grenzen, die jeder sprachlich-begrifflichen Annäherung an große Kunst gesetzt sind, machen hier fast hilflos.

Mahler, 1. Satz der 9. Symphonie (1908/09): Sechs Takte Introduktion, puzzlehafte Partikel wie eine Vorahnung von Künftigem: Tonwie-

derholung im Cello, Terzschritt plus fallende Sekunde (Harfe), ein
Hornruf

wisperndes Terzen-Tremolo der Bratschen, Sekundschritt in Horn.
Dann ein erstes »thematisches« Singen (1), das all dies bewahrt: die (den
Satz durchziehende) fallende Sekunde (a); den Terzschritt (b); Tonwiederholung (c); im melodischen Umriß das Terz-Sekund-Motiv *fis a¹ h a*
(d); den Schluß des Hornrufes, zu *cis g h* abgewandelt (e) – dies alles im
zarten Zwiegesang mit dem Horn und dem (Terz-Sekund-)Tremolo der
Bratschen im Hintergrund. Zweiter Beginn (2), wie ein »Nachsatz«,
leuchtend eine Oktave höher einsetzend, jetzt zu geschlossener Melodie
gerundet. 22 Takte später dritter Ansatz (3): in größter Intensität
verdoppelt sich die Melodie zu einem gleichrangigen Geflecht der Violinen; die ersten Violinen nehmen den Hornruf der Introduktion auf (3.
Takt), in demselben Moment (*) gehen die zweiten Violinen, mit Varianten, auf (2) zurück. Zehn Takte darauf eine weitere Erscheinungs-
form (4):

83

Wechsel des Tongeschlechts: Eine zweite Äußerung tritt, nach (2), hinzu, kehrt ebenfalls – auch fragmentarisch – wieder,

kennt Tonwiederholung, erinnert in Rhythmik (♪♪♪) und Melodieverlauf schemenhaft an bereits Bekanntes (während die rhythmische Figur ♪♪ ♪. bedeutsame, sich motivisch auswirkende Neuerung ist), nimmt später den Hornruf auf, bei gleichzeitig chromatisch fallenden Sekunden der Bläser (T. 83): Die beiden »Themen« sind deutlich verschieden und doch einander geheimnisvoll verschwistert. (1) aber ist so wenig ein erstes »Thema«, wie man (2), (3) und (4) schlichtweg als seine »Varianten« einstufen dürfte. Eher so: Dies alles sind *Erscheinungsformen* einer *thematischen Idee*, die sich zwar anfangs immer konturierter herauszuschälen scheint, die selbst jedoch nirgends – am ehesten noch in (2) – definitiv greifbar wird.

Die Form ist Resultat unablässiger Verwandlung. Ansichten und Möglichkeiten einer Idee von Thema überziehen das Ganze, umkreist und immer wieder aufgesucht. Seine Aura verströmt es als innigsten Zusammenhalt über den Satz: seinen sehnenden, süßen Ton, sein zögerndes Aufblühen und Verdämmern, seine lastend schwere, wehmütige Schönheit, die so unmittelbar anrührt, daß man in Augenblicken meint, diese Musik in seinem Innersten schon immer gekannt zu haben. Das »Thema« selbst jedoch entzieht sich als festes Gegenüber: Das vollkommene Schöne bleibt ungreifbare Ahnung, ein Stück beglückender Utopie.

Man vertiefe die skizzenhafte Beschreibung durch waches Verfolgen der Partitur und studiere entsprechend von Mahler: den Schlußsatz der 9. Symphonie, den letzten Satz der 3. Symphonie oder den »Adagio«-Satz der 10. Symphonie.

»Entwickelnde Variation« mußte um so dringlicher Zusammenhalt stiften, je schwächer andere formgebende Mittel wurden: je mehr die Tonalität, die Bindung an ein tonales Zentrum, gelockert wurde; je mehr sich die klassische Periodik als handgreifliches, Halt gebendes Moment auflöste; und je mehr die Empfindlichkeit wuchs gegen pure Wiederholungen. Für Neue Musik wurde entwickelnde Variation darum zu einer zentralen Technik. Denn die *Preisgabe der Tonalität* um 1910 nahm der Musik ihre wohl wesentlichste formstützende Kraft. Die Konsequenz war zunächst (sofern die Komposition nicht an einem *Text* ihr formales Rückgrat fand) eine radikale *Verkürzung der Form*: ein gedrängtes, hochexpressives »nur einmal«.

1911 schrieb Arnold Schönberg ›6 kleine Klavierstücke‹ op. 19, Miniaturen von 17, 9, 9, 13, 15 und wiederum 9 Takten, jede in Charakter und Ausdruck von den anderen abgesetzt. Zwei Ideen im letzten Stück, das dynamisch bis zum pppp zurückgenommen ist: Sekundausschläge als sparsamste melodische Andeutung, einmal nur um so aufblühender geweitet (a); und ein sechstöniger, schwerelos wirkender Klang (b), der den Satz motivisch grundiert – ein Klang wird wie ein *Motiv* behandelt:

Oder das vierte Stück: einstimmige, aus Terzen entwickelte Linie und ein Akzent – in den ersten 2 Takten ist in konzentriertester Formulierung

gesagt, wovon das Folgende zehrt. Umrißhaft bewahren die Takte 3 und 4 die Erinnerung an den Anfang. Zur Geste einer Kantilene verwandeln sich kurz darauf, transponiert, Auftakt und Beginn von Takt 3 (a); und die Töne des ersten Taktes leiten, ebenfalls vom ursprünglichen Rhythmus gelöst, den heftigen Ausbruch des Schlusses ein (b):

Es gibt kein tonales Zentrum. Greifbare Symmetrien und Korrespondenzen entfallen. Ein Metrum existiert nur in Relikten. Die rhythmische Organisation ist frei und vielfältig. Wiederholungen sind vermieden zu Gunsten der Umformung von Früherem. Das wendet sich ab von der Versöhnlichkeit früherer Musiksprachen. In all dem lebt – wieder – das Ideal *musikalischer Prosa* (S. 26) auf, die Arnold Schönberg an vielen Werken von Johannes Brahms bewunderte: eine Darstellung von Gedanken, so Schönberg, »ohne bloßes Beiwerk und leere Wiederholungen«, technisch ausgezeichnet durch »Freiheit des Rhythmus« und »völlige Unabhängigkeit von formaler Symmetrie«[1].

Verknappung der äußeren Form, bei größter Dichte der inneren Beziehungen, ist kennzeichnend für die *frei atonalen* Instrumentalwerke, die nicht mehr tonal und noch nicht zwölftönig komponiert sind. Ihr *Prosacharakter* sucht eine von allen Fesseln befreite Musik zu gestalten, getragen und angespannt von der Intensität und Erfülltheit des nur einmal Ausgesprochenen. Die Komprimiertheit des Ausdrucks hat ihr Gegenstück in der Gedrängtheit der Form.

Zusätzlich zum Studium empfohlen seien: Anton Webern, Sechs Bagatellen für Streichquartett op. 9 (1913); Alban Berg, Vier Stücke für Klarinette und Klavier op. 5 (1913).

Große Formen ermöglichte wieder die *Zwölftonmusik*, deren Grundlagen Arnold Schönberg Anfang der 1920er Jahre entwickelte: die *Komposition mit zwölf nur aufeinander bezogenen Tönen* (Schönberg), in der die Töne, gleichberechtigt, *nur aufeinander* bezogen sind, nicht auf ein übergeordnetes Zentrum.

Die technischen Regeln sind simpel und karg. Regulativ des Tonsatzes ist eine *Zwölftonreihe*: eine vom Komponisten erstellte Ordnung der 12 Töne der chromatischen Skala. Damit kein Ton Vorrang vor den anderen

---

[1] Arnold Schönberg, Brahms, der Fortschrittliche, in: Schönberg. Stil und Gedanke. Aufsätze zur Musik, hrsg. von Ivan Vojtěch, Frankfurt/Main 1976, S. 33-71; hier: S. 49 und 51.

erhält, soll die Reihe jeweils als Ganzes ablaufen, bevor sie wiederkehrt.

Die *Reihe* (R) kennt drei weitere, gleichrangige Erscheinungsformen: *Umkehrung* (U; die Intervallschritte werden beibehalten, kehren aber ihre Richtung um: Aus einer Terz *auf*wärts wird eine Terz *ab*wärts); *Krebs* (K; die Reihe von hinten nach vorn gelesen); *Krebs der Umkehrung* (KU). Da jede Reihenform auf jeder Stufe der chromatischen Skala beginnen kann, stehen theoretisch 4×12 = 48 Reihen zu Gebote, die je für sich oder kombiniert eingesetzt werden können.

Die *Oktavlage* der Reihentöne ist beliebig. Die Töne 1/2 jener Reihe, die Arnold Schönberg seinem ›Bläserquintett‹ op. 26 (1923) zu Grunde legte,

können also als große Terz, kleine Sexte, große Dezime oder durch mehrere Oktaven getrennt auftreten: Die Reihe fixiert nicht Intervalle, sondern ordnet Beziehungen zwischen Tönen vor. Das beeinflußt oft schon die Anlage der Reihe selbst: Die zweite Hälfte von Schönbergs Reihe ist – wie als ferner Nachklang einer I-V-Beziehung oder der Entsprechung von Vorder- und Nachsatz – die Quinttransposition der Töne 1-6 (den Schlußton ausgenommen, der für die Vollzähligkeit der 12 Töne sorgt).

Daß eine Reihe »zerlegt« werden muß, will man aus ihr allein einen *mehr*stimmigen Satz gewinnen, veranschaulicht der Beginn von Schönbergs Quintett; er folgt dem überkommenen Typus von *Melodie* (Flöte) und *Begleitung* (restliche Bläser). In der ersten Hälfte der Melodie erklingen die Töne 1-6, von Schönberg mit dem Zeichen H als führende »Hauptstimme« hervorgehoben (N meint entsprechend »Nebenstimme«); der Begleitung sind gleichzeitig die Töne 7-12 zugewiesen:

Nur die Flötenstimme jedoch ist strikt an die Reihe gebunden. Weder die Tonfolge der begleitenden Instrumente (Horn: 7 11 3, Oboe: 8 12 1, Klarinette: 9 10 2) noch entstehende Zusammenklänge sind in der Reihe selbst vorgegeben (der erste Akkord in T. 2 besteht aus den Tönen 3 8 10 und 11): Horizontale *und* Vertikale eines Tonsatzes können nicht zugleich aus direkt einander folgenden Reihentönen abgeleitet werden; entweder die Linien oder die Klänge sind der Reihe entzogen.

Ersichtlich wird daraus, wie zweitrangig die Reihe an sich für das tatsächlich Komponierte ist. Ihre Tonfolge kann zwar eine gewisse Richtung weisen, etwa für die Bildung weicher oder gespannter Klänge; doch prinzipiell bleiben dem Komponisten alle Möglichkeiten: wegen der beliebigen Oktavlage der Töne und wegen der Zerlegbarkeit der Reihe. Nicht die Reihe selbst also oder ein paar Regeln garantieren Satzanlage und Form. Die Anlehnung an eine Reihe gab wieder einen Halt, nachdem die Tonalität preisgegeben war. Sie begünstigte auch wieder das Komponieren von Themen. Und sie ermöglichte damit auch wieder, als ein tragendes Prinzip großer Formen, motivisch-thematische Arbeit. Schönberg sprach, weiter gefaßt, von »entwickelnder Variation«. Denn die Reihe ist lediglich eine geordnete Tonfolge; sie besitzt, anders als ein Motiv, keinen Rhythmus. Dadurch ist jene unmittelbare Zusammengehörigkeit von Tonhöhe und Tondauer aufgehoben, die Motive und Themen bestimmt: Die Reihe erlaubt jede Rhythmisierung. In der *konkreten Ausformung* also läßt sie jegliche Freiheit: neben der Rhythmik auch in Dynamik, Artikulation, Klangfarbe. Darum können aus ihr in »entwickelnder Variation« ganz ähnliche oder ganz verschiedene Motive, Themen, Charaktere gewonnen werden. Das Thema des Schlußsatzes von Schönbergs Quintett entsteht aus der Kettung und Abwandlung zweitöniger Motive. Zwei Erscheinungen dieses Themas sind hier nebeneinander gestellt. Die erste bedient sich der Reihe, die zweite des Krebses: Die Tonhöhen sind verschieden. Der identische Rhythmus aber, daneben auch melodischer Umriß und Artikulation, machen die zweite Gestalt zur Variante der ersten:

Einen ganz anderen thematischen Charakter gewinnt das (oben zur Hälfte zitierte) Thema des ersten Satzes aus der Reihe: Nichts außer der abstrakten Tonfolge ist identisch. Die Zweigliedrigkeit dieses Themas (1-6 / 7-12) folgt der erwähnten Zweigliedrigkeit der Reihe:

Und wie das Thema des Schlußsatzes in immer neuen Varianten auftritt, werden die Motive dieses Themas im ersten Satz »entwickelnd variiert«: Ausgangspunkt eines polyphonen Geflechts ist hier

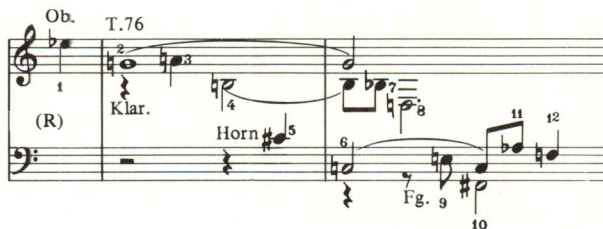

die Sexte des Themenbeginns. Ihr Fallen wird imitiert, zunächst in Viertelbewegung bei intervallischer Vergrößerung (Sexte → Septime → None), dann zu Achteln beschleunigt. Der folgende Ausschnitt stellt T. 2/3 des Themas als »Hauptstimme« heraus:

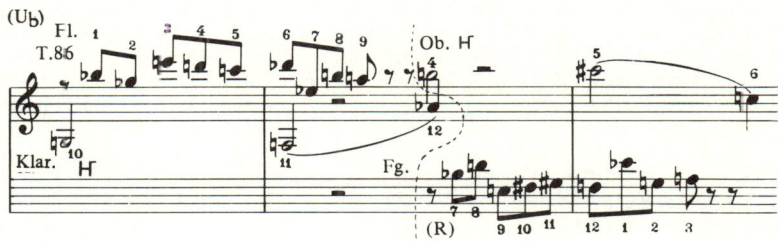

Umkehrung, transponiert auf b, und Reihe treten nacheinander auf. Der Wechsel der Reihengestalt wird durch den Wechsel der Instrumentenpaare unterstrichen; und der reihentechnischen Umkehrung entspricht hier die motivische Umkehrung.

Ein »rit. . . . molto rit.« (T. 126 f.) macht aufmerksam auf die Reprise des Themas (T. 128: »Tempo«): Tempoanweisungen werden zum Signal formaler Abschnitte. Die Reprise aber zersprengt ihre motivischen Partikel (H̄) in einen polyphonen Satz, der wie zu Beginn (vgl. oben) nur die Reihe verwendet. Wörtliche Wiederkehr von Satztypus und thematischer Gestalt wird selbst an dieser formal bedeutsamen Stelle gemieden:

T.128

Motivisch-thematische Arbeit – entwickelnde Variation: Die frühere Sprach*idee* lebt fort, geändert haben sich nur die Sprach*mittel*. Deren stilistische Spannweite aber zeigt das Beispiel Anton Weberns S. 189 im Vergleich mit Schönberg: 12töniges Komponieren ist, wie sonst, individuell in Charakter und Form.

Bewußt wurde darum bei dem letzten Beispiel auf reihentechnische Angaben verzichtet. Derartiger Nachvollzug ist lehrreich für Komponisten und sinnvoll bei der Darlegung eines musiksprachlichen Systems. Aber ein unermüdliches Töne abzählen sagt noch nichts aus über Zwölftonmusik. Anregung deshalb für die Pädagogen unter den Lesern: Gehen Sie im Unterricht einen anderen Weg, der sich hier aus Gründen konzentrierter Darstellung verbot. Beginnen Sie, *ohne Vorgaben*, bei dem tatsächlich Komponierten. Schüler erliegen nur zu leicht dem Irrglauben, das Technische für die Sache selbst zu nehmen oder gar als musikfernes Basteln anzusehen, dessen Güte doch hier wie sonst von der Freiheit, Inspiration und gestalterischen Kraft des Komponisten abhängt. Das wunderbare Violinkonzert von Alban Berg darf nicht zum Demonstrationsobjekt einer spezifischen Zwölftönigkeit verkommen: Führen Sie von der Zwölfton*musik* zur *Zwölfton*musik.

Daß sich Durchorganisation und Ausdruckshaftigkeit einer Sprache nicht ausschließen, sondern ganz eigentümlich ineinander greifen, ist im ersten Moment verblüffend. Der Schlußsatz von Anton Weberns letztem Werk, der 2. Kantate op. 31 (1942/43), ist wie eine Huldigung an Musik der Renaissance, hineingeholt in zwölftöniges Komponieren: Notation in großen Werten; taktversetzte Stimmen, die ihrer eigenen Bewegung folgen sollen; und eine äußerst kunstvolle Verschränkung: Der Sopran ist die Umkehrung des Alt, der Baß die des Tenor; zugleich bildet der Alt den Krebs des Tenor, der Baß den des Sopran. Alban Berg, ›Lyrische Suite‹ (1925/26) für Streichquartett, huschender 3. Satz, »Allegro misterioso«: Die Takte 93 bis Schluß sind eine verkürzte Reprise der Takte 1 bis 69 – aber im Krebs. Zwei Beispiele für dasselbe Phänomen: Die Expressivität dieser Werke ist rückgebunden an zusammenhangvolle Konstruktion.

Konstruktives, das umschlägt in Ausdruck; Ausdruck, der Halt findet an konstruktiven Prinzipien: Diese Formel begegnet quer durch die Kompositionsgeschichte, im 20. wie schon im 14. Jahrhundert.

Witold Lutosławski, ›Trauermusik für Streichorchester‹ (1958): Ihr »Prolog«, mit erstaunlich reduzierten Elementen streng organisiert, ist voll Schwermut und glühendem Ausdruck. Monumental die Rhythmik: Bis zum verlöschenden Ende geht der »Prolog«, schwer schreitend, in Halben fort. Ab Takt 4 (bis T. 25) werden jeweils vier $\frac{5}{2}$-Takte von einem $\frac{3}{2}$-Takt unterbrochen. Nach je 5 Takten schalten sich neue Streicher ein (bis, vom Solo zum Tutti anschwellend, ein achtstimmiger Kanon aufgeschichtet ist). Jede Stimme kennt nur, in konsequentem Wechsel, Tritonus und kleine Sekunde.

Ausgangspunkt ist eine zwölftönige Linie, eine »Reihe« (R), des ersten Solo-Cello, der sich die Umkehrung (U) anschließt; viermal laufen R und U im ersten Cello unverändert ab, streng kanonisch gefolgt vom zweiten Cello – im Tritonusabstand. Zwei chromatisch durchschrittene Quarten enthält die Linie ($h \rightarrow ges = fis / e \rightarrow h$); sie verkörpern einen alten rhetorischen Topos, den *Lamentobaß*, der für Klage, Schmerz, Gedrücktheit steht:

Lutosławskis bewegender »Prolog« ist keine »Zwölfton«komposition. Er nutzt lediglich das Denken in Tonreihen. Eine rhythmische Eigenart unterstreicht das: Die ersten 30 Takte zeigen in jeder Stimme dasselbe rhythmische Modell. Man vergleiche das Beispiel: Durch die wiederkehrenden ○˙ sind die Linien gruppiert in 3 + 3 + 6 + 8 Töne. Jede hinzutretende Stimme beginnt so; und jede Stimme ist danach reduziert auf 3 + 6 + 8. Mit dieser rhythmischen Ordnung werden die Tonreihen einfach überzogen. So lautet die Fortsetzung des ersten Cello (ab T. 7):

Tonhöhe (R und U) und Tondauer (als rhythmische Gruppierung) treten völlig auseinander. Sie sind zwei eigenständige, vorweg determinierte Größen. Dies aber hat sein Vorbild nicht in der Zwölftonmusik, sondern weist weit zurück: auf die *Isorhythmik* (Gleichrhythmik) des 14. Jahrhunderts. In isorhythmischen Werken entsprechen Teile einander durch rhythmische Identität bei melodischer Verschiedenheit. Was bei Lutosławski die »Reihe«, ist hier eine Gregorianische Melodie, die im Tenor vorgetragen wird. Wie rücksichtslos aber der Tenor mit der jeweiligen Melodie verfährt, kann zum Beispiel das »Kyrie I« aus Guillaume Machauts ›Messe de Notre Dame‹ (wohl 1364) belegen; Teile dieser Messe sind isorhythmisch komponiert. Das Gregorianische »Kyrie«

erhält im Tenor von Machauts »Kyrie« folgende Gestalt:

Ein ständig wiederholtes rhythmisches Modell (*Talea*) wird der Melodie aufgesetzt. Beim ersten Mal stimmen Melodieglied und Talea noch überein, danach klaffen sie völlig auseinander. Siebenmal werden im »Kyrie I« die vier Maßeinheiten der Talea wiederholt (beim letzten Mal fehlt wegen des Abschlusses die Pause): Wohl nicht zufällig sind hier die Symbolzahlen 4 und 7 formbestimmend. Falls bei längeren Werken erforderlich, konnte der Choral auch wiederholt werden. Talea bezeichnet dann die *rhythmische*, *Color* die *melodische* Wiederholung[1]. Die melodische Sinnhaftigkeit des Chorals jedoch ist durch die rhythmische Konstruktion zerstört: Er wird, wie in den mehrstimmigen Partien der Organa (S. 48), als Material verfügbar. Tonhöhe (Choral) und Tondauer (die Gestalt der Talea) sind – nicht anders als fast 600 Jahre später in der ›Trauermusik‹ Lutosławskis – unabhängig voneinander.

Nicht nur hier zeigt historisch Fernes seine ideelle Nähe. Man kann wiederum den Bogen zurück wagen in das 20. Jahrhundert: vom isorhythmischen Komponieren zu den seriellen Praktiken seit Anfang der 1950er Jahre. In ihrer kompositorischen Konstruktion treffen sie sich: Hier wie dort werden Tonhöhe und Tondauer als getrennte *Toneigenschaften* (in serieller Terminologie: *Parameter*) behandelt.

Serielle Musik ist eine Weiterführung der Zwölftonmusik, der man Inkonsequenz unterstellte: wenn mit Reihen gearbeitet werde, dürfe das nicht nur *eine* Toneigenschaft – die Tonhöhe – betreffen, sondern müsse alle Parameter einschließen. Höhe, Dauer, Dynamik, Artikulation, ggf. Klangfarbe: *Alles* sollte reihenmäßig *determiniert* sein. Zum fesselnden Problem wurde dabei die *Zeitstruktur*, die aus der Gestaltung der Tondauern resultiert; vor allem sollte die Tondauer der Tonhöhe schlüssig zugeordnet werden. »Rhythmus« also wird in serieller Musik zu einer isoliert verfügbaren Größe – abgelöst von dynamischen, metrischen, agogischen Momenten: zu bloßer Determination von Tondauern.

Zwei Beispiele aus dem 6. Satz von Pierre Boulez' ›Le Marteau sans Maître‹ (1957) für Alt und sechs Instrumente. Der Satz geht nicht von einer Zwölfton*reihe* aus, sondern von Zwölfton*gruppen*. Sind alle 12 Töne aufgetreten, ist eine Gruppe abgeschlossen. Mit dem *h* des Vibraphon endet in T. 2 die erste Zwölftongruppe:

---

[1] Vgl. auch die Fußnote S. 48.

Der kleinste Notenwert dieser Gruppe ist ♪ (d^1 im Xylorimba). Ordnet man die Notenwerte nach ihrer Größe, unter Einschluß der (abstrakten) Tonhöhen, wird das serielle Prinzip erkennbar: Den von d chromatisch aufsteigenden Tonhöhen sind in ♪ sich vergrößernde Tondauern zugeordnet. Solche Zuordnung sahen die Serialisten als eine Möglichkeit, Höhe und Dauer aufeinander zu beziehen. Die gleichschrittige Progression (♪) der Dauernreihe schien ihnen vergleichbar den gleichen Distanzen (Halbton) der chromatischen Skala:

Dynamik, ebenso Artikulation oder Klangfarbe entziehen sich einer mathematisch zwingenden Folge, da es für sie keinen Grundwert als definierten Bezugspunkt gibt. Hier legte Boulez ebenfalls *zwölf* dynamische Grade fest.

94

Ordnet man sie nach ihrer Größe, zeigt sich ein analoges Prinzip – nur, daß den von *b* chromatisch aufsteigenden Tonhöhen ein dynamisches *Decrescendo* zugeordnet ist:

Tonhöhe: *b*   *h*   *c*   *cis*   *d*   *es*   *e*   *f*   *fis*   *g*   *gis*   *a*

Dynamik: ff sfz ff f sfz f mf mf mp mp p p pp pp

Entsprechend untersuche man aus der Partitur die zweite Zwölftongruppe. Sie schließt, Dauer und Dynamik zufolge, das d^1 und b^1 von Gitarre und Vibraphon ein; die gleichzeitig erklingenden *d* und *b* von Viola und Xylorimba gehören schon zur dritten Gruppe. Die Dauernreihe verbindet sich hier mit den von *gis* (Xylorimba: ♪) bis *a* (Viola: 12 ♪) chromatisch steigenden Tonhöhen. Das dynamische Decrescendo ist den von *e* (Gitarre: ff sfz) bis *es* (Vibraphon: pp) steigenden Tonhöhen zugeordnet. (Sei es Absicht oder Unachtsamkeit des Komponisten, gibt es in der Partitur, unter den Voraussetzungen des Systems, Fehler: Das *d* der Gitarre hat 8 statt 7, das *f* des Vibraphons 9 statt 10 ♪ ; das *b* im Vibraphon müßte, entsprechend der dynamischen Reihe, mp statt mp bezeichnet sein.) – Die dritte Zwölftongruppe, analog organisiert, endet mit dem 5. Takt.

Eine zweite Partie aus diesem Satz nutzt eine andere Möglichkeit. Eine Zwölftongruppe kann sich in Untergruppen teilen. So operieren die Takte 14–24 mit 7+3+2 Tönen. Sie sind dadurch in deutlich unterschiedene Abschnitte gruppiert. Das Alt-Solo (T. 14–17) beginnt mit den Tönen *b*, *a*, *d*, *e*, *gis*, *f* und *cis*. Der Schlußton *cis* ist zugleich (Viola) Anfangston einer instrumentalen Fläche, die eben diese sieben Töne verwendet (T. 17–20); dann drei weitere Töne: *g*, *fis*, *h* (T. 21/22)[2], und abschließend die beiden noch fehlenden Töne *c* und *es* (T. 23/24). Fermaten, Reduktion der Besetzung, abnehmende Satzdichte bei zunehmender Verlangsamung unterstreichen die Organisation dieser Partie. Vorrangig die wechselnde Dichte des Satzes dient serieller Musik also zum Aufbau: Form ergibt sich als *Reihung unterschiedlich strukturierter Felder*. Denn all jene Momente, die in tonaler Musik Zusammenhang und Sprachähnlichkeit garantieren, sind hier preisgegeben. Es gibt keine Motive, Themen, syntaktischen Muster, Wiederholungen, formalen Modelle oder formstützende Rhythmik. Um so mehr gewinnen darum – in dem Streben nach einer durch und durch organisierten, in sich stimmigen Musik – satztechnische Entwürfe, Verfahren und Details an Bedeutung: *Struktur* wurde zum Schlüsselwort des Komponierens und des Komponierten.

Im ·Marteau· ist die serielle Struktur Rückhalt einer ausdruckshaften Atmosphäre, die György Ligeti einmal schön als »bunt-sinnliche Katzenwelt« charakterisierte. Oft wie zufällig klingt für den *Hörer* serieller Werke

---

[2] T. 22 (Partitur) müßte die Viola *fis* statt *f* spielen und die Altflöte *h* statt *b* (*b* erklang bereits in der 7er-Gruppe).

jedoch, was auf rigoroser Organisation beruht: Extreme berühren sich. Und die Ausführbarkeit gerät an ihre Grenzen: Die überaus differenzierte Rhythmik oder die Nuancen einer 12stufigen Dynamik kann der *Interpret* kaum mehr entsprechend präzise darstellen.

Die meisten Werke seit etwa 1960 verzichten deshalb auf serielle Konstruktion. Sie schlagen um in *aleatorische Offenheit* (S. 204f.). Sie machen als *Klangfarbenkomposition* den Wechsel und die unterschiedliche Gruppierung instrumentaler Klangfarben zum formbeherrschenden Moment (György Ligeti, ›Atmospheres‹, 1961). Sie sind aufgebaut – ein ausgesprochener Typus der 1960er Jahre – als *komponiertes Crescendo und Decrescendo*. Dabei ist die Entfaltung des instrumentalen Apparates gern gekoppelt an die behutsame, oft chromatische Entfaltung des Tonraumes; jeder weitere Ton – noch frisch, nicht »abgenutzt« – wird zu etwas Besonderem. 17 Takte lang erklingt im 1. Satz von Ligetis Cellokonzert (1966) nur das eingestrichene *e*, im Solo-Cello wie aus dem Nichts: aus achtfachem p herauswachsend und allmählich von Streichern, Flöte, Klarinette verstärkt und klangfarblich schattiert. Chromatisch benachbarte Töne treten hinzu, werden plötzlich – ein schöner Moment – aufgesogen von dem Unisono-*b* der Streicher, erneut und weiter entfaltet sich der Tonraum, bis alles am Ende wiederum in einen Ton, das *G* des Kontrabasses mündet. Die Form vollzieht sich als Prozeß von *Steigerung* und *Verlöschen*:

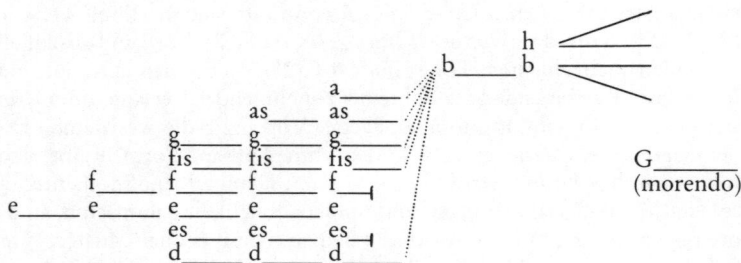

Und allgemeiner bedeutsam wurde eine andere konstruktive Technik Ligetis: eine rhythmisch reich differenzierte, *kanonisch geschichtete Polyphonie*. Jede einzelne Stimme in Ligetis Orchesterwerk ›Lontano‹ (1967) ist individuell auskomponiert; das Orchester wird zu einem Ensemble von Solisten. 25 Stimmen treten ab T. 122 übereinander. Alle spielen dieselbe engräumige Linie,

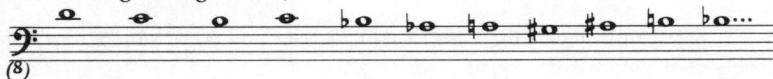

96

durchlaufen sie aber unterschiedlich schnell, in vier verschiedenen rhythmischen Strukturen. Komponiert ist ein *Kanon der Tonhöhen*:

T. 122

Fünf Takte später weitet sich der Satz – zu einem 49stimmigen »Doppelkanon‹ in 12 rhythmischen Versionen: 12 Stimmen führen das Angefangene weiter, 37 Stimmen werden darüber geblendet mit der (auf dem Ton g beginnenden) Umkehrung der anfänglichen Linie – in acht anderen rhythmischen Versionen.

Das sanfte, hochexpressive Gewebe von ›Lontano‹ beruht auf strengster Ausarbeitung der Einzelstimmen. Als Stimmen sind sie nicht mehr wahrnehmbar. Linie und Rhythmik, zigfach geschichtet, heben sich in dichtestem Übereinander selbst auf. Es entstehen großräumige, harmonisch changierende, farblich wechselnde, schmalere oder breitere *Klangfelder*, die reliefartig vor- und zurücktreten, die *statisch* nach außen anmuten und in sich *fluktuieren*. »Polyphonie« gewinnt eine andere Qualität: Sie wird zu *Klang, Räumlichkeit, Farbe*.

E Im Gefolge des Vokalen

Bis zum Stilwandel um 1600 (S. 38) ist die Geschichte von Kunstmusik, aufs Ganze betrachtet, Geschichte von Vokalmusik und Vokalformen. Das entsprach ihrer kirchlich-vokalen Herkunft, und das entsprach der Auffassung seit der Antike, daß Musik der Sprache bedürfe, um vollkommen zu sein. 1787 noch, im 2. Band seiner Kompositionslehre, betont Heinrich Christoph Koch, »daß die Tonkunst eigentlich nur in Verbindung mit der Dichtkunst ihre höchste Absicht und ihren eigentlichen Endzweck erreichen kann«. Geradezu hellsichtig erscheint es darum, wenn Michael Praetorius bereits 1619, in einem Schaubild seines Lehrwerkes ›Syntagma musicum‹ (III), Vokalmusik von Instrumentalmusik scheidet: Instrumentalmusik macht sich auf zu *eigener* Bedeutung. Denn *instrumentale* Formen erwachsen aus *vokalen* Formen, deren instrumentale Übertragung, Nachbildung, Umformung sie zunächst sind[1]. Erst die Befreiung von dem vokalen Vorbild führte sie zu Eigenständigkeit, das Erkennen spezifisch *instrumentaler* Möglichkeiten: schneller Läufe, schwieriger Sprünge, lebhafter Rhythmik, unbegrenzter Chromatik.

Die Macht des Vokalen bleibt aber auch dann mit Händen greifbar. Der Drang, auch instrumental zu »singen«[2], bestimmt das berühmte »singende Allegro« eines Johann Christian Bach ebenso

Allegro

J. Chr. Bach, Klaviersonate A-dur op. 17, 5, 1. Satz

wie langsame Sonatensätze Mozarts, bestimmt die Nachformung des vokalen Rezitativs als *instrumentales Rezitativ* etwa bei Beethoven ebenso

Largo

L. van Beethoven, Klaviersonate d-moll op. 31, 2, 1. Satz

---

[1] Zur Bedeutung der *Tanz*musik als einer zweiten historischen Wurzel des Instrumentalen siehe das Kapitel »Suite« (S. 190).
[2] In seiner Klavierschule (1753, § 12 »Vom Vortrage«) empfiehlt Carl Philipp Emanuel Bach ausdrücklich, daß man »keine Gelegenheit versäumen müsse, geschickte Sänger besonders zu hören; Man lernet dadurch singend dencken.«

wie viele Themen Franz Schuberts; und der Schlußsatz von Schuberts 6. Symphonie, voll Eleganz und Charme,

Allegro moderato

pp

wäre ohne das Vorbild Rossinis, und damit der Oper, kaum denkbar. Bei Schumann entfaltet gerade dort, wo die Sprache nicht mehr imstande ist, Unsagbares in Worte zu kleiden, die Musik *allein* ihre poetische Kraft[3]. Das Klaviersolo am Ende des Liedes »Hör' ich das Liedchen klingen« (aus dem Zyklus ›Dichterliebe‹ op. 48) ist kein »Nachspiel« im vordergründig formalen Sinn. Überhöhend tritt es zu den zwei Textstrophen wie eine dritte »Strophe«, die allein in Tönen singt, wovon der Text sprach, ohne es doch eigentlich fassen zu können.

Sinfonia

Begriffe verraten viel. Das Vorspiel einer Oper, die spätere *Ouvertüre*, hieß zunächst *Sinfonia* (Symphonia) oder *Intrada* oder sogar *Toccata* (vgl. S. 112f.) – so das prächtige Eröffnungsstück von Monteverdis ›Orfeo‹ (1607). Die unentschiedene Terminologie spiegelt die Unentschiedenheit der Sache selbst. Nicht eine definierte Form war gemeint, sondern Funktion oder Art der Ausführung wurden benannt: Die *Abgrenzung von der Vokalmusik* war das vorrangige, elementare Ereignis. Beides noch verkörpert die Sinfonia des 17. Jahrhunderts: Sie kann instrumental sein *und* vokal. Die ›Sacrae Symphoniae‹ (1597, 1615) von Giovanni Gabrieli enthalten vokale wie instrumentale Sätze; und die ›Symphoniae sacrae‹ I–III (1629, 1647, 1650) von Heinrich Schütz sind 3-8stimmige Geistliche Konzerte mit obligaten Instrumenten.

Als instrumentales Vor-, Zwischen- oder Nachspiel erscheint die »Sinfonia« in Monteverdis ›Orfeo‹. Drei der (insgesamt fünf) Sinfoniae kehren im Verlauf der Oper wie formale Stützpfeiler wieder. Fünf- bis achtstimmig gesetzt, sind sie von homophoner Grundhaltung, durchzogen von kleinen Motiven, oder ganz vom Klang her erfunden wie die folgende Sinfonia (Klavierauszug S. 83, 103, 144); sie wäre auch *gesungen* vorstellbar:

---

[3] Vgl. auch das Schumann-Lied S. 168f.

So unscheinbar ihr Äußeres, so kunstvoll ihr inneres Gefüge. Dem Gang von I zu V (T. 5) antwortet der Rückweg von V zu I (T. 9); dieselbe Korrespondenz schon im Detail: I-V (T. 1-2) kehrt sich um zu V-I (T. 5-6). Der ♩ -Auftakt zu T. 6 jedoch, Variante des volltaktigen Beginns mit der ○, verschiebt die ganze zweite Hälfte um einen halben Takt: Die Teile verlaufen nicht einfach mechanisch parallel. Harmonisch jedoch (bei weitgehendem Gleichlauf) entsprechen sie sich: Die Quintschritte der ersten Hälfte fallen bis zum *f* (ab T. 2: *d* – *a* – *d* → *g* → *c* → *f*), die der zweiten Hälfte, als genaue Quinttransposition, bis zum *b* (ab T. 6: *g* – *d* → *g* → *c* → *f* → *b*). Und schließlich entsprechen die Zeilenschlüsse einander. Gegenüber T. 4/5 aber sind die beiden Oberstimmen in T. 8/9 vertauscht. Der *Sopran* erhält seine damals charakteristische *Klausel* (melodische Schlußformel), den Leitton zum Grundton: im Vergleich zur Quintlage des Beginns nun ein betontes Schließen.

Solch individuelle Form weicht im späten 17. Jahrhundert zwei modellhaften Typen, festgelegt in Italien vor allem durch Alessandro Scarlatti, in Frankreich durch Jean-Baptiste Lully: Die vorklassische Sinfonia, als *V*orspiel einer Oper, erscheint als *Italienische Ouvertüre* oder *Französische Ouvertüre*. Beide sind dreiteilig, jedoch mit umgekehrter Tempofolge und – wichtiger – grundverschiedener Haltung. Die Italienische Ouvertüre folgt dem Schema *schnell* (oft konzertant) – *langsam* (betont harmonisch, gern kantabel) – *schnell* (oft tanzartig). Im Grundzug von heiterer Leichtigkeit, lebt sie von dem ergänzenden Kontrast mitreißenden Schwungs und zurücknehmender Getragenheit:

A. Scarlatti, Sinfonia zu >Marco Attilio Regolo< (1719)

Die Französische Ouvertüre folgt dem Schema *langsam* (gravitätisch im punktierten Rhythmus) – *schnell* (fugiert, gern mit Wechsel zum *unge*raden Takt) – *langsam* (wie im ersten Teil). Im Grundzug von erhabenem Pathos, lebt sie von dem ergänzenden Kontrast akkordischer Pracht und linearer Feinheit:

J.-B. Lully, Ouvertüre zu ›Armide‹ (1686)

Dem Grundriß der *Italienischen* Ouvertüre folgt noch, mit der Form A B A', Mozart in ›Die Entführung aus dem Serail‹. Schön geknüpft wird hier die Verbindung zur Oper: Der B-Teil der Ouvertüre ist zugleich das Konzentrat der nachfolgenden ersten Arie. – Zur *Französischen* Ouvertüre sehe man die vier Orchesterouvertüren (Orchestersuiten) Johann Sebastian Bachs. Pianisten seien verwiesen auf Bachs ›Ouverture nach französischer Art‹ (BWV 831) oder die ›Ouverture‹ zur Partita 4, *D*-dur (BWV 828).

Solosonate und Triosonate

Eine Frucht des neuen Stils um 1600 ist die italienische *Kammerkantate* (*Cantata da camera*): ein »Singstück« (Kantate) für Solostimme und Generalbaß, gedacht für private Aufführung (die »Kammer«). Besonders beliebt wurde das *Kammerduett* (*Duetto da camera*), mit *zwei* (meist hohen) Stimmen über dem Generalbaß. Solche Besetzung verlockte dazu, den alten polyphonen Stil fortzusetzen. Überwiegend imitieren die zwei Stimmen einander, vereinen sich dann auch gern zu klangseliger Parallelführung:

G. Martini, Duetto da camera

»Sonata« dagegen fordert, daß etwas *gespielt* wird (ital. sonare = spielen, klingen) statt gesungen zu werden: Im ursprünglichen Wortsinn – ohne eine formale Bedeutung – meint *Sonata* um 1600 einfach »Spielstück« oder »Klingstück«. Die Beziehungen jedoch sind offenkundig: Das Gegenstück der solistischen Kammerkantate ist die (vornehmlich für Violine und B.c. komponierte) *Solosonate*. Und das Gegenstück des Kammerduetts ist die *Triosonate* (*Sonata a tre*); zwei gleichrangige hohe Stimmen, meist wiederum Violinen, treten mit dem Generalbaß als tiefer Stimme zusammen.

Ganz frei zunächst kosten die »Spielstücke« das Erlebnis des *Instrumentalen* aus, in bunter, wie improvisatorischer Folge lebhafter und getragener Partien. Erst allmählich fügte sich das zu einer greifbaren Form. In den beispielgebenden Werken Arcangelo Corellis (1653-1713) folgen die Sonaten jenen zwei Formtypen, die bis zur Mitte des 18. Jahrhunderts beherrschend blieben: der *Kammersonate* (*Sonata da camera*) und der *Kirchensonate* (*Sonata da chiesa*); Zweck und Ort der Aufführung geben beiden ihren Namen.

Die *Kammersonate* vereint eine Folge von Tanzsätzen, denen oft – bei Corelli immer – ein Praeludium (Vorspiel) vorangeht. Für die Sätze der *Kirchensonate* ist der Wechsel von Tempo und Satztechnik charakteristisch. Bei überwiegend langsamem Beginn sowie stets schnellem Schlußsatz ist die Tempofolge der mittleren Sätze variabel; und homophone Satzart wechselt mit polyphon-imitatorischer[1]. Auch *innerhalb* eines Satzes wechselt Corelli gern das Tempo: im 3. Satz der Triosonate op. 1,5 bei nur 30 Takten allein sechsmal, als Gegeneinander eines homophonen Adagio und eines imitatorischen, motivisch gleichbleibenden Allegro – erst der späte Beethoven wieder läßt Charaktere mehrfach so unvermittelt umschlagen:

Ihre ursprüngliche Nähe zum Vokalen bewahren die Sonaten. In schnellen Teilen kehren sie instrumentale Geläufigkeit hervor. In langsa-

---

[1] Der immer wieder mitgeschleppte Satz, »die« Kirchensonate Corellis folge dem Schema »langsam-schnell-langsam-schnell«, stutzt die Wirklichkeit zurecht. Um hier nur die (*ausdrücklich* »da chiesa« titulierten) Triosonaten op. 1 und 3 heranzuziehen: Von den 24 Sonaten zeigt lediglich die Hälfte diesen Tempoplan.

men aber lebt der Geist des Vokalen fort – wenngleich der Solopart, gleichsam das vokale Gerüst, improvisierte Verzierungen vom Instrumentalen her erwartet. (Diese Kantabilität erhält sich sogar in Sätzen *außerhalb* der Triosonate, die deren Satzstruktur übernehmen. Beispielhaft sehe man Bachs dreistimmige *Es*-dur-Invention, die als Satz a tre angelegt ist.) *Singen* sollte man darum diese Ausschnitte aus Corellis Violinsonate op. 5,6 und der Triosonate op. 3,2 (einem »instrumentalen Kammerduett«, wie der Vergleich mit Giambattista Martinis Duett oben zeigt):

Daß jedoch ein *Text* fehlt, erzwingt andere formstützende Mittel. Der erste Satz von Corellis Triosonate op. 3,1, ein festliches »Grave«, hat kein »Thema«, das Zusammenhang verbürgt. Halt geben wiederkehrende Rhythmen (die Punktierung♩.♪, die Achtel des Basses); lineare Züge: vgl. den absteigenden Sekundgang der ersten Violine, *c b a g (f)*, in T. 1/2, 3/4 mit den imitatorischen absteigenden Sekundgängen der Takte 5/6 und 9–11; eine Andeutung von Reprise (T. 15 Mitte – T. 17 = T. 3/4, mit Stimmtausch der Violinen). Und formbildend wirkt vor allem die Harmonik. Durch sie ergeben sich vier nahezu gleichlange, von Kadenzen markierte Abschnitte. Neben der Tonika (T) werden benachbarte Stationen erreicht: die Dominante (D) C-dur, die parallele Molltonart *d*-moll (Tp = Tonikaparallele). Diese Abfolge T – D – Tp – T ist ein grundlegendes Modell barocker Musik, ein formstützender *harmonischer Bauplan*[2]:

----

[2] Vgl. die Bedeutung dieses Modells für den *Suitensatz* (S. 145) und die *Da capo-Arie* (S. 149f.).

Concerto

Concerto heißt um 1600 *mehrchörige* oder, entsprechend dem neuen Ideal der Monodie, *solistische* geistliche Vokalmusik über einem Generalbaß als konstitutivem Element. »Concertare« (lat.) bedeutet »zusammenwirken«, aber auch »wettstreiten«, »sich auseinandersetzen« (»scharmützeln« ist der hübsche Ausdruck bei Michael Praetorius). Im Concerto treten also verschiedenartige Klangkörper zusammen: Chor und Chor, Solo und Chor, Solo und Solo, Solo und instrumentales Ensemble. Aus ihrem konzertierenden *Miteinander* und *Gegeneinander* ist die formale Idee zu verstehen: Nicht Konsequenz auf ein Ziel hin, sondern *großräumig-architektonische* Gesichtspunkte bestimmen die formale Disposition, den Einsatz und die Gruppierung der Klangkörper.

Die *mehrchörigen*[1] Concerti vermitteln am eindrucksvollsten jenes *Erlebnis des Klanges*, das um 1600 die Kunst des Linearen zurückdrängt. Der Wechsel von getrennten Chor- und auch Instrumentengruppen bedingt den Wechsel von Klanghöhe, -raum und -farbe. Musik wird zur *Raumkunst*. Der Aufführungsraum selbst, Richtung und Entfernung sind Teil des Komponierten: in schnellem oder gelassenem Nacheinander der Gruppen, in Echowirkungen, ergänzendem Dialog, Hin- und Herwerfen von Gedanken, steigerndem Zusammentreten. Diese akkordisch-flächenhafte Musik überwältigt durch große Erhabenheit und eine oft berauschende Klangpracht, die in sich zusammengehalten ist durch harmonische Beziehungen – durchgängig auf Quintschritten beruhen hier bei Giovanni Gabrieli die Klangfolgen:

(163)

G. Gabrieli, aus dem ›Magnificat‹ (1615)

[1] Die Mehrchörigkeit hat deutliche historische Vorbilder: zum einen die (sprachliche und aufführungspraktische) *Paarigkeit der Psalmen* (vgl. S. 27) – nicht zufällig

Epochemachend für das *solistische* Concerto sind die ›Concerti ecclesiastici‹ (1602), die »kirchlichen Konzerte« von Ludovico Viadana: ein- bis vierstimmige Solomotetten mit Generalbaß. Aus einer aufführungspraktischen Not hatte Viadana eine kompositorische Tugend gemacht. Er schrieb von vorneherein *solistische* Motetten, durchweg schlichte Sätze,

B.c.

O   Je - su,   dul - cis me - mo - ri - a

um einer musikalisch unsinnigen Praxis abzuhelfen: daß vielstimmigpolyphone Motetten wegen fehlender oder ungeeigneter Sänger in einzelnen Stimmen instrumental besetzt oder zu weniger Stimmen zurechtgestutzt wurden. Viadanas ›Concerti‹ sind eher historisch als musikalisch bedeutend: Welch ausdrucksstarke Kunst sie eröffnen, zeigen beispielhaft die ein- bis fünfstimmigen ›Kleinen geistlichen Konzerte‹ (1636 und 1639) von Heinrich Schütz. (»Klein« charakterisiert die Besetzung – ohne Chöre –, nicht die Form.) Von motettischer Technik bestimmt ist das folgende Konzert. Einem neuen Textabschnitt entspricht ein neuer musikalischer Gedanke, der jeweils imitiert wird: Wie bei der durchimitierten Motette (S. 33ff.) entsteht die Form als Reihung von – einander überlappenden – Durchimitationen. Lastend fallende Chromatik in ♩ und ♩ kontrastiert mit lebhaft steigender Diatonik in ♩ und ♪. Der Text (»schlafen«, »wacker«) und seine musikalisch-bildhafte Umsetzung gehen unmittelbar ineinander auf:

Sopran

Wann uns-re   Au - gen   schla -fen   ein, ____   so laß das Herz ____

Baß

Wann uns -re   Au - gen   schla -fen

B.c.

heißt das erste doppelchörige Werk Adrian Willaerts ›Salmi spezzati‹ (1550), »getrennte Psalmen«; zum anderen die Praxis vor allem Josquins (siehe S. 171), *hohe und tiefe Stimmpaare* gegeneinander zu stellen (Sopran-Alt / Tenor-Baß, oder: Sopran-Tenor gegen Alt-Baß).

H. Schütz, ›Wann unsere Augen schlafen ein‹ SWV 316

Dem vokalen Concerto entspricht dann das *instrumentale*: Im barocken *Concerto grosso* (ital. »großes Konzert«) tritt eine Gruppe von Solisten, das *Concertino*, dem Orchester (*Tutti, Ripieno*) gegenüber; durch Reduzierung der Gruppe auf nur einen Spieler geht daraus das *Solokonzert* hervor.

»Solo« und »Tutti«: Von diesem klanglichen Gegensatz lebt das Concerto grosso. Das wechselnde Hervortreten der Klangkörper macht – wie im vokalen Concerto – den Reiz aus, ein von instrumentaler Virtuosität bestimmtes Mit- und Gegeneinander oder ein ausdrucksbetontes »Singen« – wie hier bei Corelli, wo das imitatorisch-sequenzierende »Duett« der Solisten im Vordergrund steht (wie überwiegend ist das Concertino hier besetzt wie die Triosonate: mit zwei Violinen, Cello und B.c.):

A. Corelli, Concerto grosso op. 6, Nr. 7

Gegenüber dem phantasievoll-vielfältigen Herausstellen des Konzertierens wirkt die äußere Form fast sekundär: Die Concerti Corellis und Händels folgen einfach dem Typus der Kirchen- oder Kammersonate.

Ricercar, Canzone, Toccata

Ricercar, Capriccio, Fantasia, Fuga: Zahlreich sind um 1600 die Namen für instrumentale Sätze, die sich prinzipiell nicht voneinander unterscheiden[1]. Sie alle – ob vokal gedacht oder tatsächlich vom Instrument her erfunden – haben ihr satztechnisches Vorbild in der durchimitierten Motette (S. 34ff.).

Die Orgelwerke Girolamo Frescobaldis (1583-1643) zeigen den ganzen Reichtum und die Faszination der neuen Formtypen. Am nächsten dem vokalen Vorbild steht das *Ricercar*[2]. Seine engräumigen Linien und die würdevoll schreitende Rhythmik sind ganz vom Vokalen her erfunden: Das Ricercar ist eine *Motette ohne Text*. Einen besonders schönen Bau hat das folgende Ricercar aus Frescobaldis ›Fiori musicali‹ – »musikalische Blumen« (1635). In drei Abschnitten wird nacheinander, prinzipiell nicht anders als in der Motette, ein eigener Gedanke durchimitiert – ein *Soggetto* (S. 35ff.), wie Frescobaldi bei einigen Stücken vermerkt. Im vierten und letzten Teil aber schließen sich alle drei Soggetti zusammen, in ständig wechselnder Kombination und Stimmlage. Verschiedenes in unverbundenem Nacheinander enthüllt in der Gleichzeitigkeit plötzlich seine Verwandtschaft:

[1] Für Michael Praetorius (Syntagma musicum III, 1619) sind Fuge und Ricercar identisch, und Fantasia wie Capriccio meinen ihrerseits nichts anderes, als »eine Fugam zu tractieren«. Noch Bachs dreistimmige Inventionen, die ja auf Imitation beruhen, heißen in der Erstfassung ›Fantasien‹! »Fantasie« hat also anfangs noch nicht die spätere Bedeutung eines formal freien, harmonisch oft kühnen, improvisatorisch anmutenden Instrumentalstücks.
[2] ital. ricercare = wieder suchen: Immer wieder aufgesucht wird der zugrundeliegende Gedanke, das »Subjekt« des Satzes.

In der Motette ist der Wechsel der Soggetti durch den *Text* begründet. Ein Text jedoch entfällt hier – und damit die sinnhafte Bedingung solchen Wechsels. Etliche Sätze ziehen daraus eine bedeutsame Konsequenz. Sie beschränken sich auf die Durchimitation nur *eines* Subjekts – »un soggetto solo« betont Frescobaldi: Der Weg zur späteren *Fuge* ist damit vorgezeichnet. In einem Zug durchkomponiert ist dann der Satz oder (wie ein Nachklang motettischer Reihung) aus mehreren Teilen zusammengesetzt. Auch in diesem zweiten Fall strebt Frescobaldi nach Zusammenhang, der *musikalisch* (nicht mehr textlich) *begründet* ist: Das Soggetto erscheint in den einzelnen Abschnitten in verschiedener Gestalt. Die Teile sind also einerseits in ihrer Substanz miteinander verknüpft, andererseits unterschieden durch die Abwandlungen des Subjekts wie der Kontrapunktik. Begründet und verwandt hat Frescobaldi diese Technik gleichermaßen für Ricercar, Capriccio, Fantasia wie für die Canzone. In seiner ›Canzon terza‹ aus dem »ersten Buch der Capricci, Ricercari und Canzoni« (1626) wird das Soggetto in fünf verschiedenen Versionen durchimitiert. Sein linearer Umriß bleibt jeweils erhalten, aber seine rhythmische Gestalt (mit Verkleinerung und Vergrößerung der Notenwerte) und die kontrapunktische Umgebung ändern sich:

Das Beispiel lehrt auch wesentliche Unterschiede zum Ricercar. Canzonen sind, rhythmisch lebhafter, in der Regel vom *Instrument* her erfunden. Und kennzeichnend für die Form der Canzone ist – generell – die Mehrteiligkeit mit dem Wechsel *geradtaktiger* und *ungeradtaktiger* Abschnitte; je nach Anzahl der Teile schlägt der gerade Takt einmal oder mehrfach in einen Dreier-Takt um. Spielerisch Instrumentales verwandelt sich dabei in der ›Canzon terza‹ in getragen Vokales: Formgliedernd wird der Wechsel der Sprachhaltung.

Ausdrücklich vom Instrument, nicht mehr der Stimme her ist die *Toccata*[3] erfunden. Denn im Gottesdienst waren der Orgel zwei Aufgaben zugefallen. Vergleichbar antiphonaler Praxis (S. 28f.) konnte sie einerseits mit dem Chor *alternieren*, indem sie einen Abschnitt der Ordinariumgesänge übernahm (ein Brauch, der verdiente, wiederbelebt zu werden: Welche Fülle musikalischer Kunst könnte man damit gleichzeitig dem Vergessen entreißen!). So wurde etwa das »Kyrie« in dieser Weise vorgetragen: Kyrie I: Orgel – Chor – Orgel / Christe: Chor – Orgel – Chor / Kyrie II: Orgel – Chor – Orgel. Ganze *Orgelmessen* entstanden im 16. bis 18. Jahrhundert für solch reizvollen Wechsel von einstimmigem Choral und polyphonem Orgelpart (*Versett*). Sein Ausgangspunkt ist die jeweilige Gregorianische Melodie. Sie lenkt, unverändert beibehalten oder nur umrißhaft nachgezeichnet, die Erfindung: Vom *Vokalen* inspiriert sind solche Versetten. Die melodischen Glieder dieses Gregorianischen »Kyrie«, von Guillaume Machaut einst als »Tonhöhe« benutzt (S. 92f.),

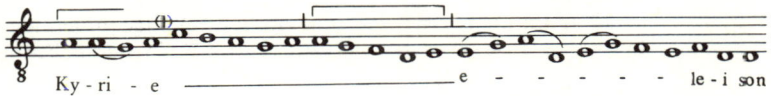

Ky - ri - e   e - - - - le - i son

kombiniert Frescobaldi in seinem »Kyrie« (aus den ›Fiori musicali‹):

Andererseits aber hatte der Organist die Aufgabe zu *intonieren*, dem Priester oder Chor den Einsatzton zu geben. Und hier erwachte der *instrumentale* Ehrgeiz in Form kleiner Vorspiele (*Praeambulum, Praelu-*

---

[3] ital. toccare = berühren (nämlich die Tasten des Instruments).

dium). Zunächst improvisiert, wurden sie auch aufgeschrieben; die Bezeichnung *Intonazioni* (1593) bei Andrea und Giovanni Gabrieli weist deutlich hin auf den ursprünglichen Zweck. Charakteristisch für solche Vorspiele sind ihre *Kürze*; ein *improvisatorischer Zug* (der also im *Komponierten* erhalten bleibt); und die Technik, *Akkordfolgen* mit lebhaften Figuren *auszukleiden* bzw. abzuwechseln. Zu spüren ist förmlich die durchbrechende Freude an instrumentaler Beweglichkeit:

G. Gabrieli, aus den ›Intonazioni d'organo‹ (1593)

So schweifend sie anmuten, so wenig willkürlich sind in diesem kleinen Stück die Akkordfolgen: Die Fundamentschritte (die Folge der Akkord*grund*töne) fallen, wie im Beispiel vermerkt, in Quinten, um dann in eine »Kadenz« nach *d* zu münden (*g – a – d*); und ein *linearer* Zusammenhang ist gegeben durch den absteigenden Quartzug der tatsächlichen Baßtöne (*d c a h a*).

Aus solchen Stücken erwächst, durch Ausweitung der Form, die *Toccata*. Eigen bleibt ihr das quasi-improvisatorische Spiel mit Akkorden und virtuosem Laufwerk. Pure Spielfreude aber wird gleichsam gezügelt und in klare Form gebracht durch strengere Technik: Für die meisten Toccaten Frescobaldis ist, nach dem Vorbild des Ricercars, die Imitation kleiner Figuren charakteristisch. Sehr schön zeigt seine ›Toccata nona‹ (aus dem ersten Buch der Toccaten, 1637) das stilistische Gegeneinander von Gebundenem und Quasi-Improvisatorischem, von Strenge (des Ricercars) und Freiheit (der Toccata):

Hier zeigt die Toccata auch *in sich* jenen stilistischen Wechsel, der sich sonst ergibt, wenn sie *Vorspiel* zu einem Ricercar ist: »Avanti il Ricercar« – vor dem nachfolgenden Ricercar – ist nach Frescobaldis Anweisung eine Toccata aus den ›Fiori musicali‹ zu spielen. In Johann Sebastian Bachs *Toccata und Fuge* lebt das unmittelbar fort. Aus dem Wechsel aber von Toccaten- und Ricercar-Stil schält sich die hochbedeutende musikalische Form des Barock heraus: *Praeludium und Fuge* – innerlich und durch dieselbe Tonart zusammengehörig wie ehemals die Toccata eine Einheit war.

F Affekt und Drama

Was die *Triosonate* für die Kammermusik des Barock, bedeutet das *Streichquartett* für die Klassik; was das *Konzert* für barocke Orchestermusik, ist für die Klassik die *Symphonie*; und den Rang der *Fuge*[1] dort bekleidet die *Sonate* hier: Von Grund auf wandeln sich Besetzungen und Formprinzipien.

Die satztechnischen Unterschiede zwischen Fuge und Sonate sind auf den ersten Blick gravierend. Die Fuge zielt auf polyphone *Gleichberechtigung* der Stimmen, die Sonate geht aus von der *Hierarchie* führender und begleitender Stimmen. Doch die Gestaltungsweisen sind nicht so entgegengesetzt, wie der äußere Eindruck nahelegt. Ausdrückliche Homophonie (a) und klangbetonte Parallelität (b) in zwei Fugen Bachs kehren nur handgreiflich heraus, was sich meist nicht so unverhüllt zeigt: Daß hinter der Polyphonie Bachs ein homophon darstellbares, harmonisch fundiertes Gerüst steht, das aufgebrochen ist in lineare Bewegungen – von oft rücksichtsloser Härte und Kühnheit.

(a)

WK I, D²

(b)

WK I, B

Und auf seiten der »homophonen« Sonate führt motivisch-thematische Arbeit (das klassische Erbe barocken Kontrapunkts) zur Polyphonisie-

---

[1] »Fuga« (lat. Flucht – nämlich der Stimmen voreinander) war zunächst lediglich eine Bezeichnung für kanonische Schreibweise. Noch bis in das 18. Jahrhundert wurde der Kanon als spezifische, »konsequente« Form der Fuge definiert (»fuga in consequenza«).

[2] I/II = erster/zweiter Band von J.S. Bachs ›Wohltemperiertem Klavier‹ (WK); D = Fuge *D*-dur (große Buchstaben = Dur-, kleine = Moll-Fugen).

rung des Satzes. Der Beginn dieses Themas, aus dem ersten Satz von
Beethovens Klaviersonate *A*-dur op. 2,2,

wird später imitatorisch-sequenzierend so verarbeitet:

Mit technischen Kategorien also läßt sich der innerste Unterschied von
Fuge und Sonate nicht greifen. Künstlerische Auffassung und Aus-
drucksform haben sich radikal gewandelt: Fuge meint *Einheit* und *Affekt*,
Sonate *Gegensatz* und *Drama*.

Die Fuge beschränkt sich auf *ein* Thema; sie ist *monothematisch*.
(Seltener sind die kunstreichen Formen der Doppel-, Tripel- oder
Quadrupelfuge, die zwei, drei oder vier Themen haben. Dies ist aber nur
eine Vervielfältigung des thematischen Spektrums, gleichsam das An-
schauen *einer* Sache aus *verschiedenen* Blickwinkeln.) Der erste Satz einer
Sonate (Beethovens) ist dagegen eingespannt in die Ausdruckswelt *zweier*
Themen; er ist *dualistisch*.

Die Fuge gehorcht der barocken Forderung nach *Einheit des Affektes*
(S. 21) innerhalb eines Satzes. Entsprechend geschlossen, aus dem Typus
des Themas heraus entfaltet, sind Haltung und Charakter einer Fuge.
Der Sonatensatz dagegen trägt harmonisch-thematische *Konflikte* aus,
den Gegensatz von Themen und harmonischen Ebenen. Er ist im Innersten eine *dramatische* Form, getragen von Spannung und Lösung.

Das Thema einer Fuge bleibt *es selbst*. Es zeigt sich nur in wechselndem
harmonischen Licht und kehrt hervor, was an kontrapunktischen Möglichkeiten in ihm steckt. Die Themen eines Sonatensatzes durchlaufen
gleichsam eine *Geschichte*, zu deren Fortgang eine bestimmbare Harmonik und Form gehören. Am Ende sind Sonatenthemen nicht mehr
»dieselben« wie am Anfang: In ihrer Geschichte haben sie, anders als ein
Fugenthema, ein Stück *Zeit* durchlaufen.

Fuge

Vom »Thema« einer Fuge reden wir heute, gleichsam im Rückblick von der Musik des 19. Jahrhunderts her. Noch bis in das 18. Jahrhundert jedoch benutzte man den alten Begriff des *Soggetto*, des *Subjekts*: Das Soggetto ist die »Clausul« oder »Formul«, so Johann Gottfried Walther 1732 in seinem ›Musicalischen Lexicon‹, »woraus eine Fuga gemacht werden kan«. Das Subjekt durfte »formelhaft« sein (oft sind sich deswegen – vor Bach – Subjekte fast zum Verwechseln ähnlich); es bedurfte nicht, wie ein klassisches »Thema«, der Originalität und Unverwechselbarkeit. Seine satztechnische Eignung war entscheidend: Das Interesse galt dem, was aus ihm kontrapunktisch *»gemacht* werden kann«. Bachsche Fugen sind noch in solche Vorstellung eingebunden, wie sie andererseits, in rhythmischer Prägnanz und linearer Charakteristik, die *Individualität* des »Thematischen« zeigen. Ruhig strömender, gesangnaher Linienfluß

WK I, C

steht neben Themen tänzerisch-instrumentaler Haltung:

WK I, G

Neben Themen mit großem Affekt – nachdrücklich schreitende Viertel verbinden sich hier mit dem chromatischen Quartgang (*c h b a as g*), dem klagenden *Lamentobaß*:

WK I, f

stehen »Subjekte«, deren gewichtige Würde und vokale Prägung an das Ricercar anknüpfen:

WK I, b

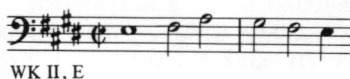

WK II, E

Neben (1) den Eigenheiten des Themas/Subjekts und seiner anfänglichen Beantwortung sind für die Fuge formbildend (2) die *Durchführungen*: Abschnitte, in denen das Thema *durch* die Stimmen *geführt* wird; (3) spezielle *kontrapunktische Techniken*; und (4) der Wechsel von Durchführungen und *Zwischenspielen* (themenfreien Partien).

1. Am Anfang steht das Thema (Subjekt) – einstimmig, unbegleitet: Ganz für sich ist es, beansprucht alle Aufmerksamkeit, ungeschmälert in seiner Bedeutung durch weitere Stimmen[1]. Um *faßlich* zu sein, ist das Thema meist kurz; längere Themen stützt Bach durch Wiederholungen oder Sequenzen:

Toccata c-moll (BWV 911), Fuge

Um *erkennbar* zu bleiben, besitzt es rhythmische Kontur; wo bei Bach ein Thema motorisch einfach durchläuft, sorgt eine ausgeprägte innere Struktur für formale Deutlichkeit. Zwei Sekundgänge verklammern das folgende Thema (»oben« von c^2 absteigend, »unten« im chromatischen Quartgang $e^1 \rightarrow h$); Takt 3 ist Sequenz von Takt 2; und der vierte Takt greift stabilisierend auf die Eingangsfigur zurück:

Toccata e-moll (BWV 914), Fuge

[1] *Doppel*fugen können ihre zwei Themen von Beginn an *kombinieren* – so in der großen Schlußfuge von Bachs Orgelpassacaglia *c*-moll – oder beide Themen *nacheinander* vorstellen – so in der *gis*-moll- und *H*-dur-Fuge aus dem WK II. (Ihre Lösungen sind verschieden: Das zweite Thema der *gis*-moll-Fuge, Einsatz T. 61, wird, wie das erste, zunächst *allein* verarbeitet; ab T. 97 vereinen sich beide Themen. In der *H*-dur-Fuge gesellt sich T. 28 das zweite Thema zum ersten und bleibt ihm bis zum Ende verbunden.)

Um sich dem Weiteren *offen zu halten*, umgeht das Thema die Abge-schirmtheit einer Periode. Und um *zäsurlos weitertreiben* zu können, meidet es melodisch (gern mit der »offenen« Terz) oder rhythmisch einen definitiven Schluß:

WK I, C *Dux*   ⟶ *Kontrapunkt*

Dux (lat. Führer) heißt der erste Themeneinsatz. Ihm antwortet der *Comes* (lat. Gefährte) als zweiter Themeneinsatz (hier, wie öfter bei Bach, metrisch um einen halben Takt verschoben); der Dux spinnt sich wäh-renddessen fort zu einer Gegenstimme, dem *Kontrapunkt* (oder *Kontra-subjekt*). Eine Gegenstimme, die dem Thema auch weiterhin verbunden bleibt, ist ein *beibehaltener (obligater) Kontrapunkt*; wann immer das Thema der g-moll-Fuge (WK I) wieder erscheint, tritt zu ihm jener Kontrapunkt, der am Anfang aus der Substanz des Dux gewonnen wurde:

Dux   ⟶ obligater Kontrapunkt

Das zentrale Ereignis am Beginn ist – siehe das vorletzte Beispiel – die intervallisch-harmonische *Quintbeantwortung* des Themas (die histo-risch zurückgeht auf Praktiken kirchentonaler Musik): Der Dux beginnt mit dem Ton *c*, der Comes mit *g*; C-dur wird mit G-dur beantwortet. Intervallgetreu ist das Thema in die Quinte transponiert: Es ist *real beantwortet*. Themen dagegen, welche die Quinte oder Grundton und Quinte als tonartliche Eckpfeiler herausstellen, werden *tonal beantwor-tet*:

WK I, b   Comes

Der Dux steht in *b*-moll; er beginnt mit Grundton (*b*) und Quinte (*f*) von *b*-moll. Der Comes (als Quintbeantwortung) muß in *f*-moll antworten. Bei *realer* – intervallgetreuer – Beantwortung würde er entsprechend mit Grundton (*f*) und Quinte (*c*) von *f*-moll beginnen – und damit *b*-moll abrupt verlassen. Der Comes antwortet darum *tonal*; aus harmonischen

Rücksichten erscheint statt des *c* der Grundton *b* der Ausgangstonart *b*-moll:

Denn dadurch wird tonaler Zusammenhang erzeugt: Der ganze 3. Takt steht noch in *b*-moll, erst der 4. Takt führt dominantisch (*C*-dur) hinüber nach *f*-moll. Freilich ist der Beginn des Comes harmonisch doppeldeutig: Seine *Tonika b*-moll ist zugleich, von *f*-moll her gesehen, *Subdominante*; diese funktionelle Umdeutung ermöglicht den sanften Übergang nach *f*-moll. (Themen, die *reale* Beantwortung zulassen, brauchen solche vermittelnde Abänderung des Comes nicht. In der oben zitierten *C*-dur-Fuge ergibt sich dieselbe harmonische Umdeutung von allein: Das anfängliche *C*-dur des Comes ist zugleich Subdominante von *G*-dur.)

Tonale Beantwortung heißt also V→I: Stellt der Beginn des Dux die Quinte (V) der Tonart heraus, dann antwortet ihr im Comes der Grundton (I) der Ausgangstonart. (Dies gilt nur für die *erste* Quinte bzw. für unmittelbar einander folgende[2]. Spätere Quinten des Themas sind nicht mehr davon betroffen: sonst wäre der Eintritt der Dominanttonart blockiert und damit die fundamentale Differenz und Spannung von Dux und Comes aufgehoben.)

---

[2] Man vgl. WK I, B: Hier beantwortet der Comes *beide* (nur durch eine Wechselnote getrennten) Anfangsquinten des Dux tonal: einerseits, um die harmonische Geschlossenheit von T. 5 zu garantieren (*B*-dur), andererseits, um die melodische Gestalt zu bewahren.

Man studiere aus dem WK noch einige Themen und ihre Beantwortung: I: *D, d, F, f, G, g, As, a* / II: *c, d, Es, E, G, g, A, B.* Anregung: Man ziehe den jeweiligen Dux heraus, entscheide, wie er zu beantworten ist, schreibe die Antwort auf und vergleiche sie mit dem Text Bachs.

Bei Themen, die selbst schon zur Dominante *modulieren*, besorgt der Comes die *Rückmodulation* zur Tonika. (Würde er den harmonischen Gang des Dux nachvollziehen, würde er sich seinerseits von der Dominante zur Doppeldominante entfernen.) Automatisch ergibt sich die Rückmodulation, wenn der Comes (an möglichst unauffälliger Stelle) von der regulären Quint- zur *Quart*beantwortung übergeht. Der Comes von Bachs Orgelfuge *C*-dur (BWV 547) vollzieht diesen Übergang bereits beim zweiten Ton (*); der rhythmische Neuansatz bot sich dafür an – die lineare Kontur des kurzen Themas bleibt erhalten:

Man studiere entsprechend aus dem WK I: *Es* (der Dux selbst moduliert schon zur Tonika zurück! Comes: tonal; Quartbeantwortung nach der Pause); *gis* (Quartbeantwortung ab dem zweiten Ton); *h* (tonale Antwort, Übergang in die Quarte ab dem fünften Ton – so daß auch die *zweite* Quinte *fis* des Dux tonal, mit *h*, beantwortet ist). *Real* beantwortet Bach das modulierende Thema der *e*-moll-Fuge: Ein Übergang zur Quarte hätte dessen Struktur zerstört.

2. Bei einer dreistimmigen Fuge folgt, auf Dux-Comes, in der dritten Stimme wiederum der Dux (bei Vier- bzw. Fünfstimmigkeit schließt sich noch einmal der Comes bzw. Comes und Dux an usw.). Da der Comes in der Dominante / V. Stufe steht, der folgende Dux aber wieder in der Tonika einsetzt, muß zwischen ihren harmonischen Ebenen vermittelt werden. Die *d*-moll-Fuge und die *H*-dur-Fuge aus dem WK II benutzen dazu einen *rückmodulierenden Takt*: T. 5 der *d*-moll-Fuge macht aus der Terz *c* von *a*-moll (V. Stufe) *cis* als *Leitton* zur Tonika *d*-moll; T. 9 der *H*-dur-Fuge macht aus dem Leitton *eis* zu *Fis*-dur (Dominante) *e* als Dominant*septime*, die zur Tonika *H*-dur zurückzieht. (Als Norm formuliert: Moll-Fugen *führen* den Leitton zur Tonika *ein*, Dur-Fugen machen den Leitton zur Dominante *rückgängig*.) In der *E*-dur-Fuge aus dem WK II vermittelt sofort das Kontrasubjekt. Sein *a* macht den Leitton (*ais*) zur Dominante *H*-dur rückgängig; der dritte Einsatz (Alt) schließt *unmittelbar* an:

WK II, E   Dux (Baß)

120

Diese *E*-dur-Fuge ist vierstimmig: Nach dem Dux (Alt) folgt noch einmal der Comes (Sopran T. 5). Haben alle – hier: vier – Stimmen das Subjekt vorgetragen, ist die *erste Durchführung* (auch – in unglücklicher Analogie zum Sonatensatz – »Exposition« genannt) abgeschlossen. Unbedingt vollziehe man sie am Instrument nach, um das Aufblühen einer ersten Durchführung klingend zu erfahren: wie aus der Vermehrung, dem dichter werdenden Netz von Stimmen, ein beziehungsreiches Geflecht ersteht. Eine Sonate Beethovens ist sofort »da«. Eine Fuge Bachs *wird*.

Die erste Durchführung ist regelhaft *vollständig*: Das Thema durchläuft *alle* (bei einer *drei*stimmigen Fuge also alle *drei*) Stimmen. Bisweilen gibt es *überzählige Einsätze*: wenn, etwa bei Dreistimmigkeit, eine Stimme das Thema zum *vierten* Mal bringt (WK I, *B*: vierter Einsatz im Sopran T. 13). Die weiteren Durchführungen sind demgegenüber meist *unvollständig*: Das Thema durchläuft *nicht* alle Stimmen. Oft erscheint es auch isoliert in nur *einer* Stimme, so daß der Begriff »Durchführung« seinen Sinn verliert: Die *unterschiedliche Präsenz* des Themas prägt die thematische Dichte und Schwere einer Fuge. Und je eigenen Charakter und Farbe erhält eine Fuge durch die *tonartliche Abfolge* der weiteren Durchführungen. Verbindliche Regeln dafür gibt es nicht:

Nahe verwandte Tonarten können durchschritten werden, als in sich weitgehend *stabile Regionen*. Der Übersichtlichkeit wegen sind hier nur die tonartlichen Stationen, nicht die Art der Durchführungen angegeben (→ = Hinwendung zu . . .):

	F-dur	F-dur	d-moll	g-moll	F-dur
	T	T	Tp	Sp	T. 65, nur
F-dur	(T. 1)	(T. 18)	(T. 37)	(T. 47)	Themen-Relikte
(WK I)					

	g-moll	B-dur	c-moll		g-moll
	t	tP	s	→t	t
g-moll	(T. 1)	(T. 12)	(T. 20)	Alt	(T. 28)
(WK I)				T. 23	

	f-moll	As-dur	f-moll	b-moll	
	t	tP	t	s	→t
f-moll	(T. 1)	(T. 25)	(T. 41)	(T. 72)	Alt
(WK II)					T. 75

Durchführungen können sich *harmonisch öffnen*, indem sie sich nicht auf I/V beschränken. Zweite Durchführung der *B*-dur-Fuge aus dem WK II: Sie beginnt, mit Kadenz erreicht, T. 32 in *F*-dur. Nachdem der Alt das Thema in *F*-dur vorgetragen hat, wendet sich die Harmonik nach *B*-dur. Einsatz des Soprans in *B*-dur (T. 40), Wendung nach *g*-moll. Einsatz des Basses in *g*-moll (T. 47), Wendung nach *Es*-dur: Der Alt-Einsatz in T. 54 eröffnet die dritte Durchführung.

Durchführungen (sowie einzelne Einsätze) können eindringlich auf der *Ausgangstonart beharren*. Wann immer sich das affektgeladene – diatonisch auffahrende, chromatisch fallende – Thema der *d*-moll-Fuge (WK II) in Gänze wieder zeigt, hebt es in *d*-moll an: T. 10 auf »vier«; T. 14 Dux im Alt (zugleich Comes im Sopran); T. 17 Alt und Baß (vgl. das Beispiel unten) in Umkehrung; T. 25 auf »drei«. Eine Hinwendung nach *F*-dur (T. 9) wird nicht eingelöst; das imitatorische, im Quintfall sequenzierende Spiel mit den Triolen des Themas (T. 19-21) streift flüchtig andere Tonarten. Das ist alles. Die harmonische Ausdeutung seiner Chromatik aber bringt schon *im Thema selbst* andere Tonarten. Um so unerschütterlicher und monumentaler wird die Diatonik des Themas, das *d*-moll, festgeschrieben.

Für die Form der Fuge sind die *harmonischen Bezüge zwischen den Durchführungen* eminent wichtig. Die jeweilige Konstellation wirkt formbildend und hält gleichzeitig die Monothematik interessant: Wechselt die Tonart, erscheint das Thema in immer anderem harmonischen Licht.

3. Spezielle kontrapunktische Techniken (die weiterleben in der motivisch-thematischen Arbeit – S. 76f. – der Klassik) können die Verarbeitung in den weiteren Durchführungen bereichern: *Umkehrung,*

rhythmische *Vergrößerung,*

rhythmische *Verkleinerung:*

Bei *Engführung* verschränken sich die Themeneinsätze: Bevor eine Stimme das ganze Thema vorgetragen hat, setzt bereits eine andere Stimme mit ihm ein; Einsatz*abstand* und Einsatz*intervall*, die rhythmische und die intervallische Distanz zwischen den Einsätzen, bestimmen dabei die Dichte des Satzes. Daß sich sämtliche Techniken kombinieren lassen, zeigte schon das Beispiel eben, das rhythmische Verkleinerung mit Engführung verbindet. Die folgende *vier*stimmige Engführung (Einsatzfolge: Alt, Tenor, Baß, Sopran) entstammt derselben Fuge; der Deutlichkeit wegen sind hier nur die Einsätze des Subjekts notiert:

Und nicht selten bedient sich eine Fuge des *Orgelpunkts*: mitunter in einer Durchführung (WK I, *F*: T. 36–40), vornehmlich aber am Schluß, der dadurch erhabene Bestimmtheit gewinnt. Am Ende (T. 24–27) der C-dur-Fuge aus dem WK I wird das Thema über dem Orgelpunkt enggeführt (T. 24: Tenor auf »eins und«, Alt auf »drei und«, Sopran – nur mit Duxbeginn und -ende – auf »vier und«). Die klangvolle Wendung zur Subdominante, als Teil der Schlußkadenz, begründet das Großartige und Bezwingende dieses Schlusses.

4. Eine andere Qualität und Funktion haben die *Zwischenspiele*: Partien, welche die Durchführungen miteinander verbinden und ggf. zwischen deren Tonarten vermitteln. Meist sind sie – lockerer, weniger gewichtig – als Sequenz gestaltet. Generell zehren sie motivisch vom Thema oder dessen Kontrapunkten; Art und Ausmaß solcher Anlehnung sind jedoch von Fuge zu Fuge unterschiedlich.

So wenig aber die Anzahl und Gestaltung der Durchführungen festliegen, so wenig sind Anzahl, Länge und Art der Zwischenspiele vorgeschrieben. Die C-dur-Fuge aus dem WK I hat *gar kein* Zwischenspiel: Alles ist, in ungeheurer Konzentration, das Thema selbst. (Schon die erste Durchführung verweigert sich – mit der Folge Dux, Comes, *Comes*, *Dux* – der Norm.) Die c-moll-Fuge aus dem WK I hat *fünf* Zwischenspiele wechselnder Länge: T. 5–6 (ein Zwischenspiel *innerhalb* der ersten Durchführung, das zugleich die Rückmodulation besorgt), 9–10, 13–14, 17–19, 22–26. Ihnen steht eine einzige vollständige Durchführung gegenüber, nämlich die erste (dritter Einsatz: Baß T. 7). Fünfmal noch tritt das Thema auf, so daß es insgesamt nur achtmal vorgestellt wird. Die vereinzelten Themeneinsätze sind aber so voneinander getrennt, daß sie sich nicht mehr zu einer »Durchführung« zusammenschließen (Sopran T. 11, Alt T. 15, Sopran T. 20, Baß T. 26, Sopran – als Teil der Orgelpunkt-Kadenz – T. 29). Der *sinnhafte* Grund für diese Sparsamkeit liegt hier in der *Art* der Zwischenspiele. Ihrerseits nämlich stellen sie nachdrücklich Thematisches heraus: Das Thema selbst hält sich entsprechend zurück. So imitieren die Oberstimmen des zweiten Zwischenspiels (T. 9-10) das Kopfmotiv ((7)♪♪.♪♪ ♩), während der Baß (⌐—⌐) vom Kontrapunkt des dritten Taktes ausgeht. Wie häufig bei Bach, bedient sich dies Zwischenspiel der *Quintschrittsequenz*; die sequenzierenden Takte sind harmonisch durch Quintschritte (*c-f-b-es*) zusammengehalten (hier noch dadurch zwingender, daß aus *c*- und *f*-moll weiterdrängende Dominanten *C*- und *F*-dur werden):

WK I, C
(c)   (f)   (b)   (es)

»Thema« oder »Subjekt«, Beantwortung, Gegenstimme, Rückmodulation, Durchführung, kontrapunktische Techniken, Zwischenspiel: All dies betrifft nur das *Handwerk* einer Fuge. Es sind satztechnische Verfahren und Möglichkeiten, mit denen eine Fuge geformt werden kann. Eine Fugenform selbst ist damit nicht vorgegeben. Jede Fuge Bachs hat, wie die Beispiele zeigen, eine unvergleichlich eigene Gestalt und Idee. Für die erste Durchführung (Dux-Comes-Folge, Vollständigkeit) oder Details wie die Art der Rückmodulation lassen sich zwar Normen formulieren. Unmöglich aber ist es, insgesamt ein (auch nur annähernd) verbindliches Formmodell zu fixieren: Die Fuge ist weniger eine »Form« als ein *kompositorisches Prinzip*.

Die Fuge gründet in den erörterten Satztechniken. Mit ihnen gestaltet sie, aus der *Eigenart* und den *Möglichkeiten* des Themas heraus, eine je einmalige Form; oder umgekehrt betrachtet: Sie gestaltet ein Thema als einen bestimmten Typus (»Ricercar«, »Tanz«, »Lamento« . . .) und im Bewußtsein bestimmter Formprinzipien (denn nicht jedes Thema gestattet gleich gut und ihm angemessen jede Verarbeitung). Thematik, Charakter und Form einer Fuge bedingen sich, ohne in einem Modell aufzugehen, jeweils wechselseitig.

Sonate

»Die« klassisch-romantische Sonate gibt es nicht: Jedes Werk setzt die Idee »Sonate« in eigener Weise um. Dennoch läßt sich ein übergreifendes Modell beschreiben, das von dem Reichtum der Werke *Beethovens* im 19.

Jahrhundert nachträglich abstrahiert wurde. Es faßt das *formale Geschehen* und den *ideellen Gehalt* der Sonate, genauer: des Sonatensatzes, zusammen. Beethovens Muster wiederum darf nicht verabsolutiert werden: Hinter Sonatensätzen Haydns (S. 136ff.) oder Mozarts (S. 138) steht ebenso ein anderes Denken wie etwa hinter jenen Schuberts, die unendlich viel Zeit haben: Ihre unermeßlich weiten, ohne jede Hast durchschrittenen Räume sind das Gegenteil von Beethovenscher Konzentration und Schlagkraft.

Modell und Idee

Die *Sonatensatzform* gilt regelhaft zumindest für den *ersten* Satz einer Klaviersonate, einer Symphonie oder eines kammermusikalischen Werkes, z.B. eines Streichquartetts. Sie vollzieht sich in drei Teilen:

(1) *Exposition* →	(2) *Durchführung* →	(3) *Reprise*
Aufstellung der (bei Beethoven: zwei konstrastierenden) Themen und ihrer harmonischen Ebenen	Harmonisch-thematische *Verarbeitung* der Themen und Ideen der Exposition	*Ausgleich*: Modifizierte Wiederkehr der Exposition

Ob allerdings die Sonatensatzform mit Klavier, Quartett oder Orchester auskomponiert wird, beeinflußt ihr Aussehen erheblich: Die konkrete Ausgestaltung der Form ist auf die jeweilige Besetzung bezogen.

Das berühmte Wort Goethes, man höre im Streichquartett »vier *vernünftige* Leute sich *unterhalten*«, charakterisiert dessen *Stilhöhe* und *Struktur* seit Haydn. Alle Instrumente werden einbezogen in das musikalische Gespräch. Um diese Eigenart zu ermessen, halte man das imitatorisch engführende Haydn-Beispiel (g), S. 78, neben jenes von Beethoven S. 115: Beethovens Klaviersatz ahmt, mit spürbarer Anstrengung, die Satztechnik eines Streichquartetts nach.

Die Symphonie andererseits besitzt die Möglichkeit *verschiedenster instrumentaler Farben*, hat damit aber auch das Orchester zu bewältigen. Sie kann und muß daher Form in ganz eigener Weise ausbreitend entwickeln. Die hartnäckigen Wiederholungen am Beginn des 1. Satzes (»Allegro con brio«) seiner 1. Symphonie C-dur op. 21 stützt und begründet Beethoven als ein *komponiertes Crescendo*, das nach und nach das ganze Orchester einführt (T. 23: + Hörner, T. 29: + Trompeten und Pauken). Und im Schlußsatz kann der Hörer einerseits die Entstehung des Themas *mit*erleben – von Mal zu Mal dringt ein Ton mehr hervor –, andererseits die allmähliche Eroberung des Orchesters (Vordersatz nur Streicher; Nachsatz T. 15: + ein Fagott; Nachsatz-Wiederholung ab T. 23: + beide Fagotte + Oboen + Flöten + restliche Bläser). Beide Sätze gewinnen daraus ihren großen, erhabenen Moment: die orchestrale Pracht und mitreißende symphonische Geste des schließlichen Tutti.

Der *grundsätzliche* Prozeß der Sonatensatzform – die Folge von (1) Exposition, (2) Durchführung und (3) Reprise – sei hier anhand der Klaviersonate nachvollzogen, im wesentlichen an Beethovens Sonate *G*-dur op. 14,2.

1. Die *Exposition* zeigt generell drei verschiedene Vorgänge: ein *erstes Thema* (*Hauptthema*), ein *zweites Thema* (*Seitenthema*), eine *Schlußgruppe* (*Epilog*) als deutlich beschließende Partie. Gegensätzlich sind die beiden Themen nach *Charakter*, *Aufbau* und *Harmonik*. Im Kopfsatz von Beethovens Klaviersonate *c*-moll op. 10,1 beginnt das energische erste Thema heftig auffahrend, rhythmisch wie gemeißelt, stark kontrastierend:

Das kantable zweite Thema ist in all dem das gerade Gegenteil:

126

Kontrastieren kann der Aufbau im Maß an Geschlossenheit (oder harmonischer Stabilität). Beethovens *G*-dur-Sonate op. 14,2 beginnt – charakteristisch für einen sich öffnenden, entwickelnden Sonatenanfang – mit einem *Satz*; der – metrisch merkwürdig unbestimmte – Vordersatz ist gefügt aus 2 (1+1) + 2 (sequenzierenden) Takten, der locker fortspinnende Nachsatz zusammengehalten durch konsequenten Sekundgang (ab T. 6: *c h a g fis g*):

Das zweite Thema dagegen setzt als *Periode* an; ihre Halbsätze sind motivisch satzähnlich (Wiederholung und Sequenz des Terzmotivs), der motivisch identische Nachsatz kehrt die Harmonik (in *D*-dur: T→D) des Vordersatzes um:

Beide Sätze exponieren einen entscheidenden harmonischen Gegensatz. Das erste Thema steht in der *Grundtonart*. Das zweite Thema eines Sonatensatzes in Moll (hier *c*-moll) setzt die *parallele Durtonart* (*Es*-dur) dagegen, in Dur (hier *G*-dur) die *Dominante* (*D*-dur).

Einerseits wächst darum aus dem Hauptthema eine Strecke heraus, die zum Seitenthema leitet; sie wird gewöhnlich (jedoch sachlich meist zu Unrecht) als modulierende »Überleitung« bezeichnet. Andererseits bestätigt schließlich der Epilog nachdrücklich die neue Tonart, kadenziert also zur Dominante bzw. zur Durparallele[1]. Beides verfolge man an der zitierten *G*-dur-Sonate.

---

[1] Dieses Grundgeschehen – der Weg von der anfänglichen Tonika zur Dominante bzw. (in Moll) zur Durparallele – bewahrt das harmonische Modell des *barocken*

Ihr Takt 9 wirkt (nach der metrischen Unbestimmtheit des Satzanfangs und der erstmals *baß*betonten »eins« in Takt 8) wie ein eigentlicher, entschiedenerer Beginn. In einem großen Zug, mit konsequent aufwärts schreitendem Baß, entfalten sich die Folgetakte; der Leitton *cis* im Baß T. 14 kündigt die Abwendung von der Ausgangstonart *G*-dur an. Ziel ist die Doppeldominante (T. 19 ff.: *A*-dur): Dur-Sätze führen gern auf diesem Weg zur Dominante des Seitenthemas – eine Dominante, der ihre *eigene* Dominante vorangeht, erhält selbst die Würde einer (neuen) Tonika. Inhaltlich beruft sich der ganze Abschnitt auf Momente des Hauptthemas. Das d^2 der Oberstimme T. 9 ff. zielt, eindringlich repetiert, auf e^2 hin –

wie ein Verweis auf die je zweimaligen Spitzentöne d^2 und e^2 des Vordersatzes T. 1-4. Im Nachsatz (T. 5-8) vorgezeichnet sind das Fallen der Melodik (T. 13 ff.) sowie ihr Rhythmus: Die Synkope ♪♩ ♪ (T. 14 ff.) läßt sich verstehen als Augmentation von ♫ ♩ (T. 6 und 7). Der ganze Abschnitt also ist, sinnhaft wie formal, dem ersten Thema zugehörig. Sachlich unsinnig wäre es darum, ihn als modulierende »Überleitung« zu charakterisieren. Er ist nicht untergeordnet-dienende Überleitung, sondern *entwickelnde Konsequenz* des Hauptthemas.

Äußerlich entsprechend, der Art nach aber verschieden, setzt sich auch das Seitenthema fort. Dem Zug zur *Entwicklung* nach dem ersten Thema, die (in der Regel) von der Ausgangstonart fortführt, entspricht eine Tendenz zur *Auflösung* nach dem zweiten Thema, die im Raum der neuen Tonart verbleibt. Spielbetontes, oft Virtuoses gewinnt die Oberhand. Die funkelnde Kadenz der *G*-dur-Sonate ist Ausdruck davon (zum Vergleich sehe man auch ein weiträumiger disponiertes Beispiel Beethovens: den 1. Satz der *B*-dur-Sonate op. 22, T. 44 ff.):

Suitensatzes, aus dem der klassische Sonatensatz harmonisch wie formal herauswuchs (vgl. S. 145ff.).

Unüberhörbar verkündet eine *Schlußgruppe* den Abschluß der Exposition (*G*-dur-Sonate: T. 47-63). Meist ist sie ein knappes Resümee thematischer Elemente: Die Terzen und der Liegeton *a* (T. 47) erinnern hier an Oberstimmen bzw. Baß des Seitenthemas; der Baß *ais h fis g* (T. 52) läßt sich zurückführen auf die Leittöne des Hauptthemas (T. 1 mit Auftakt). Die Partie zeigt *typische Merkmale* einer Schlußgruppe: die Neigung zu *Wiederholungen* (T. 52 ff.) als Signal, daß Neues nicht mehr zu erwarten ist; das schließende *Kadenzieren*, am Ende oft im bloßen, nachdrücklichen Wechsel von V-I; die kurzatmige *Beschleunigung* des *harmonischen Rhythmus* – Tonika (T) und Dominante (D) folgen drängender aufeinander:

Das thematisch-harmonische Geschehen einer Exposition differenziert sich also modellhaft in insgesamt fünf Schritte:

Exposition

	1. Thema	Entwicklung	2. Thema	Auflösung	Schlußgruppe Bestätigung von:
Dur:	T	⟶	D		D
Moll:	t	⟶	tP		tP

2. Folge der harmonisch-thematischen Gegensätze ist die *Durchführung*. Bezeichnet ist damit sowohl der *Ort* (der Durchführungs*teil* nach der Exposition) als auch die *Art* der Verarbeitung (die Durchführungs*technik*). Der thematische Gegensatz provoziert die motivisch-thematische Arbeit; in beliebiger Verknüpfung kann die Durchführung alles einbeziehen, was in der Exposition gesagt wurde. Und der harmonische Gegensatz provoziert einen offenen harmonischen Prozeß; modulatorisch-schweifend stößt die Durchführung auch entfernte harmonische Räume auf.

Damit setzt sich eine Durchführung einerseits von der Exposition ab; andererseits mündet sie am Ende in die Reprise. Dies – ein behutsames oder abruptes »weg von« und ein rückführendes »hin zu« – begünstigt einen bestimmten Verlauf. In Beethovens G-dur-Sonate beginnt die Durchführung (T. 64) mit dem ersten Thema – unerwartet, mit ruckartiger Abwendung, in g-moll. Am Ende verharrt sie ganze 18 Takte lang (T. 107-124) auf der Dominante von G-dur. In drei Anläufen bewegt sie sich auf die Reprise hin: zunächst (T. 107) in kadenzierender Umschreibung der Dominante D-dur, dann (T. 115) mit immer erwartungsvollerem Vorgriff auf den Reprisenbeginn,

(Reprise)

schließlich (T. 121) mit drängender Zweier-Phrasierung, so daß der Eindruck entsteht, der charakteristische Leitton werde abgespalten:

Daß sich die Durchführung ab T. 107 dem Ende zuneigt, macht die Harmonik kenntlich. Die hier eingesetzte Wendung (über dem Tonika-Orgelpunkt: Zwischendominante zur Subdominante / Dominante / Tonika) ist in Barock und Klassik ein *formstützender Topos*. Im Barock gelegentlich bekräftigender Anfang (Bach, WK I, Praeludium F-dur, T. 1/2) kennzeichnet er *harmonisch* bevorzugt ein *formales* Ende. (Einige Beispiele: Bach, WK I, Schluß von Praeludium *und* Fuge C-dur; Haydn, Klaviersonate C-dur, Hob. XVI/35, 1. Satz, Abschluß des ersten Themas T. 16; Beethoven, Klaviersonate g-moll op. 49,1, Schlußtakte – 103-107 – des 1. Satzes; oder die letzten Takte von Mozarts Klaviersonate B-dur KV 333. Wenn Mozart seine Klaviersonate F-dur KV 332 mit eben dieser Wendung *eröffnet*, rückt er stabilisierend an den Anfang, was sonst einen Schluß herausstellt: Es wirkt, als beginne der Satz »richtig« erst im 5. Takt.)

Hier in Beethovens G-dur-Sonate bewahrt die Befestigung der Dominante D-dur die Leittöne des Hauptthemas sowie, als Mollsubdominante (s), das g-moll von Durchführungs-Beginn (T. 64) und -Mitte (T. 86):

in D-dur: (D7)   s   (D87)   s   (DV)   T
T

Fortführen von der Exposition, dominantisch sehnendes Hinführen zur Reprise – in diese beiden Verläufe ist die Durchführung eingespannt. Ihr anfängliches g-moll stellt in der G-dur-Sonate die Weichen: Bis zum rückführenden D-dur durchstreift die Durchführung den ♭-Bereich. In B-dur erklingen (T. 74) der Vordersatz des zweiten Themas und der 1. Takt seines Nachsatzes. Dann überraschendes Abbiegen, das sich weit entfernt: Die Oberstimmen halten ♩♩ fest, der Baß gleitet chromatisch hoch bis zum as – genau umgekehrt war er vorher, in den Takten 67-69, vom g zum f hinuntergeglitten:

In As-dur (T. 81) der Kopf des ersten Themas, T. 84 Zwischendominante D-dur nach g-moll (so daß sich As-dur als tiefalterierte II. Stufe = Subdominante als Neapolitaner in g-moll enthüllt). Verschränkt damit wird die Sequenz dieses Vorgangs: Themenkopf in g-moll (T. 86), T. 89 Zwischendominante C-dur nach f-moll (so daß g-moll zugleich II. Stufe in f-moll ist). Solche funktionale Umdeutung und Verschränkung gibt dem harmonischen Forttreiben zugleich einen inneren Rückhalt:

T. 81	84	86	89	91
As-dur	D-dur	g-moll	C-dur	f-moll
(II♭ = sN	D)	t		
		(II	D)	t

Die Sechzehntelketten allein treiben den Quintfall (As-D-g-C-f) weiter: f-moll (T. 91) wird als F-dur Zwischendominante von B-dur, B-dur wird Zwischendominante von Es-dur. Ungewöhnliches kündigt die Fermate (T. 98) an: die Wiederkehr des Hauptthemas – aber in Es-dur. Der Hörer, formal irregeführt, wird für die Reprise halten, was sich im nachhinein als Scheinreprise entpuppt: Wie endlos fallend zieht der abgespaltene 1. Takt des Nachsatzes in die Tiefe (T. 104 ff.) und fängt sich in D-dur, das die reguläre Reprise vorbereitet.

131

Das *Es*-dur der Scheinreprise und das *B*-dur des zweiten Themas (T. 74) korrespondieren miteinander: Untere und obere Terzverwandte von *g*-moll, bleiben beide Partien für je fünf Takte harmonisch-thematisch sicher. Diese relative Stabilität macht den mittleren – in Quinten fallenden und dabei durch Kadenzverkettung gestützten – Abschnitt zum *Zentrum* dieser Durchführung:

3. Die dominantisch »offene« Durchführung zwingt die Tonika der Reprise herbei. Ein außerordentlicher Moment des Sonatensatzes: Die *Reprise* ist *Ziel* (der Durchführung) und *Neubeginn* (der Exposition) in einem.

Die Reprise rekapituliert die Exposition. Nach den Ereignissen der Durchführung aber, und nachdem Zeit vergangen ist, sieht sie die Exposition gleichsam mit anderen Augen. Sie hebt deren harmonischen Gegensatz auf: Das zweite Thema erscheint ebenfalls in der *Grundtonart* (*G*-dur-Sonate: T. 153 ff.), bei Sonatensätzen in Moll auch in der gleichnamigen *Dur*tonart oder nahe verwandten Tonarten (ihr Durthema der Exposition läßt sich nicht immer in Moll formulieren). Darum ändert sich auch der entwickelnde Abschnitt nach dem ersten Thema, da er in der Reprise zu einer anderen Tonart leitet. (In der *G*-dur-Sonate führt er jetzt zur Dominante *D*-dur statt, wie vordem, zur Doppeldominante *A*-dur. Damit dies analog der Exposition geschehen kann, sind drei Takte, 137–139, eingeschoben: Sie ermöglichen wieder, mit Wendung zur Subdominante, den bruchlosen Baßanstieg.) Und die Schlußgruppe bestätigt den erreichten harmonischen Ausgleich, indem sie nun zur Grundtonart kadenziert.

Als zusätzlicher Schlußabschnitt ist dem *G*-dur-Satz eine kleine *Coda* angefügt (T. 187 ff.). In ihr klingt noch einmal in gedrängter Form das erste Thema an, endgültig Abschied nehmend: Der definitive Schluß wird durch jene harmonische Formel $T^{(D^7)\,S\,D}\,T$ unterstrichen, von der oben die Rede war.

Die grundsätzliche Folge von Exposition-Durchführung-Reprise kann also Zusätze erhalten: Wie der Reprise oft eine Coda folgt (so, als genügt die Reprise allein nicht, die Erregung der Durchführung auszugleichen), kann andererseits der Exposition eine *langsame Einleitung* vorangehen.

Sie hat ganz unterschiedliche Funktion und Wirkung. Die Introduktion kann *Signal* sein, zur Aufmerksamkeit rufen, und – nach Charakter, Tongeschlecht, Harmonik – eine *kontrastierende Folie* abgeben zum Beginn der Exposition:

J. Haydn, Symphonie D-dur Nr. 104

Beethoven, 1. Symphonie C-dur: Damals ungeheuerlich, beginnt sie mit einem Septakkord, stellt herausfordernd an den Anfang, was sonst einen Schluß markiert. Die ersten vier Takte der Einleitung exponieren drei Septakkorde, die sich nach *F*-dur, *a*-moll, *G*-dur auflösen:

Das tonale Zentrum C-dur wird umkreist, nicht ausgesprochen: die langsame Einleitung als Vexierspiel, das etwas *verheißt*, aber noch nicht einlöst. Gerade umgekehrt kann sie aber auch *Einstimmung* bedeuten, unmittelbar hineintragen in die Welt der Exposition. Man spiele die vier Einleitungstakte von Beethovens Klaviersonate *Fis*-dur op. 78: Der lyrische Beginn des Allegro ist danach nicht Neuanfang, sondern wie aufatmendes Fortsingen. Und die Introduktion kann ein *Konzentrat* sein, eine »Exposition« vor der Exposition. Zwei Momente prägen die 16taktige Einleitung zu Beethovens Klaviersonate *Es*-dur op. 81a (›Les Adieux‹): der Terzzug ($\overleftrightarrow{g\text{-}f\text{-}es}$) des »Lebe wohl«-Motivs und die Chromatik –

und aus eben diesen zwei Momenten entfaltet sich der ganze weitere Satz.

Entsprechend ist bei Beethoven die *Coda* oft mehr als ein bloßes Ausklingen. Oft nämlich setzt sie als *zweite Durchführung* an. Im 1. Satz von ›Les Adieux‹ übertrifft die (weithin durchführungsartige) Coda mit 95 Takten die eigentliche Durchführung (40 Takte) sogar an Länge und Gewichtigkeit. Im 1. Satz der Klaviersonate *C*-dur op. 53 (›Waldstein-Sonate‹) beginnt sie noch ausdrücklicher als zweite Durchführung und bleibt mit 54 Takten nur wenig hinter der ersten (68 T.) zurück. Die Durchführung findet ihr Gegenstück in der Coda, so wie die Exposition ihr Gegenstück in der Reprise hat; der dreiteilige Grundriß sprengt sich auf zu einem vierteiligen:

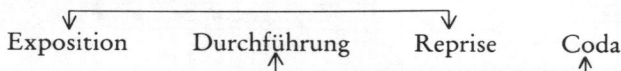

Exposition   Durchführung   Reprise   Coda

Zu äußerster Konsequenz getrieben sind damit die *Zielhaftigkeit* und das *Gleichgewicht* der *drei*teiligen Sonatensatzform:

Da die Exposition (A) nach der Durchführung (B) als veränderte Reprise (A') wiederkehrt, ergibt sich ein großes, gleichgewichtiges A B A'.

Gleichzeitig ist die Form zielhaft gerichtet: Die harmonisch-thematischen Gegensätze der Exposition lösen die Durchführung aus; die Durchführung zielt am Ende auf den Eintritt der Reprise hin; die Reprise reagiert, in ihren harmonischen und sonstigen Änderungen gegenüber der Exposition, auf die Auseinandersetzungen der Durchführung. Jeder Formteil hat seine Position, Aufgabe und Merkmale. Die feste Position macht den Ablauf vorhersehbar (der Hörer »weiß«, was nach der Exposition kommt), gerade deswegen aber auch frei für formale Überraschungen, etwa eine Scheinreprise. Die Aufgaben sind festgelegt als Aufstellung, Verarbeitung, Ausgleich; eine Beethovensche Durchführung kann darum nicht verstehen, wer nicht die Exposition kennt. Und die Merkmale – das Stehenbleiben einer Schlußgruppe, das Schweifende und Aufsplitternde einer Durchführung, das normhaft Ausklingende einer Coda – ergeben sich aus der Aufgabe; eine Beethovensche Durchführung, herausgelöst aus einem Satz, kann man unschwer als »Durchführung« identifizieren.

Beide Ideen durchdringen sich in der Sonatensatzform: Ihre Formteile gehen auseinander hervor in *zielgerichtetem Geschehen* und sind aufeinander bezogen in *stützendem Gleichgewicht*.

Harmonik und Form

Der harmonische Bauplan T D Tp T prägt maßgeblich den Formverlauf barocker Sätze (S. 104f.). Zentral für eine Fuge sind die harmonischen

Stationen ihrer Durchführungen (S. 122). Die Ergänzung von Halb- und Ganzschluß ist vorrangiges Merkmal der klassischen Periode (S. 55). Ein Ende wird gern mit einer Kadenz über dem Tonika-Orgelpunkt verdeutlicht (S. 130). Der Fragecharakter eine phrygischen Wendung verlangt nach formbildender Antwort (S. 156). Verminderten Septakkorden (»Todes Bitterkeit«, »Sünden dieser Welt«, »stinken«) tritt im Rezitativ Nr. 28 aus Bachs ›Matthäus-Passion‹ beim »lieben Gott« eine milde, klangschöne B-dur-Harmonik entgegen, ohne Streicher, mit plötzlich (gerade auch nach dem »häßlichen« Tritonus) kantabler Melodik; der frappierende Umschwung in Harmonik und Tonfall deutet den Text und gliedert darin zugleich das Rezitativ:

Ob im großen Formverlauf oder im Detail: Für durmolltonale Musik des 17. bis 19. Jahrhunderts besitzt die Harmonik *formbildenden Rang*.

Die Sonatensatzform, von der hier ausführlicher die Rede sein soll, steht also nur *exemplarisch* für diese allgemeine Bedeutung der Harmonik. Sonatensätze (1) Haydns, (2) Mozarts, (3) Beethovens und nicht zuletzt (4) der historische Rückblick bestätigen, daß vorab *harmonische Kräfte* den Ablauf und die Beziehung der Formteile regulieren.

1. Vom Harmonischen her angelegt sind *frühklassische Sonatensätze*: Harmonische Verläufe gliedern und verklammern ihre Form. Der 1. Satz von Haydns Klaviersonate G-dur, Hob. XVI/8, aus dem Jahre 1766 hat eine 16taktige »Exposition«:

Hier vom *Thematischen* auszugehen, hieße ein *späteres* Denken anlegen: gezielte Zusammenhänge zu suchen, wo lockere Assoziation und einheitlicher Tonfall herrschen; oder herauszustellen, daß sich ein blasser Vorschein von »Seitenthema« (T. 9) und »Schlußgruppe« (T. 14) abzeichnet. Verfälscht würde damit die eigentliche Formidee. Motivisch kleingliedrige Takte und Taktgruppen verbinden sich zu größeren Einheiten, durch *harmonische* Stationen einerseits gegliedert, andererseits als Ganzes gerichtet. Denn im Gesamtverlauf – von der anfänglichen Tonika zur abschließenden Dominante – zielen die Schlußwendungen immer deutlicher auf die Dominante hin. T. 4: Tonika in *Terz*lage (T^3); T. 8: Halbschluß in *Terz*lage; T. 11: *D* als *Sext*akkord auf *unbetonter* »eins und«; T. 14: *D* – nach Verstärkung durch die Doppeldominante (D͟D) – in *Grund*stellung auf *betonter* »eins«; T. 16 Bestätigung mit vollständiger Kadenz. Daß vorrangig die unterschiedliche Schlußkraft von Kadenzformeln sowie Verlauf und Beziehung der Tonarten formprägend sind, zeigt auch der Fortgang des Satzes. Der Mittelteil, eine zehntaktige »Durchführung«, endet mit offenem *Halbschluß*. Und die wörtliche Reprise, durch Wiederholung der Schlußkadenz um zwei Takte erweitert, verbleibt ab T. 9 der »Exposition« in der *Grundtonart*.

Der Vorrang der Harmonik erweist sich auch an späteren Sonatensätzen Haydns. 1. Satz der Symphonie *B*-dur Nr. 85 (1786): Die ersten acht Takte des Hauptthemas erscheinen wiederum in Takt 78, nun mit solistischer Oboe, abgewandelter Führung der Unterstimmen und einer längeren, die Chromatik ausweitenden Fortsetzung; jetzt aber steht das Thema in der Dominante *F*-dur. 1. Satz der Symphonie *D*-dur Nr. 104 (1795): Das sechzehntaktige Hauptthema (sein Beginn wurde S. 133 zitiert) erscheint wiederum in Takt 49, nun zusätzlich mit der Farbe von

Flöte, Oboe, Fagott und mit abgewandeltem Nachsatz; jetzt aber steht das Thema in der Dominante _A_-dur:

In beiden Sätzen ist das _erste_ Thema zugleich auch, mit Varianten, das _zweite_ – dann aber in der _Dominante_ statt in der Tonika. Möglich ist die thematische Übereinstimmung, weil die tonalen Ebenen kontrastieren: Wesentlich ist nicht ein neuer Gedanke – ein wirklich »zweites« Thema –, sondern die _neue Tonart_.

Zahlreiche Sonatensätze Haydns sind in dieser Weise komponiert: Haydn neigt dazu, sie nicht dualistisch, sondern _monothematisch_ anzulegen. (Charakterisiert ist damit das Verhältnis von Haupt- und Seitenthema. In jenen Fällen bei Haydn, wo dann später, im Raum der Schlußgruppe, ein eigenständiges, neues Thema erscheint – so im »monothematischen« Finale der _G_-dur-Symphonie Nr. 92, T. 79 –, ist also nicht der Satz insgesamt »mono«thematisch.) Im 1. Satz seines Streichquartetts _B_-dur op. 76,4 ist das zweite Thema eine modifizierte Fassung des ersten (Beethovens _kontrastierende Ableitung_ – S. 80f. – könnte in solchen Fällen ihr Vorbild haben). Die Umkehrung der Bewegungsrichtung korrespondiert mit dem Tausch der Stimmlagen; und wiederum liegt in der Harmonik, der Dominante _F_-dur, der wesentliche Kontrast:

Beginn des ersten Themas (B-dur)

Beginn des zweiten Themas (F-dur)

Man studiere zum Vergleich die ersten Sätze von Haydns Klaviersonaten _cis_-moll, Hob. XVI/36 (»zweites« Thema in _E_-dur T. 12) oder _C_-dur, Hob. XVI/50 (»zweites« Thema in _G_-dur T. 20).

Verfehlt aber wäre es, die Sätze Haydns zu einem »noch nicht« zu degradieren, zu einer Vorstufe der »eigentlichen« Sonatensatzform (Beethovens). Hinter ihnen steht einfach ein grundsätzlich anderes Denken. Haydns Komponieren deckt sich völlig mit den ästhetischen Überzeugungen des 18. Jahrhunderts. In ihnen lebt die barocke Idee der *Affekteinheit* innerhalb eines Satzes fort. Ein »Nebengedanke muß immer so beschaffen seyn, daß er uns wieder zur Hauptvorstellung leitet« (zu der im »Hauptgedanken« geäußerten »Empfindung«), fordert Heinrich Christoph Koch 1787 in seiner Kompositionslehre (II, S. 101). (Noch die heutigen Begriffe »Hauptthema« – Kochs »Hauptgedanke« – und *»Seiten*thema« – hier ein »Nebengedanke« – verraten etwas von der ursprünglichen Sicht.) Die »nöthige Mannigfaltigkeit« von Haupt- und Nebengedanken dürfe die »nöthige Einheit« eines Tonstückes nicht gefährden; man betrachte nur, dem Grundaffekt treu, denselben »Gegenstand aus vielen Gesichtspunkten«.

Motivisch kleingliedrige Vielfalt frühklassischer Sonatensätze bedeutet nur wechselndes Anschauen *derselben* Sache. Und ein zweites Thema wurde nicht als formtreibender Widerpart des ersten verstanden, sondern gleichsam nur als dessen andere Formulierung.

2. Themen*gruppen* komponiert in der Regel Mozart: den Zusammenschluß mehrerer Gedanken. Wie solche Ideenvielfalt von der Harmonik gestützt und gegliedert wird, studiere man noch einmal im 1. Satz seiner Klaviersonate *F*-dur KV 332 (vgl. S. 71ff.). Daraus resultiert ein ganz anderes Verständnis von »Thema« oder »Durchführung« (die sich bei Mozart nicht selten in bloßem, mehrmaligem Sequenzieren thematischer Elemente erschöpft) als bei Haydn oder Beethoven. Die Takte 1-22 der *F*-dur-Sonate, die erste Themengruppe, wirken sich nicht aus. Natürlich kann man, wie S. 71 angedeutet, Bezüge suchen. Aber sie bleiben hintergründig, sind eher assoziative Anknüpfung als logische Folgerung. Aus den Themen werden keine Konsequenzen gezogen. In sich ruhend abgeschlossen, sind sie – wunderbar selbstverständlich – einfach nur da: Bausteine einer kunstvollen Architektur, nicht Ausgangspunkt einer Auseinandersetzung. Selbst die Durchführung verwendet sie nicht – im Gegenteil: Sie beginnt (T. 94) mit einem *neuen* Thema, das nur rhythmisch an den Beginn der Schlußgruppe (T. 71) anknüpft:

Diesem kantablen, 16taktigen C-dur-Thema treten dann – wie in der Exposition dem 16taktigen C-dur-Seitenthema (T. 41) – die erregten Synkopen entgegen: Der Ausgleich – nach Proportion und Affekt – und die Korrespondenz von Gruppen bleiben formbestimmend. Eine »Durchführung« im Verständnis Haydns oder Beethovens ist dies daher nicht: weder eingangs, wo sie »singt« statt zu »arbeiten«, noch bei den Synkopen, die harmonisch *weniger* weit ausschlagen als bei ihrem Quintfall bis zum *As* in der Exposition. (Oder von vorn her gesehen: Die *Exposition* hat im Harmonischen bereits Züge einer Durchführung, sowohl bei ihrem Fall in den ♭-Bereich T. 29 ff., wo sie doch eigentlich *aufwärts*: hin zur Dominante des zweiten Themas gehen müßte, als auch bei den Quintfällen T. 60 ff. Die harmonische Zurückhaltung des Durchführungsteils nimmt eben darauf Rücksicht.)

Das Seitenthema (T. 41) setzt hier in der Exposition nach einer *Pause* ein. Das hat Parallelen in anderen Sonatensätzen Mozarts. Zumal bei gedankenreichen Sätzen macht die Pause gleichsam aufmerksam auf den neuen Formteil. Eine *harmonische* Eigenheit unterstreicht dabei gern die *formale* Zäsur. Endet der vorangehende Teil mit einem Halbschluß, kehrt dieser Teil in der Reprise unverändert wieder. In der Exposition nutzt Mozart die halbschlüssige Dominante einfach als neue Tonart des zweiten Themas. In der Reprise dagegen nutzt er sie als tatsächliche Dominante der Grundtonart – und dieser *harmonische* Schnitt betont den formalen:

(Exposition) 2.Thema

(Reprise) 2. Thema

W.A. Mozart, Klaviersonate G-dur, KV 283, 1. Satz

Prinzipiell genauso verfährt Mozart im 1. Satz der Klaviersonate C-dur KV 545 (»Sonata facile«). Die – vor dem Seitenthema – halbschlüssig endende Partie der Exposition kehrt in der Reprise wieder (*wörtlich* übernommen sind die Takte 9-12 = 54-57). Zusätzlich ist der harmonisch-formale Schnitt durch einen metrischen markiert. Denn ♩ ist die Zählzeit des ersten Themas (das auch dadurch seine Anmut gewinnt), ♩ jedoch die des zweiten. Formverdeutlichend stellt der hintergründige Wechsel des Metrums einem »langsamen«, ausdrucksbetonten $\frac{2}{2}$-Takt einen »schnellen«, graziösen $\frac{4}{4}$-Takt entgegen:

Der unerhörte Kunstgriff dieses Sonatensatzes aber ist die Tonart der (den Hörer überrumpelnden) Reprise: die *Subdominante F*-dur (T. 42), die völlig überraschend aus dem puren Sequenzieren des Durchführungsteils heraus erreicht wird. Die Quintspannung von Haupt- und Seitenthema in der Exposition (C-dur/G-dur) bleibt dadurch als prinzipielle Relation gewahrt in der Reprise (F-dur/C-dur). Riskiert sei eine weitergehende Deutung. Auffällig herausgestellt ist *F*-dur als melodisch-klanglicher Höhepunkt sofort am Anfang, im 3. Takt des ersten Themas. Die ab T. 5 anschließenden ♪ sind mehr als nur Skalenwerk; harmonisch (taktweise: F-C-G-C) und melodisch (taktweise mit den Ecktönen auf »eins« und »drei«: *a-g-f-e*) vergrößern sie die Takte 3/4. Die Reprise findet mit demselben Weg von *F* nach *C* zurück, den melodischen Zug *a-g-f-e* nun in ♩ betont (T. 50-53), und von dort aus wieder, wie oben erwähnt, zum Halbschluß *G*-dur. Das Kadenzgefüge also, das die *Subdominant*reprise insgesamt (F-C-G-C) mit ihrem Anschluß an die Exposition bewirkt, könnte man wie ein vergrößertes Abbild jener Harmonik sehen, die schon das Hauptthema, zunächst kantabel, dann figurativ verspielt, exponiert hatte –

Thematik, Harmonik und Form decken sich vollkommen.

3. Wenn in der Reprise des besprochenen G-dur-Satzes Beethovens (op. 14,2) das zweite Thema ebenfalls in der *Grundtonart* auftritt, ist zwar der harmonische Gegensatz der Exposition aufgehoben, nicht aber der Unterschied der Themen: Ganz offenbar ist das *harmonische Ereignis*, der tonale Ausgleich, das Entscheidende. (Der harmonische Ausgleich in *Moll*sätzen rührt stärker an den thematischen Nerv. Das zweite Thema in *Es-dur* aus Beethovens *c*-moll-Sonate op. 10,1 – zitiert S. 126 – erscheint in der Reprise schließlich auch in der Grundtonart *c*-moll: Der Wechsel vor allem des Tongeschlechts nähert es charakterlich dem ersten Thema an.)

Sensibel wurde darum die Harmonik abgehorcht. In manchen Expositionen Beethovens erscheint das zweite Thema *nicht* in der Dominante bzw. Durparallele. Im 1. Satz der Klaviersonate <u>G</u>-dur op. 31,1 steht es nicht »normal« in <u>D</u>-dur, sondern dem entfernt terzverwandten <u>H</u>-dur:

Stünde es in <u>D</u>-dur, würde es in der Reprise in der Grundtonart <u>G</u>-dur auftreten. Dieser regulären Quinttransposition gehorchend, wird dies <u>H</u>-dur-Thema in der Reprise zunächst in <u>E</u>-dur und erst danach, noch einmal, in <u>G</u>-dur vorgetragen.

Das *H*-dur der Exposition aber ist nicht harmonische Willkür, sondern Konsequenz des Satzanfangs. Gleich der Beginn nämlich kadenziert zur Dominante <u>D</u>-dur – damit ist <u>D</u>-dur als Tonart des zweiten Themas gleichsam verbraucht. Das Harmonieschema dieses Beginns verdeutlicht, wie das tonale Zentrum *G*-dur durch die Dominante und Subdominante eingekreist wird; formtragend ist der *harmonische Prozeß*:

141

Man studiere zum Vergleich den Beginn der Klaviersonate C-dur op. 53 (›Waldstein-Sonate‹). Über chromatisch von C bis G fallendem Baß werden dort nach ähnlichem Muster D und S eingekreist: T. 1-4: (S D) D / T. 5-8 (als Sequenz): (S D) S s. In beiden Sonaten ist die anfängliche Tonika G- bzw. C-dur erschüttert: Sie ist nicht stabile Grundtonart, sondern Zwischen-Subdominante zu ihrer Dominante. Und die ›Waldstein-Sonate‹ zieht daraus dieselbe Konsequenz wie die G-dur-Sonate: Das zweite Thema erscheint *nicht* in der Dominante, sondern dem entfernt terzverwandten E-dur (T. 35).

4. Erst recht der *historische Rückblick* – die Sicht und Erfahrung des späteren 19. und vor allem des 20. Jahrhunderts – bestätigt die frühere Formkraft der Harmonik. Ihre Bedeutung wird gerade daran ablesbar, daß sich immer nachdrücklicher (auch desto dringlicher, je labiler die Harmonik wird) das Denken auf das *Thematische* richtet – und die Sonatensatzform schließlich so verzehrt, daß von ihr nur noch die Idee »Durchführung« bleibt[1].

Bei Haydn und mehr noch bei Beethoven liegen schon die Wurzeln solcher Entwicklung. Im 1. Satz von Beethovens Klaviersonate D-dur op. 10,3 steht mitten in der Exposition (T. 67 ff.) ein 26taktiger Abschnitt, der ausgesprochenen Durchführungscharakter hat, der vom Satzanfang das fallende Tetrachord abspaltet,

sequenziert, umkehrt, wie ziellos verschiedene Tonarten durchwandern läßt. Der Durchführungs*teil* zieht daraus die Konsequenz. Das Niederfallen und Emporreißen des Anfangs sequenziert er mehrfach (T. 142-149, T. 150-157, T. 158 ff.), breitet eine große Fläche aus in B-dur am Beginn (T. 134), in A-dur vor dem Ende (T. 168), dazwischen die Stationen g-moll (T. 150) und Es-dur (T. 158): Dieser Durchführungsteil ist kein thematischer, sondern ein betont harmonischer Vorgang.

Das Beispiel lehrt, daß eine Durchführung nicht unbedingt nach thematischer Arbeit verlangt. *Harmonische Vorgänge* können absolut dominieren. Man studiere zum Vergleich die ersten Sätze von: Beethoven, Klaviersonate d-moll op. 31,2 (›Sturm-Sonate‹); Haydn, Klaviersonate G-dur, Hob. XVI/27 (eine harmonisch aufregende Durchführung: Die ersten 16 Takte verschränken Kadenzen, bei denen die erreichte

[1] Vgl. dazu auch S. 85 sowie die Anmerkungen zu Schuberts Klavier-›Fantasie‹ op. 15 und Liszts Klaviersonate h-moll (S. 179ff.).

Tonart jeweils Subdominante der nachfolgenden Kadenz wird. Die harmonische Erregung ist an das *Ende* der Durchführung verlagert. Der harmonische Rhythmus beschleunigt sich von Zwei- über Ein- zur Halbtaktigkeit, dann stürzt die Quintschrittsequenz los und kehrt zu ihrem Ausgang g-moll zurück: losgelassene Energie, die vom Dominantseptakkord drei Takte später kaum mehr gebremst wird).

Daß aber in Beethovens *D*-dur-Sonate op. 10,3 die Exposition bereits zum Ort von Durchführung wird, hebt die deutliche Trennung von Aufstellung (Exposition) und Verarbeitung (Durchführung) auf: Über den Satz hin machen sich die Kräfte des Thematischen geltend.

In der 1. Klaviersonate *C*-dur op. 1 von Johannes Brahms wirkt das Vorbild Beethovens mächtig nach. Das Hauptthema des 1. Satzes vereint das Pathos von Beethovens ›Hammerklavier-Sonate‹ *B*-dur op. 106

J. Brahms, op. 1   L. van Beethoven, op. 106

mit dem harmonischen Konzept des Anfangs von Beethovens ›Waldstein-Sonate‹ *C*-dur op. 53: Der Gang *C*, *G* (T. 6), *B*-dur-Sequenz (T. 9), *C* (T. 17), *d*-moll-Sequenz (T. 21), *H* (T. 28) entspricht jenem bei Beethoven (dort T. 1, 3, 5, 14, 18, 23). Und schon ab T. 17 wird in der Brahms-Sonate der Themenkopf, aus dem das Hauptthema selbst schon entwickelt ist, imitatorisch verarbeitet:

Je energischer aber Durchführungs*technik* in die Exposition eindringt und diese damit selbst bereits zur »Durchführung« macht, desto fragwürdiger wird ein eigener Durchführungs*teil*. Der ursprüngliche Formverlauf beginnt seinen inneren Sinn zu verlieren, die Radikalisierung von

143

»Durchführung« läßt die Sonatensatzform an sich selbst vergehen. Alban Bergs *eins*ätzige Klaviersonate op. 1 (1907/08) hat zwar eine »Exposition«, »Durchführung« (Beginn T. 56) und »Reprise« (T. 111). Doch ist das nur noch ein überkommenes Gehäuse, ebenso wie das *h*-moll im 3. Takt und am Schluß nur noch erinnerungshaft einen tonalen Bezugspunkt setzt. Allbeherrschend jedoch ist die thematische Substanz der ersten drei Takte:

Im großen melodischen Zug des Soprans drei Elemente: aufspringende Quarten (*g-c, c-fis*), gegenläufig sinkender übermäßiger Dreiklang (*g-es-h*), fallende kleine Sekunde (*d-cis-cis*) mit nachdrücklicher Tonwiederholung (zugleich in der Mittelstimme als *gis-g-g* und *g-fis-fis*). Die abschließende Baßfigur T. 3 (Quinte + reine Quarte aufwärts) ist eine Variante der anfänglichen Sopranfigur (reine + übermäßige Quarte aufwärts). Ihren Rhythmus (♫ ♩) übernehmen ebenso die fallenden Sekunden der Mittelstimme T. 2/3, im Sopran gleichzeitig zu ♩. ♪ ♩ augmentiert. Sekundfall mit Tonwiederholung lassen sich deuten als Umkehrung von *fis^2-g^2-g^2* (Sopran-Übergang zu T. 1); und gegeben ist die Chromatik auch im Baß und der Mittelstimme selbst, die schon von *h* aus chromatisch fällt.

Unter sich also bereits ganz dicht verknüpft, sind diese Elemente die ausschließlichen Bausteine von Bergs Klaviersonate. Der *ganze* Satz ist ein einziges, permanentes »Durchführen« und entwickelndes Variieren. Chromatisch hoch aufgeladen und prall von Expressivität, zerbirst er fast unter der immerwährenden thematischen Anspannung: Diesem Sonatensatz konnte kein zweiter mehr folgen.

G Das Ereignis der Reprise

»Reprise« meint Wiederkehr eines Formteils: im allgemeineren Wortge-
brauch des 18. Jahrhunderts als direkte Wiederholung (S. 18), im heutigen, spezielleren Verständnis des Sonatensatzes.

Die begriffliche Verengung verrät, wie sehr sich das formale Denken
am Sonatensatz orientiert und an dem Besonderen seiner Reprise:
Wiederkehr einer Exposition, die sich nach den Geschehnissen der
Durchführung anders darstellt als zu Beginn. Wie bedeutungsvoll jedoch
allgemein die Idee »Reprise« ist, zeigen nicht nur die Liedformen (S. 65),
sondern auch andere Formtypen. Daß bereits Vertrautes erneut auftritt,
ein Stück Vergangenheit nochmalige Gegenwart wird, macht das Eigen-
tümliche aus – Motetten des 16. Jahrhunderts etwa, die sich am Text
entlang verströmen, kennen keine Reprise. Reprisen leisten deutliche
Gliederung; oder sie bezaubern den Hörer, wenn sie ihm Schönes noch
einmal geben: Reprisen sind, formal oder erlebnishaft, ein Ereignis.

Suitensatzform

Die modellhafte Form des einzelnen Satzes einer barocken *Suite*, einer
Folge unterschiedlicher Tanztypen, ist die *Suitensatzform*. Ihre typi-
schen Merkmale zeigt das Menuett Bachs S. 53. Ein Suitensatz ist
*zwei*teilig. Beide Teile werden wiederholt. Und grundlegend für die Form
ist der harmonische Verlauf: Der erste Teil eines Satzes in *Dur* führt zur
Dominante, der zweite Teil von der Dominante zur Tonika zurück. Der
Rückweg ist meist ausgeweitet durch die Kadenz zu einer benachbarten
Tonart – überwiegend, wie in Bachs Menuett, zur Tonikaparallele.
Suitensätze in *Moll* haben entweder denselben Grundriß oder vertauschen die Position von Dominante und Parallele; im zweiten Teil kadenzieren sie auffällig gern zur Mollsubdominante. Das *Modell* heißt also:

					Kadenz zur		
Dur	‖ :	T	D	: ‖ :	D	Tp	T	: ‖
Moll	‖ :	t	D	: ‖ :	D	tP ⎤ ⎥ s ⎦	t	: ‖
oder								
	‖ :	t	tP	: ‖ :	tP	D	t	: ‖

Durchweg beginnt der zweite Teil motivisch wie der erste. Eine Reprise
jedoch gibt es dann überhaupt nicht oder nur bruchstückhaft oder nur in
kargen Ansätzen (so in den eingesprengten Takten 27/28 des Bach-
Menuetts). Um so bedeutsamer ist für den Suitensatz die *harmonische
Ordnung* als Mittel der Gliederung und des (zur T/t zurückführenden)
Schließens.

Wie sehr solche Konzeption über die Suite hinaus das formale Denken beeinflußte[1], zeigen auch frühe Sonatensätze. Seiner Klavierschule (1753) gab Carl Philipp Emanuel Bach sechs Sonaten als »Probestücke« bei. Die zweite Sonate beginnt mit diesem Satz, dessen äußere wie harmonische Anlage der Suitensatzform entspricht (schon die gleichmäßigen Viertaktgruppen verraten den Einfluß des Tanzsatzes):

---

[1] Den formübergreifenden Rang des harmonischen Modells T D Tp T belegte beispielhaft schon das »Grave« aus Corellis Triosonate op. 3,1 (vgl. S. 105).

Der Satz hat zwei Teile. Jeder Teil wird wiederholt (so wie spätere Sonatensätze meist noch die Wiederholung von Exposition sowie Durchführung/Reprise vorschreiben). Und der harmonische Gang entspricht (nicht anders als später in Sonatensätzen) einer Norm des Suitensatzes in Moll: Der erste Teil führt zur Durparallele (*F*-dur), der zweite

Teil von dort – über die Dominante (*A*-dur) – zur Tonika zurück. Harmonische Stationen wiederum (darin dem Haydn-Satz S. 135f. vergleichbar) markieren die Viertaktgruppen: T. 4 Tonika; T. 8 Durparallele in *Terz*lage; T. 12 verzögernder Trugschluß (Terzlage); T. 15/16 schließende Kadenz zur Durparallele in *Oktav*lage. Entsprechend angelegt ist der zweite Teil: T. 20 (analog zur Tonika in T. 4) Durparallele; T. 24 Halbschluß auf der Dominante; T. 28 (wie in T. 12:) Tonika in *Terz*lage; T. 31/32 schließende Kadenz zur Tonika in *Oktav*lage. Zusammengebunden werden dadurch die kleingliedrig fortgesponnenen Takte, die auf erfrischend-reizvolle Weise Neues mit Tradiertem verbinden: Einerseits verkörpern sie – in den ständigen Vorhalten, den »galanten« Sechzehnteln, den affektvollen Pausen – eine neue: eine empfindsame, elegante, ausdrucksbetonte Gefühlsaussprache, bewahren dabei aber andererseits in der gelegentlichen Imitation (T. 2/3, 6/7, 18/19, 20/21) noch kontrapunktisches Denken.

Beide Teile des Satzes entsprechen sich (worauf schon die Harmonik aufmerksam machte) thematisch weitestgehend; die Takte 21–24 sind gegenüber dem ersten Teil abgeändert, um zur Dominante zu gelangen. Der zweite Teil ist also *thematisch* im wesentlichen die Wiederholung des ersten, *harmonisch* jedoch dessen Umkehrung (tP→t statt t→tP). Daraus ergibt sich hier die identische Länge beider Teile. Bei einem Suitensatz dagegen fällt der zweite Teil mit dem »Umweg« über die eingefügte Kadenz meist länger aus. Und diese Kadenz ist ein formal bedeutsamer Schnittpunkt: Hier setzt die *Reprise* an. Der Abschnitt *vor* der Kadenz vertritt dann die Durchführung (im formalen Sinne, nicht im Sinne klassischer Durchführungs*technik*). Der *zwei*teilige Suitensatz wird durch die thematische Reprise von dem *drei*teiligen Grundriß eines Sonatensatzes überlagert:

Suitensatz

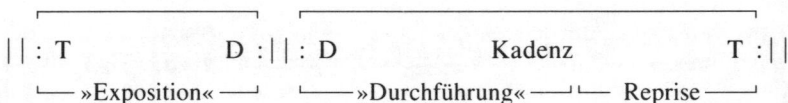

Sonatensatz

Ein Beispiel von vielen ist die vierte von Carl Philipp Emanuel Bachs »Württembergischen Sonaten« (1744). Ihr Kopfsatz in *B*-dur folgt dem Suitensatzschema und enthält im zweiten Teil die normhafte Kadenz zur Tonikaparallele (g-moll). Genau nach dieser Kadenz setzt – fast unvermittelt, nur beiläufig vorbereitet durch die angedeutete Dominante *F*-dur im Baß – die Reprise mit der Tonika ein:

Schön zu sehen ist solcher Vorgang auch in Sätzen jenseits von Suite und Sonate. Man studiere zum Vergleich die zweistimmige *E*-dur-Invention von Johann Sebastian Bach. Sie ist in Suitensatzform komponiert. Der erste Teil – ein Fortspinnungstypus (8 = 4 + 4 Takte Vordersatz, sequenzierende Fortspinnung, abschließende Kadenz) – geht zur Dominante; der zweite Teil, mit 42 Takten von doppelter Länge, beginnt wie der erste und leitet zurück zur Tonika. Die eingefügte Kadenz aber zum terzverwandten *gis*-moll (T. 42) ist signalhafte Zäsur: In T. 43 beginnt die *Reprise* des ersten Teils, mit konsequentem *Stimmtausch* (Ober- und Unterstimme vertauschen ihre Plätze) und *Quinttransposition* (vgl. T. 9 ff. taktweise: *cis-Fis-H-E* . . . mit ihrer Transposition T. 51 ff.: *fis-H-E-A* . . .).

Da capo-Arie

Die Da capo-Arie ist, in ihrer großen fünfgliedrigen Ausgestaltung, die herrschende Arienform im 18. Jahrhundert. Einem ersten, zweigliedrigen Teil (A) tritt ein Mittelteil (B) entgegen, an den sich die Wiederkehr von A anschließt. Die formrundende Reprise ist nicht ausgeschrieben, sondern durch die Anweisung »da capo« (ital. vom Kopf = vom Beginn an) oder »dal segno« (vom Zeichen an) gefordert; und damaliger Aufführungspraxis entsprach es, daß der Sänger die Reprise improvisierend verzierte[1]. Solche schematische Form ist keine leere Außenseite, sondern Spiegel einer menschlichen Haltung. Während die dramatische Handlung im Secco-Rezitativ (S. 41) erzählt wird, steht das Geschehen in der Arie still; sie gibt sich einem Affekt hin. Die Aussprache aber der Gemütsbewegung, des *einen* Affektes, ist gleichsam gebändigt durch einen vorgegebenen, in sich geschlossenen formalen Rahmen.

Auch der B-Teil gefährdet nicht den zugrundeliegenden Affekt. Er kann andersartig sein im Rhythmischen, Melodischen, Harmonischen. Motivisch ist er jedoch meist mit A vermittelt, so daß er sich vor allem tonartlich – regelhaft durch Eintritt der Paralleltonart – absetzt. Vom Text her ist B eine Konsequenz der zwei Strophen einer Da capo-Arie: Die erste Strophe wird im A-, die zweite im B-Teil vorgetragen. Die erwähnte Zweigliedrigkeit von A ergibt sich dabei aus der Wiederholung

---

[1] Vgl. auch die »veränderten Reprisen« bei Carl Philipp Emanuel Bach (S. 18).

149

der ersten Strophe. Melodische Varianten und vor allem der harmonische Gang differenzieren diese Wiederholung: Der erste Vortrag (A¹) führt von der Tonika zur Dominante (in Moll auch zur Durparallele); der zweite (A²) beginnt thematisch wie der erste und leitet von der Dominante (alternativ: Tonika) zur Tonika zurück. (Formübergreifend findet sich also hier derselbe harmonische Grundriß wie im Suitensatz.) Gegliedert wird die Form durch das vollständig oder verkürzt wiederkehrende *Ritornell* (S. 42) des Orchesters. Unter Einschluß des Ritornells (R) ergibt sich also dieses Formmodell:

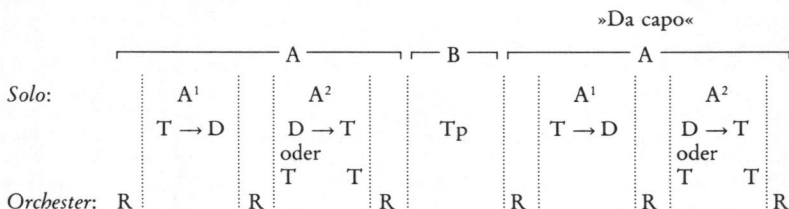

				»Da capo«	
	A	B		A	
Solo:	A¹	A²		A¹	A²
	T → D	D → T oder T T	Tp	T → D	D → T oder T T
Orchester:	R	R	R	R	R	R

Die folgende, von kantabler Wärme erfüllte Arie Giovanni Battista Pergolesis (1710-1736) eröffnet den 2. Akt seiner Oper ›Olimpiade‹ (1734):

Ritornell
Violini (unisono)

Viola

B.c.

150

Ap - por - ta-tor son i - o del tuo mag - gior con - ten-to e di - scacciar mi sen - to sen - za sa-per per - chè mi sen - to di - scac- ciar sen - za sa - per per - chè, sen - za sa - per per -

151

Ritornell
(Vordersatz)
37
38
39
40
chè
Ap-
A2
T → T
41
42
43
44
p
por - ta-tor son i - o del tuo mag - gior con - ten-to e
45
46
47
48
di - scacciar mi sen - to e di - scac - ciar mi sen - to
f ten.
49
50
51
52
sen - za sa - per per - chè e di - scac - ciar - mi sen-to mi

sen - to di - scac - ciar sen - za sa - per per - chè, sen - za sa -

Ritornell
(T. 1-4/18-22)

per per - chè

(Viola)

Dim - mi qual'è il mio fal - lo, dim - mi qual' è, l'of-

153

fe - sa   e   per - chè tan - to ac - ce - sa   e

per - chè tan - to ac - ce - sa   di sde - gno or sei con

Largo

me,   dim-mi per - chè,   dim-mi per - chè.

Ritornell
(T.1-4/18-22)

a tempo

a tempo

154

Man halte eine Arie Bachs neben diese Arie Pergolesis; noch deutlicher zu sehen ist dann ihr Eigenes (das zugleich Charakteristisches bezeichnet für den Stilwandel zur Klassik um 1740): bei Bach polyphone Staffelung der Stimmen und komplexe harmonische Ereignisse, bei Pergolesi strukturelle Schlichtheit und harmonische Überschaubarkeit. Das Satzgerüst Pergolesis ist reduziert auf durchsichtig-leichte Zweistimmigkeit, die einfache harmonische Wege geht. Es regiert die schöne Melodie, für sich *allein* lebensfähig und verständlich; das »baßlos« Schwerelose stützt den Charme der Musik. Pergolesis Arie fordert nicht (wie Bachs Arien): Sie nimmt den Hörer gefangen.

Das einleitende Ritornell der Arie ist ein *Fortspinnungstypus*: mit 8 = 4 + 4 Takten Vordersatz, einer Fortspinnung als Quintschrittsequenz (ab T. 9 taktweise: *H-e-A-D*) und einem Epilog, dessen ersten zwei Takte (13/14) die Takte 3/4 (7/8) des Vordersatzes aufnehmen und der überraschend, wie beschwörend, *zwei*mal (T. 16-20) seine trugschlüssige Kadenz wiederholt. A^1 führt, von den acht Takten Vordersatz aus motivisch fortspinnend, zur Dominante *A*-dur. Der Schlußtakt (37) von A^1 ist zugleich Beginn des Ritornells, das sich auf vier Takte Vordersatz beschränkt und in der Dominante schließt. Ganz ist A^2 auf das Ritornell bezogen. Bis auf die melodischen Varianten der Singstimme in den Takten 45-48 sind sie identisch: A^2 greift das Ritornell ab dessen Takt 5 auf; oder *anders* betrachtet und gewichtet: Das Ritornell hatte A^2 vorweggenommen.

Auch der B-Teil (2. Strophe) entfernt sich zunächst nicht weit. Er hebt sich vor allem tonartlich ab (*h*-moll = Tp). Neu sind die treibenden Achtel der Begleitung und die instrumentale Farbe der Bratschen, die vorher nur äußerst sparsam eingesetzt waren. Sonst aber lehnt er sich an Vorangegangenes an: Man vergleiche den melodischen Zug von T. 68 (ab *ais*) mit T. 9 (ab *dis*) und die T. 70-73 mit den T. 9-12 (= 45-48): Melodiegang und Harmoniefolge (*h-e-A-D*) der T. 70-73 sind aus der Fortspinnung (dort lediglich mit *H*-dur) bekannt. Wohl wegen dieser Übereinstimmung spart Pergolesi auch im nachfolgenden Ritornell (wie schon vorher im Ritornell nach A^2, T. 58-65) die Fortspinnung aus: Statt, wie üblich, sofort nach dem B-Teil »Da capo« (D.c.) anzuweisen, schreibt er das Ritornell aus – um vier Takte Vordersatz gleich mit dem Schluß des Epilogs (T. 18-22) zu verschränken. (»D.c.« meint hier darum die direkt einsetzende Wiederholung ab A^1.)

155

Eindringlich dicht also sind alle Formglieder musikalisch zusammengeschlossen, durch Anlehnung oder Gleichlaut (und dadurch bedingte
Wiederkehr: Der Viertakter des Ritornell-Vordersatzes wird bis T. 87
nicht weniger als achtmal vorgestellt). Um so bedeutungsvoller aber
sticht – gerade deshalb – *eine* Stelle hervor: die zweimalige, melodisch
gesteigerte Frage »dimmi perchè« – »Sag mir warum« am Schluß von B.
Nachdrücklich herausgehoben ist sie durch Tempowechsel, rezitativi-
schen Tonfall und vor allem durch die Harmonik: durch die *phrygische
Wendung* h_3 – *Cis*. In Vokalmusik wird diese Wendung gern benutzt als
harmonisches Sinnbild einer Frage[2]. In Instrumentalmusik bewahrt sie den
Fragecharakter: In den Takten 3/4 des Beethoven-Satzes S. 19 wird sie
harmonisch verschärft zur Folge Doppeldominante (mit tiefalterierter
Quinte im Baß) – Dominante:

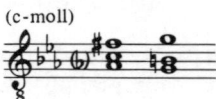

In dem Fragecharakter liegt die *formale* Bedeutung dieses *harmonischen*
Topos. Denn Erwartung und Eintritt einer *Antwort* (bei Beethoven
durch die Takte 5-8, die von der D zur T zurückführen) sorgen für
formbildende Ergänzung.

Zum besseren Verständnis: Seine Wurzel hat der harmonische Topos
in den Kirchentonarten, in der Schlußklausel des *Phrygischen*:

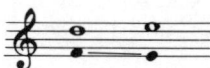

Ihr Merkmal ist der abwärts strebende Halbtonschritt im Baß (bei
Pergolesi $d \rightarrow cis$, Beethoven $as \rightarrow g$). Durch *Umdeutung* und *Verschärfung*
aber erhält die ursprünglich *schließende* Formel den Charakter von
Offenheit. Aus der Rückschau des Dur-Moll-Systems nämlich wurde sie
harmonisch *umgedeutet* zur Folge Mollsubdominante (s) mit Terz im Baß
– Dominante; in *a*-moll gedacht:

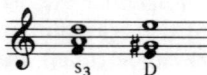

---

[2] Vgl. dazu auch das Beispiel Schumanns S. 169.

Der *zweite* Akkord war damit nicht mehr schließender Klang, sondern, vergleichbar einem Doppelpunkt bei den Satzzeichen, eine Dominante als offener, erwartungsvoller Halbschluß. (Zahlreiche langsamen Sätze barocker Sonaten und Konzerte öffnen sich mit solcher Wendung zum Folgesatz: Sein Eintritt in der Grundtonart wird zur formal zwingenden Antwort.)

Andererseits wurde der *erste* Akkord *verschärft*: durch Hochalteration der Sexte über dem Baß, des s-Grundtones, *d* zu *dis* (im Beethoven-Beispiel *fis* statt *f*). Diese leittönige Verschärfung macht aus der Moll*subdominante* funktional eine Doppel*dominante*; in *a*-moll gedacht: Doppeldominante [*h*] *dis fis a* mit tiefalterierter Quinte *f* (statt *fis*) im Baß:

Das gesteigerte Streben zur Dominante bestärkt noch deren Charakter einer Zäsur, die nach Fortsetzung und Ergänzung verlangt.

In der Arie Pergolesis steht hinter der Frage die phrygische Wendung

Statt des zu erwartenden *fis*-moll aber folgen, unvermittelt, *D*-dur und das Ritornell: Trugschluß und Ritornell verweigern harmonisch und charakterlich eine Antwort auf die gestellte Frage.

Konzertsatzform

Da capo-Arie und spätbarocker Konzertsatz ähneln einander: Gemeinsam ist beiden das Wechselspiel von Ritornell-Solo und eine tragende harmonische Ordnung. Die vorbildhafte Satzform und Satzfolge (schnell-langsam-schnell) bildete Antonio Vivaldi aus; Johann Sebastian Bach – er hat etliche Konzerte Vivaldis bearbeitet – griff die Form auf: Beispielhaft sehe man sein ›Italienisches Konzert‹ für Klavier.

Bei den weit über 400 Konzerten, die Vivaldi schrieb, erweist es sich als aussichtslos, ein übergreifend gültiges Formmodell fixieren zu wollen. Beschreiben aber lassen sich formbestimmende Momente; sie gelten regelhaft für die schnellen Ecksätze.

Sofern nicht demonstrativ ein Solo vorangeht, steht am Beginn des Satzes – wie bei der Arie – das orchestrale *Ritornell*. Dem eröffnenden

Ritornell antwortet am Ende das schließende Ritornell. Formal verklammert es den Satz; harmonisch steht es, definitiv abschließend, wieder in der Tonika. Denn im Wechsel mit den *Solo*partien, den *Episoden*, war vorher das Ritornell mehrfach in *verschiedenen* Tonarten wiedergekehrt – wörtlich oder verändert, vollständig oder nur in Fragmenten, mit Wiederholung oder mit Umstellung von Teilen: Ganz phantasievollvariabel kann seine Wiederkehr ausfallen. Für den Wechsel von Solo-Episoden und Tutti-Ritornell stehen weder Anzahl noch Tempo fest. Vier und mehr Ritornelle wechseln bei Vivaldi mit entsprechend vielen Episoden ab. Und keineswegs immer folgen Solo und Tutti einander in gelassenen Flächen: Bei hastigem Schlagabtausch heben sich »Episode« und »Ritornell« zugunsten spielerischen Konzertierens auf.

Genauso wenig sind für die mittleren Ritornelle die Tonarten oder deren Reihenfolge festgelegt. (Vier Ritornelle als T D Tp T sind *eine* Version, jedoch – entgegen einer gängigen Auffassung – bei Vivaldi keine fixierbare Norm; ohnehin entziehen sich sehr viele Sätze – bei schnellem Solo-Tutti-Wechsel oder bei modulatorischer Unruhe – einer schlüssigen Bestandsaufnahme.) Generell kann ein mittleres Ritornell auf *allen leitereigenen Stufen* (I-VI) erscheinen. Allerdings bilden die Konzertsätze Vivaldis eine Hierarchie aus: In Dur dominieren III (Dp), V (D) und VI (Tp); II (Sp) ist weniger häufig und IV (S) vergleichsweise selten. In Moll wiederum tritt statt der Dominante bevorzugt die Durparallele ein.

Die Episoden haben dann auch die Aufgabe, zu den harmonischen Stationen der Ritornelle zu führen: Modulierende Soli leiten zu tonartlich festen Tutti. Andere Konstellationen gibt es in Fülle. Genau umgekehrt nämlich kann das Ritornell modulieren, während die Episode in der erreichten Tonart verbleibt. Und oft genug leiten beide, Ritornell wie Episode, aufeinander zu, so daß die Harmonik eine Zeitlang im Fluß bleibt.

Formbestimmend ist schließlich die *thematische* Gestaltung. Das *Ritornell* exponiert einen fest umrissenen thematischen Komplex – in aller Regel einen Fortspinnungstypus; das Ritornell S. 42ff. aus Vivaldis Violinkonzert op. 3,6 zeigt dies exemplarisch. Die eher lockeren *Episoden* stellen einen eigenen Gedanken gegen den des Ritornells; oder sie spinnen das Ritornell motivisch fort; oder sie entfalten eine thematisch ungebundene, figurative, oft glanzvolle Virtuosität. In dem zitierten Vivaldi-Konzert op. 3,6 wiederholt das erste Solo den Ritornell-Vordersatz (Vs), um ihn dann kurz fortzuspinnen:

Das zweite Solo dagegen, grundiert vom ♪♩ aus dem Ritornell, hebt mit motorischen Figurationen an:

24

(Notenbeispiel)

Der Wechsel von (variabel wiederkehrendem) *Tutti* und *Solo*; die *harmonische* Ordnung und Vermittlung; die *thematische* Anlage von Ritornell und Episode: Für den Konzertsatz sind dies, bei völliger Freiheit der Ausgestaltung, die formbestimmenden Momente.

Um ihren Reichtum an Erfindung und Gestaltung zu ermessen, studiere man zumindest drei (als Taschenpartitur leicht zugängliche) Konzerte Vivaldis: (a) das glitzernde Konzert C-dur für Flautino op. 44,11; (b) das Konzert C-dur für 2 Trompeten op. 46,1; (c) aus den berühmten ›Vier Jahreszeiten‹ (op. 8): ›Der Herbst‹ (op. 8,3).

Aus allen drei Konzerten ist hier der Aufbau des ersten Satzes skizziert (R = Ritornell, Ŗ = Ritornell verkürzt oder/und verändert, E = Episode, → = moduliert zu . . .).

	R	E	Ŗ	E	Ŗ	E	Ŗ	E	Ŗ
(a)	Ⓣ	T →	Ⓣp	Tp →	Ⓢ	S →	Ⓓp	Dp →	Ⓣ
	C-dur		a-moll		F-dur		e-moll		C-dur
	Takt 1	19	42	50	73	81	102	112	143

Der langsame Satz steht in Suitensatzform ‖ : T → D : ‖ : D → T : ‖ . Im Schlußsatz verlaufen die harmonischen Stationen des Ritornells als T D Dp Tp T, zu denen die Episoden jeweils modulieren.

	R	E	Ŗ	E	Ŗ	E	R		
(b)	Ⓣ	T	Ⓣ	T →	Ⓓ → Dp	T (!)	Ⓣ		
	C-dur		C-dur		G → e		C-dur		
	Takt 1	18	27	31	38	55	65		

	R	E	Ŗ	E	Ŗ	E	Ŗ	E	Ŗ
(c)	Ⓣ	T	Ⓣ	T →	Ⓢp →	Tp →	Ⓓ →	T → D̂	Ⓣ
	F-dur		F-dur		g-moll		C-dur		F-dur
	Takt 1	14	27	32	58	68	78	88	107

Der Mittelsatz, die »schlafenden Betrunkenen«, verrät etwas von dem Vivaldischen Sinn für Witz und plakative Abbildung: Ziellos-unvorhersehbar taumeln die Harmonien 30 Takte lang daher, bis sie sich endlich, für 15 Takte, behäbig auf dem Orgelpunkt A niederlassen . . .

Rondo

Wiederkehr nach etwas anderem: Das ist, dem spätbarocken Konzertsatz vergleichbar, die Grundidee des Rondo. Wie dort das Ritornell zwischen den Episoden wiederkehrt, so hier der einleitende *Refrain* zwischen verschiedenen *Couplets*. Bewahrt sind hierin alte volkstümliche Bräuche:

der Rundtanz als Wechsel von tanzender Gruppe und einzelnen Pärchen – den Couplets –, und der Rundgesang als Wechsel von Chor – er wiederholt den Refrain – und einzelnem Sänger.

Eine wahre Fundgrube für das Rondo ist die französische Klaviermusik des 18. Jahrhunderts; auch Tanzsätze der Suite wurden hier gern »en Rondeau«, in Rondoform, komponiert. Formal sind diese Stücke schlichte *Kettenrondos*. Sie ketten einen Refrain (A) und – im Prinzip beliebig viele – Couplets (B, C, D . . .) aneinander. Das Rondo erweist sich darin als eine typische *Reihungsform*:

A	B	A	C	A	D	A
Refrain	Couplet 1	Refrain	Couplet 2	Refrain	Couplet 3	. . . Refrain

Ein kleines Kettenrondo ist ›Le Petit Rien‹ (›Das kleine Nichts‹) von François Couperin (1968–1733) aus dem 3. Buch (1722) seiner ›Pièces de Clavecin‹. Dem 16taktigen Refrain treten nur zwei Couplets von 8 und 18 Takten gegenüber:

A (Refrain)
Légèrement

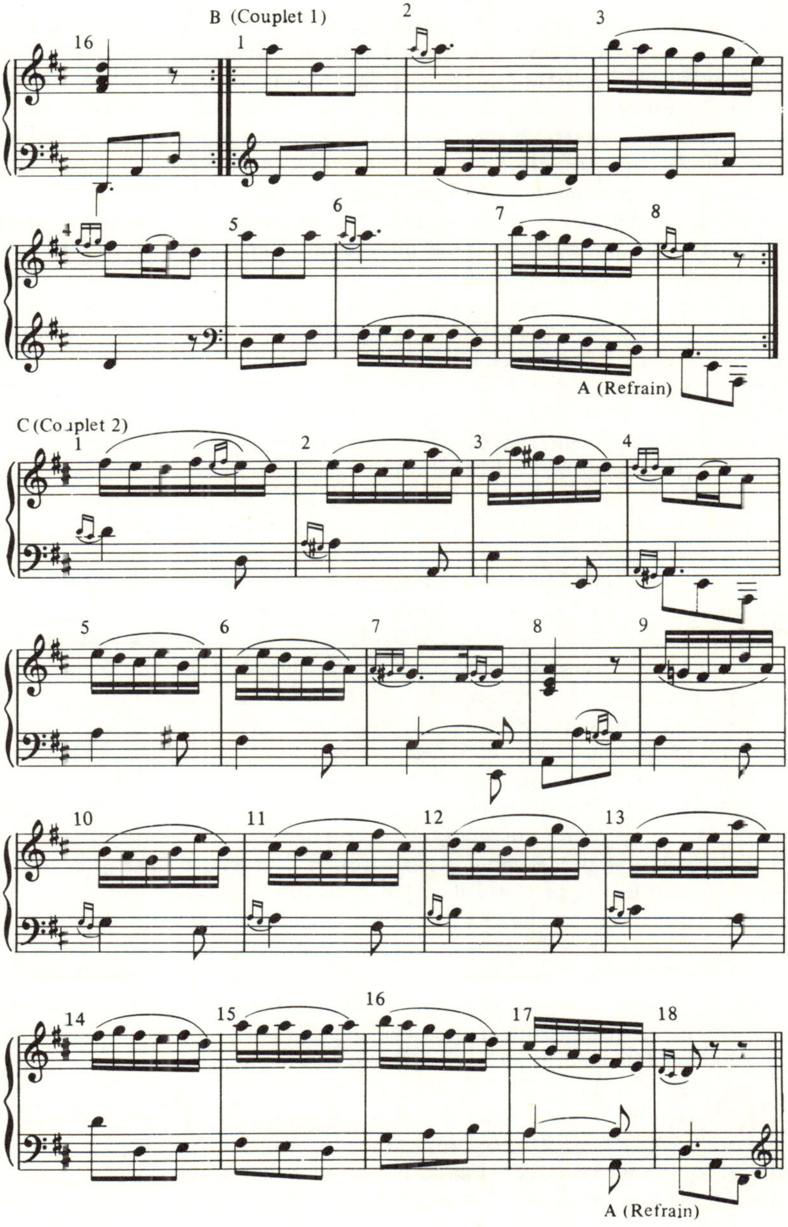
B (Couplet 1)
A (Refrain)
C (Couplet 2)
A (Refrain)

Offenkundig aber ähnelt ein Rondo nur äußerlich dem Konzertsatz. Denn zum einen kehrt dort das Ritornell (in variabler Gestalt) in verschiedenen Tonarten wieder, der Refrain hier dagegen (in gleichbleibender Gestalt) in der Grundtonart. Zum anderen ist ein Ritornell normhaft als Fortspinnungstypus komponiert, ein Refrain dagegen periodisch-symmetrisch. Bei Couperin sind seine 8 + 8 Takte aus 4 × 2, einander entsprechenden Takten gefügt; und periodenähnlich »öffnet« der 8. Takt melodisch-rhythmisch (Oberstimme: ♩ ♫♩ mit Terz auf der »eins«), während die Wiederholung am Ende »schließt« (♪|♩ mit Leitton zum Grundton). Später erscheinen die Refrains entweder als (im klassischen Sinne) reguläre Periode (Mozart, Klaviersonate B-dur KV 333, 3. Satz) oder sind geweitet zu einer Liedform (Beethoven, Klaviersonate A-dur op. 2,2, 4. Satz). Denn ein Refrain muß geschlossen und leicht aufzufassen sein, da sich auf ihn und die Wiederkehr seiner schönen Melodie die eigentliche Aufmerksamkeit richtet. Wohl deshalb war das Rondo gerade bei den französischen Komponisten im 18. Jahrhundert so beliebt: Ihre Neigung und Begabung zu melodischem Charme konnten sich im Refrain entfalten. Er nimmt durch seine Anmut gefangen. Er ist meist liebenswürdig, schmeichelnd, graziös, melodisch blühend: Ein Refrain bleibt sofort im Ohr.

Charakterlich und formal gewinnt der Refrain um so mehr Kontur, je deutlicher sich die Couplets von ihm absetzen. Der Affekteinheit wegen bleiben im *barocken* Rondo die Couplets, als Fortspinnung gewonnen, eher *nahe* am Refrain (während ein *klassisches* Rondo eher darauf zielt, die Couplets *gegensätzlich* anzulegen). Das erste Couplet Couperins ist eine verknappte Variante des Refrains, eine Kombination aus dessen T. 1/2, 7/8 und dem Halbschluß T. 4. Das zweite Couplet entfernt sich weiter: durch die (im 8. Takt definitive) Kadenz zur Dominante und durch das Weiterspinnnen der Sechzehntel, die ab T. 9 endgültig vorherrschen. Eben das aber ist der Kunstgriff. Denn von dem bloßen Sequenzieren der Takte 9-13 und der Sechzehntel-Motorik, deren 5+5 Takte (T. 9-13, 14-18) das Gleichmaß der Takte 1-8 zerstören, hebt sich der folgende Refrain um so eindrucksvoller ab: Sein Gleichmaß und vor allem seine melodische Erfülltheit werden zu etwas Besonderem.

Im *klassischen* Rondo wird dieser Moment – die ereignishafte Wiederkehr des Refrains – zur charakteristischen Stelle. Couplets und Refrain stehen nicht, wie bei Couperin, unverbunden nebeneinander: Eine *Rückleitung* bereitet den Eintritt des Refrains vor. Sie macht gespannt, zögert hinaus, sehnt herbei, geht Umwege oder geradewegs auf den Refrain zu. Die geistreichsten Lösungen finden sich hier. In Beethovens Rondo für Klavier G-dur op. 51,2 kreist die erste Rückleitung anspannend in immer derselben dominantischen Figur, um endlich beim vierten Mal lösend hinzufallen zum Refrain:

Im Schlußsatz von Mozarts Flötenquartett *D*-dur KV 285 gleiten Flöte und Violine chromatisch hinein in den Refrain. Solche Rückleitung war beliebt: Chromatik ist von eleganter Leichtigkeit und birgt ein Überraschungsmoment – der Hörer kennt ihren Endpunkt nicht im voraus:

Amüsante kleine Szene bei Haydn: Der Schlußsatz seiner Symphonie *G*-dur Nr. 88 visiert den Auftakt des Refrains an, nähert sich immer erwartungsvoller, schrumpft zum auftaktigen *d*, repetiert den Ton – unvorhersehbar, wie viele Male – und kippt plötzlich in den Refrain:

Vor allem jedoch griff die Klassik inhaltlich in das Rondo ein. Denn ein Kettenrondo ist prinzipiell unbegrenzt und offen: Die Anzahl der Couplets ist frei, und ein harmonisch definitives Schließen (wie beim letzten Ritornell eines Konzertsatzes) scheidet aus, da der Refrain stets in der Grundtonart wiederkehrt. Solch ziellose Offenheit aber widerspricht einer Formvorstellung, die von sonatenhaftem Denken geprägt ist. In der Klassik überwiegt deshalb eine Mischform: das *Sonatenrondo.* Sein Modell heißt A B A C A B A (Coda). Die Rondoform wird überlagert von der Sonatensatzform. *Rondohaft* sind: Themenbau (Periode oder Liedform) und -charakter; Reihung der Teile; Wiederkehr des Refrains. *Sonatenhaft* sind: die Reprise des B (statt eines *neuen* Couplets); die Funktion der Teile (A vertritt das erste, B das zweite Thema, C die Durchführung); die harmonische Disposition (modellhaft steht das erste B in der Dominante, das wiederkehrende in der Tonika).

Jeder Teil also ist sinnhaft und formal doppeldeutig. Darin liegt der Reiz dieser Mischform und zugleich die Gefahr für das Rondo: Sonatenhafte Durcharbeitung beginnt, es aufzusaugen.

Rondo

Refrain	Couplet 1	Refrain	Couplet 2	Refrain	Couplet 3=1	Refrain
A	B	A	C	A	B	A
1.Thema	2.Thema			1.Thema	2.Thema	
(Tonika)	(Dominante)			(Tonika)	(Tonika)	
Exposition			Durchführung	Reprise		

Sonatensatz

Der Schlußsatz von Beethovens Klaviersonate *Es*-dur op. 7 entspricht diesem Modell (ebenso studiere man die Schlußsätze der Klaviersonate *B*-dur op. 22 Beethovens oder *D*-dur KV 311 Mozarts):

A	B	A	C
T. 1-16	T. 16-49	T. 50-63	T. 64-94
Liedform	Geht aus	Um Nachsatz	♪ aus A und B
(8+4+4 T.)	von A (T. 8/9).	verkürzt.	
	Tonales Zentrum:	Überraschend	Tonales Zentrum:
Es-dur (T)	*B*-dur (D)	nach:	*c*-moll (Tp)

A	B′	A	Coda
T. 95-110	T. 110-143	T. 144-167	T. 167-184
	Tonales Zentrum:	Variiert und	Erinnerung an C
	Es-dur (T)	erweitert.	und Abschied von A.

Das Aufregendste geschieht im vierten Refrain (T. 144-167). Daß Ungewöhnliches zu erwarten ist, kündigt der chromatische Einbruch T. 148 f.
an. An Stelle des abschließenden Nachsatzes passiert es dann. Das
chromatisch erzwungene *h* (T. 156) vermutet der Hörer, in Erinnerung
an denselben Vorgang T. 62/63, als Leitton zu *c*-moll. Doch es wird
überraschend umgedeutet zum dominantischen Orgelpunkt von (notiert) *E*-dur. (Gemeint ist, in diesem ♭-Bezirk, *Fes*-dur – das *h* ist
eigentlich ein *ces*.) Wie von sehr fern, in hellem Licht, klingt der Beginn
des Refrains an – und wird, mit heftigem Signal (ffp), wieder hinunterge-
drückt nach *Es*-dur. Der Refrain ist nicht mehr der, der er zu Anfang
war.

H Die Idee des Zyklischen

Ein Satz kann für sich stehen, momenthaft hineinnehmen in seine persönliche Welt. Ein Satz kann mit anderen Sätzen zusammentreten, in geweitetem Zeitgefühl ein Panorama des Erlebens ausbreiten. In solchem Verbund ist jeder Satz unselbständig und selbständig zugleich: Glied des Ganzen und eigene Person. Er fügt sich ein, in Haltung und Wirkung beeinflußt durch seine Umgebung. Er hebt sich ab, als individuelles Gebilde für sich sprechend. Dieses Wechselspiel von *Eigenständigkeit* und *Anpassung* macht den Reiz und die Herausforderung zyklischer Kompositionen aus.

Lied und Liederkreis

Strophenlied – variiertes Strophenlied – durchkomponiertes Lied: Drei Etiketten können nicht die formale Vielfalt des Kunstliedes erfassen; schon eine Dreiteiligkeit wie das A B A in Schuberts ›Ihr Bild‹ (vgl. S. 65f.) geht darin nicht auf. Doch ist die eingebürgerte Klassifizierung lehrreich. Zwei Dinge nämlich macht sie sichtbar:

1. Zwischen den Grenzfällen des *immer Gleichen* und des *immer Anderen* lassen sich Brücken schlagen. Bei einem *Strophenlied* liegt wechselnden Textstrophen die immer gleiche Melodie zugrunde, so in Schuberts ›Heidenröslein‹ (»Sah' ein Knab' ein Röslein steh'n«). Text und Begleitung fügen sich der steten Wiederholung. Der Text, auf immer dasselbe gesungen, muß in sich entsprechend einheitlich sein, ohne schroffe Gegensätze oder dramatische Wendungen; und die Begleitung – im ›Heidenröslein‹ als sparsame Achteltupfer – ist schlicht gehalten, bei allen Feinheiten im Detail. Das *durchkomponierte Lied* erfindet für jede Strophe oder kleinere Spracheinheit eine andere, dem Text angepaßte Melodie, so in Schuberts ›Der Wanderer‹ (»Ich komme vom Gebirge her«). Bedeutungsvoller und vielgestaltiger ist deshalb die Begleitung. Reihung von immer anderem aber, konsequent durchgehalten, drohte die Faßlichkeit und Ordnung der Form zu gefährden. Kein durchkomponiertes Lied verzichtet darum auf Korrespondenz oder Wiederholung: In Schuberts ›Der Wanderer‹ werden die Takte 16-22 (»Ich wandle still, bin wenig froh . . .«) vor Schluß wieder aufgegriffen. Das *variierte Strophenlied* schlägt eine Brücke zwischen beiden Typen, mit fließenden Übergängen zur Durchkomposition: Prinzipiell behält es die Anfangsmelodie bei, gestattet sich aber, dem Text gehorchend, Veränderungen, so in Schuberts ›Die Forelle‹ in der dritten Strophe (»Doch endlich ward dem Diebe die Zeit zu lang . . .«).

2. Hinter den drei Formtypen wird eine Linie sichtbar vom *Volkstüm-lichen* zum *Artifiziellen*. Jedes Volkslied ist ein Strophenlied. Dem An-spruch der Differenzierung stellt sich nur das Kunstlied; ist ein Kunstlied strophisch komponiert, erstrebt es durchweg die Aura des Volksliedhaf-ten: Haltung und Form bedingen sich gegenseitig[1]. Von den 20 Liedern in Schuberts ›Die schöne Müllerin‹ sind allein acht reine Strophenlieder, ein weiteres (›Tränenregen‹, mit abgewandelter vierter Strophe) ist variiertes Strophenlied: Das volksnahe Motiv des Zyklus' – ein Müllersbursche auf Wanderschaft, dessen Liebe zur Müllerstochter enttäuscht wird – findet darin seine musikalische Außenseite. In Schuberts ›Winterreise‹ gibt es kein einziges reines Strophenlied: Das ausweglose Wandern des unbe-haust Umhergetriebenen, der seiner verlorenen Liebe nachdenkt, schließt den Volkston aus.

In solchem *Zyklus* steht das einzelne Lied in einer bestimmten Umge-bung, aus der es kaum ohne Verlust herausgelöst werden kann. »Am Brunnen vor dem Tore« – ein Strophenlied, jedem vertraut, gleichsam Inbegriff eines volkstümlichen Singens, das von Traum, Sehnsucht, bergender Wärme handelt. Daß die zweite und dritte Textstrophe einen anderen Ton anschlagen, von »tiefer Nacht«, »Dunkel«, »kalten Winden« reden und von einem unerfüllbaren »du fändest Ruhe dort« – das nimmt die immer gleiche Melodie nicht wahr. Ins Harmlos-Schöne geglättet, verliert das Lied jene Tiefe, die es im Original besitzt: ›Der Lindenbaum‹ aus Schuberts ›Winterreise‹ hat nichts von ungefährdeter Behaglichkeit. Gerade das, was das »Volkslied« übersingt, bricht hier in die scheinbare Idylle ein: Der Klavierpart, zunächst ganz homophon, löst sich nach den Triolen, Symbol des Wanderns (2. Strophe), heftig auf; Zeitebenen – das Dur der Vergangenheit gegen das Moll der Gegenwart – sind in der zweiten Strophe unvermittelt hörbar; die tonale Stabilität der Strophen – Dur / Moll → Dur / ? – wird immer geringer. Wenn danach die Anfangsme-lodie wiederkehrt (»Nun bin ich manche Stunde . . .«), ist das ein *anderes* Singen, wie auch der Klavierpart, der die Triolen in sich aufnimmt, nicht derselbe bleibt. Was anfangs, ferngerückt aber schon durch die Erinne-rung, wie real und lebendig besungen wurde, enthüllt sich endgültig als zerbrechlich und scheinhaft (»du *fändest* Ruhe dort«).

Die Umgebung des Liedes bestärkt das Trügerische und Gefährdete. Es steht zwischen Liedern in *c*- und *e*-moll, ›Erstarrung‹ (». . . durchdrin-

---

[1] Dies gilt für das Kunstlied seit dem 18. Jahrhundert. Im 17. Jahrhundert meint »Arie« nichts anderes als ein Strophenlied – so die »Arien« aus Giulio Caccinis berühmter Sammlung ›Le nuove musiche‹ (1601), Gesänge im neuen solistischen Stil, oder die Soloarien von Adam Krieger (1634-1666): Strophenlieder mit B.c. (*General-baßlied*). Eine volkstümliche Grundhaltung ist damit keineswegs zwangsläufig verbun-den oder angestrebt.

gen Eis und Schnee mit meinen heißen Tränen«) und ›Wasserflut‹ (»Manche Trän' aus meinen Augen ist gefallen in den Schnee«). Flüchtig nur und harmonisch (*E*-dur) wie von fern scheint ein anderes Bild auf: inmitten der Kälte des Schnees und inmitten der Tränen die Sonnenwärme um den Lindenbaum. Motivische Verweise machen überdies kenntlich, daß die drei Lieder miteinander zu tun haben:

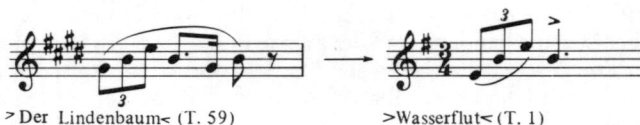

>Erstarrung< (T. 1, 44, 103)

>Der Lindenbaum< (T. 25, vgl. auch T. 1, 45)

> Der Lindenbaum< (T. 59)   >Wasserflut< (T. 1)

In einem Zyklus wird durch solche Verweise, offener oder verdeckter, ein *innermusikalischer Zusammenhang* gestiftet, der tiefer reicht als schon der Zusammenhalt durch den *Text*: ›Die schöne Müllerin‹ läßt sich als die Geschichte des Müllersburschen lesen, die ›Winterreise‹ als Bilderfolge, Stationen ziellosen Wanderns.

Zyklische Einheit kann auch durch andere Mittel erreicht werden. Zwei eindrückliche Beispiele:

1. Robert Schumann: ›Frauenliebe und – leben‹ op. 42. Der Klaviersatz des ersten Liedes (nach Charakter und Satztechnik von Beginn an darauf angelegt) kehrt am Ende wieder, als tiefgründige formale Klammer. Wie durch einen Riß ist das Schlußlied von den anderen abgesetzt: schroffer Umschwung nach *d-moll*, Adagio-Tempo, rezitativartiger, wie versteinert deklamierender Satz. Denn schockhaft nach dem, was voranging, redet es von dem Tod des geliebten Mannes – reglos diatonisch, solange vom »Du« gesprochen wird (T. 1-7), haltlos chromatisch, wenn danach vom »Ich« die Rede ist. Der Halbschluß (*A*-dur) läßt das Lied offen. Ein zarter Tausch der Dominanten (der Grundton der Dominante *A*-dur wird Terz der Zwischendominante *F*-dur) entrückt zur Tonart und Welt des Anfangsliedes, das dem »Rezitativ« nachgestellt ist wie sonst eine »Arie«,

– doch die *Worte* fehlen: stummes Vorüberziehen eines Beginns, der auch jetzt noch, im Inneren gegenwärtig, das Dasein beseelt. Das Lied ist, sprachlos sprechende Musik, zum *Lyrischen Klavierstück* geworden.

Man studiere auch: Schumann, ›Dichterliebe‹ op. 48: Das Nachspiel greift zurück auf das zwölfte Lied, ›Am leuchtenden Sommermorgen‹ (T. 23-28), das poetische Herzstück des Zyklus'.
Beethoven, ›An die ferne Geliebte‹, op. 98. Die Melodie des ersten Liedes kehrt am Ende wieder: Ihr »weit bin ich von Dir geschieden« wird dann zu einem »vor diesen Liedern *weichet*, was geschieden uns so weit«. In *einer* großen sehnenden Bewegung sind alle sechs Lieder pausenlos verbunden: Sie gehen direkt (3 zu 4) bzw. mit kleinen Zwischenspielen ineinander über.

2. Robert Schumann: ›Liederkreis‹ (nach Heinrich Heine) op. 24. Vor allem die *Anordnung der Tonarten* stiftet hier Bezüge und bindet die Lieder in einen harmonischen Kreis:

1	2	3	4	5	6	7	8	9
D	h	H	e	E	E	A	d(→A)	D

Ausgangs- und Endtonart (*D*-dur) sind identisch. Das zweite Lied verläßt nicht die harmonische Ebene des ersten (*h* = Paralleltonart von *D*). Der folgende Wechsel zum Dur (3) bestimmt auch die Lieder 4/5 und 8/9. Durch den Wechsel des Tongeschlechts aber ergibt sich *H*-dur (3) als Dominante zu *e*-moll (4). Dies bleibt das harmonische Prinzip: Die Fundamente der Lieder 2 bis 8 fallen in Quinten (*h-e-a-d*). Dem Choralnahen des achten Liedes entspricht die alte Schlußklausel des Phrygischen; diese Wendung, zum Symbol einer Frage geworden (vgl. S. 156), öffnet es erneut dominantisch zum *D*-dur des Schlußliedes:

Die Rolle der Harmonik studiere man entsprechend an Schumanns Zyklus ›Dichterliebe‹ op. 48. Lied 1 schwankt zwischen *fis*-moll und *A*-dur; es endet offen mit dem D^7 zu *fis*-moll. Lied 2 beginnt nur mit den Tönen *a* und *cis*, die der Hörer automatisch zu *fis*-moll ergänzt, aber *A*-dur wird (T. 2-4) bestätigt. *A*-dur fungiert als Dominante zu *D*-dur (3), *D*-dur als Dominante zu *G*-dur (4) . . .

Als Zeichen mag es umgekehrt zu deuten sein, wenn das Schlußlied *nicht* zur Ausgangstonart zurückfindet. In Schuberts ›Die schöne Müllerin‹ sind die Rahmenlieder durch den weitesten Abstand im Quintenzirkel, den Tritonus, geschieden: *B*-dur (›Das Wandern‹) vom *E*-dur für das ›Wiegenlied‹ des Baches – in dem der Müllersbursche den Tod findet. Und in der ›Winterreise‹ korrespondiert das (originale) *h*-moll des ›Leiermann‹ (Nr. 24) in zyklischer Sicht mit dem mittleren Lied ›Einsamkeit‹ (Nr. 12); Tonart, Charakter und Ostinato-Baß verweisen beide aufeinander. *h*-moll aber ist fern vom *d*-moll des Anfangs (›Gute Nacht‹). Ein Weg führt hier nicht zurück.

Messe

Kyrie, Gloria, Credo, Sanctus, Agnus Dei: Das *Ordinarium* (S. 28) – auf *seine* Vertonung hat sich der Begriff »Messe« im musikalischen Sinne verengt – besteht aus fünf selbständigen Teilen[1]. Jeder Teil ist unabhängig von den anderen nach Funktion und Ort innerhalb der Liturgie. Entsprechend hat jeder Teil in der Gregorianik *eigene*, ihm zugedachte Melodien – für das »Kyrie« beispielsweise neben anderen jene Melodie, die Machaut für sein »Kyrie I« auswählte (S. 92f.). Ein umwälzender Vorgang also ist es, wenn im 15. Jahrhundert erstmals Messen vertont werden, denen in *allen* Teilen *dieselbe* Gregorianische Weise zugrundeliegt. Ein *rein musikalisches* Denken tritt damit vor das liturgische. Zu einem Zyklus wird zusammengezogen, was im liturgischen Ablauf voneinander getrennt ist und musikalisch selbständig war. Die Messe ist nicht mehr nur funktioneller Teil der Liturgie. Ihre *musikalisch begründete Einheit* löst sie heraus zu einer *in sich* geschlossenen und sinnerfüllten Welt: Die Messe wird zum musikalischen Kunstwerk.

[1] Das »Benedictus«, in Messkompositionen gewöhnlich für sich gesetzt, ist *Bestandteil* des »Sanctus«. Die formale Trennung war eine Konsequenz liturgischer Zwänge: Ein zu langes »Sanctus« – ihm folgt in der Messe die Wandlung von Brot und Wein – drohte den liturgischen Fortgang zu verzögern. Das »Benedictus« wurde darum abgelöst und *nach* der Wandlung gesungen. In Beethovens ›Missa solemnis‹ ist dies wundersam auskomponiert: Das »Praeludium«, das vom »Sanctus« zum »Benedictus« überleitet, ist *Musik zur Wandlung* und in seinen harmonischen Wandlungen deren musikalisches Abbild.

Eine gegebene Melodie (*cantus firmus*, abgekürzt c.f.) als Bezugspunkt des Ordinarium bindet den Komponisten. Daß er sich ihr aber unterschiedlich weit unterwerfen kann, sollen zwei Messen von Josquin zeigen: Im Umgang mit der frei gewählten *Bindung* bestimmt der Komponist Maß und Art seiner gestalterischen *Freiheit*.

Josquins späte ›Missa »Pange lingua«‹[2] beruht auf dem gleichnamigen Gregorianischen Hymnus; der jeweilige c.f. also gibt einer ganzen Messe ihren Namen. Der Hymnus besteht aus sechs Zeilen:

Besonders eindrucksvoll ist im »Kyrie« das Ineinander von c.f., Satztechnik und Form. *Paarige Imitation* eröffnet alle drei Rufe – Stimm*paare*, nicht nur Einzelstimmen, imitieren einander. Die gebräuchlichen Paare sind so angeordnet, daß sich die Anfänge, nach demütig tiefem Beginn, stimmlich aufhellen: Kyrie I: Tenor/*Baß* → Sopran/Alt; Christe: Baß/*Alt* → Sopran/Tenor; Kyrie II (wieder in *un*gerader Mensur) umgekehrt wie Kyrie I: *Sopran*/Alt → Tenor/Baß. Jeder Ruf ist zudem – wie insgesamt das Kyrie auf den Schluß hin – ein eindringliches *klangliches Crescendo*: Jeder Ruf beginnt zweistimmig und endet vierstimmig, im Kyrie I mit nur gehaltenem Schlußakkord, im Christe mit einer, im Kyrie II mit zwei weiter schwingenden Stimmen; zu ausdrucksmächtiger Wiederholung versammeln sich die Stimmen gegen Schluß des Kyrie II (vgl. S. 37).

Diese satztechnischen Verfahren – Mittel eines inbrünstigen Bittens um Erbarmen – stützen den formalen Bau, der aus dem c.f. selbst hergeleitet ist. Von den sechs Zeilen des Hymnus' liegen den drei Anrufungen je zwei Zeilen zugrunde. Mit den Zeilen 1, 3, 5 beginnen also

---

[2] Eine praktische Ausgabe, auf die sich das Folgende bezieht, erschien als Nr. 1 der Reihe ›Das Chorwerk‹ (Möseler-Verlag).

die drei Rufe; und jeweils in der Mitte setzt die folgende Zeile ein, wobei andere Stimmen die Zäsur verdecken: Takt 9 (Kyrie I) Zeile 2 im Baß, imitiert vom Tenor (T. 10) und Sopran (T. 11); Takt 35 (Christe) Zeile 4 im Alt, imitiert vom Baß (T. 37), Sopran (T. 42) und Tenor (T. 44); und Takt 58 (Kyrie II) Zeile 6 im Sopran, imitiert vom Baß (T. 60)[3].

Die Töne jeder Zeile gehen in Josquins Fassung ein, doch der Hymnus als Hymnus verliert sich. Seine Melodie ist nicht als greifbare Melodie bewahrt. Sie funktioniert als Tonfolge. Und jede Tonfolge ist zu etwas Eigenem umgeformt, durch die gliedernde *Textierung*, die unterschiedliche *melodische Ausspinnung* und, vor allem, durch die je individuelle *rhythmische Gestalt*. Stummes Lesen reicht nicht aus, diese Umformungen in der Schönheit ihrer atmenden Bewegung und Linienführung nachzuvollziehen – man *singe* die Zeilen (1) bis (6) des Hymnus' und stelle ihnen singend jeweils die folgenden Stimmen gegenüber:

T.1, Tenor, aus (1):
Ky - ri - e e - lei - - - - - son

T.11, Sopran, aus (2):
Ky - ri - e e - lei - - - - - son

T.17, Baß, aus (3):
Chri - ste_____, Chri - ste_____

T.35, Alt, aus (4):
e - lei - - - - - - son

T.51, Sopran, aus (5):
Ky - ri - e e - lei - - - - - son

T.58, Sopran, aus (6)
Ky - ri - e, Ky - ri - e, Ky - ri - e e - lei - - - - son

[3] »Takte« gibt es hier noch nicht (vgl. S. 51); auf die praktische Ausgabe der Messe bezogen, diene der Begriff lediglich einfacher Verständigung.

In das »Kyrie« ist – wie um anfangs die Vorlage der Messe auszuweisen – der ganze Hymnus eingegangen. Alle folgenden Teile beginnen zwar mit dem charakteristischen Halbtonschritt seiner ersten Zeile, *e e ᶠ e;* den weiteren melodischen Verlauf aber nutzen und wahren sie sehr unterschiedlich. Denn Josquins ›Missa »Pange lingua«‹ verkörpert den Typus der *durchimitierten Messe; alle* Stimmen, prinzipiell gleichberechtigt, *verarbeiten imitierend* den c.f. Das läßt dem c.f. gegenüber alle Freiheiten: Er ist nicht starr fixiertes Gerüst, sondern *variabler Leitfaden* im Hintergrund.

Josquins ›Missa La sol fa re mi‹ (1502) dagegen ist über eine *feste* Tonfolge komponiert. Sie ist aus dem *Hexachord* (Sechstonfolge)

g   *a*   *h*   *c*   *d*   *e*
(do re mi fa sol la) heraus erfunden:

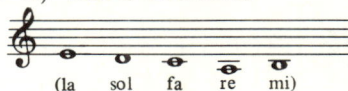

(la   sol   fa   re   mi)

Nach alter Tradition (vgl. S. 47) liegen diese ständig wiederkehrenden Töne als c.f. im Tenor. In solchen *cantus firmus-Messen (Tenormessen)* funktioniert der c.f. als formales Rückgrat, an dem das kontrapunktische Netz der anderen Stimmen Halt findet. Je karger aber der c.f., desto engere Grenzen sind dem Satz gesteckt. Josquin gibt sich lediglich *fünf Töne* vor. Wie solch äußerster *Beschränkung* äußerster *Reichtum* in der Ausgestaltung entlockt wird, ist das Faszinierende. Fünf Töne im Tenor: ohne oder mit Wiederholung einzelner Töne, ununterbrochen von neuem anschließend oder durch unterschiedlich große Pausen getrennt: wechselnd präsent also; schnell durchlaufen oder in unterschiedlich gestreckten Werten durchmessen; gesetzt als Mittel-, Ober- oder Unterstimme im wechselnd vollzähligen Satz; als Gestalt hervortretend (a) oder Klängen integriert (b):

(a)   (b)

Ho - san - (na)   ... in ___ ex - cel - sis

Gelegentlich erscheint die Tonfolge, um eine Quinte transponiert, als *a g f d e.* Im »Sanctus« nutzt Josquin das zu kalkulierter Steigerung. Sechsmal wiederholt hier der Tenor die transponierte Fassung, um plötzlich, wie emporhebend, in die originale Lage zu steigen – ein strahlender Ruck in die Höhe, der sofort eine bewegte Imitation der anderen Stimmen auslöst und erfaßt:

Die feste Tonfolge begrenzt die möglichen Klangfolgen. Ein Ton kann als Grundton, Terz oder Quinte auftreten. Mit dem ersten Ton *e* sind also zu dieser Zeit nur möglich: *E*-moll/-dur, *C*-dur, *A*-moll/-dur. Denkt man dies für die restlichen vier Töne weiter, erweist sich die beschränkte Zahl von Wegen. Variabel sind sie bei Josquin genutzt, um klanglicher Monotonie – der Kehrseite klanglicher Einheitlichkeit – zu begegnen. Durch *wechselnde Kombination* bleiben Klänge frisch; einem *C*-dur (Ton 1) kann mit Ton 2 ein *B*-dur, *G*-dur oder *d*-moll folgen. Und das *Tempo des Klangwechsels* ist unterschiedlich – die Anordnung weit atmender oder kleinschrittiger Partien prägt die Architektur des Satzes: Klang auf Klang, wiederholter Klang bei gehaltenem Ton, Klangänderung unter *einem* Ton. Der Anfang des »Credo« gibt ein beeindruckendes Beispiel: weit tragend der eine Ton *e* im Tenor, aus ruhig-flächigem Klangpendel geraten die Stimmen mit wechselnd gesetztem e-/a-moll in Bewegung und sammeln sich nach dem Klangerlebnis des (bis dahin aufgesparten) *C*-dur in der Schlußwendung:

Daß Josquin die neutrale Tonfolge gerade einer Messe zugrunde legt, wirkt zunächst befremdlich. Doch belegt das nur den Vorrang eines *musikalischen* Gestaltungswillens. Nachdem die Messe, einmal als *musikalisches* Werk entdeckt, ihrer nur *liturgischen* Bindung enthoben war, entfiel auch der Zwang Gregorianischer Vorlagen. *Daß* ein musikalischer Zusammenhang geschaffen wurde, war entscheidender als *womit* er geschaffen wurde: Neben Gregorianischen Weisen (wie »Pange lingua«) wurden im 16. Jahrhundert ebenso *weltliche Melodien* als Vorlage genommen oder eben aus dem Tonsystem heraus erfundene, *freie Tongruppen*. Solcher Wechsel der formalen Grundlage ist also weniger ein Zeichen für Säkularisierung (wie meist gewertet wird) als vielmehr Ausdruck *musikalischer Eigenständigkeit*. Darin geht die *Parodiemesse* der Spätrenaissance noch viel weiter. Sie nimmt eine ganz mehrstimmige Komposition aus eigener oder fremder Hand als Vorlage: eine Motette, ein Madrigal, eine französische Chanson. Alle Teile der Messe beruhen auf dem gewählten Satz. Oft wird es im »Kyrie« relativ notengetreu gesungen, gleichsam erst einmal vorgestellt, während die folgenden Teile so frei damit umgehen können (durch Zusätze, Striche, Abwandlungen, Umstellungen, beliebige Kombinationen), daß das Original kaum mehr kenntlich ist. Mit »Liturgie« hat das nichts mehr zu tun, allein noch mit musikalischem Gestalten: Das gegebene Modell lockt zu schöpferischer Auseinandersetzung, bei der ein Komponist kontrapunktisches Handwerk und Formsinn demonstrieren konnte. Prinzipiell nichts anderes ist es, wenn später Bach Konzerte von Vivaldi bearbeitet oder Brahms Variationen über ein Thema von Schumann schreibt: Musik über Musik.

Daß nach dem Stilumbruch um 1600 die Bindung an einen cantus firmus zurückgedrängt und preisgegeben wird, bedeutet den *Verlust* unmittelbarer zyklischer Einheit. Gleichzeitig aber bedeutet es den *Gewinn* einer absoluten formalen Gestaltungsfreiheit, die sich zunutze macht, was Haltung und Text des Ordinarium aus sich heraus schon anbieten. Denn nach ihrer *Haltung* gruppieren sich die Messeteile um das »Credo« als Zentrum,

Kyrie	Gloria	Credo	Sanctus	Agnus Dei
Bitte	Lobpreis	Glaubensbekenntnis	Lobpreis	Bitte

und das »Agnus« kehrt gleichsam zum Ausgangspunkt zurück. Auch sinnhaft, nicht nur als zyklische Abrundung, läßt sich darum begreifen, wenn später ein »Agnus« auf die Vertonung des »Kyrie« zurückgreift: In Beethovens Messe C-dur op. 86 nimmt die Coda, ein letztes »dona nobis pacem«, die Eingangstakte des »Kyrie« auf; in seiner C-dur-Messe KV 317 (›Krönungsmesse‹) unterlegt Mozart dem letzten »Agnus«-Ruf (T. 57) die anfängliche »Kyrie«-Melodie:

Ky - ri - e___ e -le - i - son
= do - na no - bis pa - cem

Daß der *Text* des Ordinarium über die Jahrhunderte immer derselbe bleibt, ist in seiner Tragweite kaum zu überschätzen. Nur so konnten sich geradezu *Topoi der Vertonung* ausbilden – im Detail (aufsteigende Bewegungen im »Credo« beim Glaubenssatz von der Himmelfahrt) wie im Gesamt: seit den späten Messen Joseph Haydns der Abschluß von »Gloria« und »Credo« mit einer Fuge; das »Benedictus« als lyrischer Mittelpunkt; das »Et incarnatus est . . .« des »Credo« – das Geheimnis der Menschwerdung Christi – als Höhepunkt der Verinnerlichung, mystisches Zentrum des zentralen Messesatzes. (Weit Entferntes trifft sich darin: In Josquins ›Missa »Pange lingua«‹ ist diese Textpartie durch schlichte Homophonie eindringlich abgesetzt von der polyphonen Umgebung. Anton Bruckners Messen berühren gerade hier durch zauberhafteste harmonische Farben.)

Zugleich fordert die Text*gestalt* eine analoge musikalische Form heraus. »Kyrie«-»Christe«-»Kyrie« legt den Grundriß A B A[*] nahe. Im »Sanctus« provoziert das wiederkehrende »Hosanna in excelsis« eine wörtliche Wiederholung. Die dreifache Bitte im »Agnus« läßt an entsprechende Dreiteiligkeit denken. Textreich sind »Gloria« und »Credo«: formal die eigentlich schwierigen Sätze. Im »Gloria« kann immerhin jener Ruf um Erbarmen, der merkwürdig den Lobpreis unterbricht (». . . qui tollis peccata mundi, *miserere nobis*«), zur ausdrucksbetonten Mitte werden und damit eine *Reprise* des ersten Teils anbieten. Im »Gloria« aus Mozarts ›Krönungsmesse‹ trägt diese Partie, mit ihrem harmonischen Schweifen und dominantischen Ende, Züge einer »Durchführung« (T. 77 ff.). Die verkürzte Reprise T. 135 ff. bleibt in der Grundtonart: Das ehemals dominantische »Seitenthema« (T. 57, »Domine Deus«) steht nun, melodisch abgewandelt, in der Tonika C-dur (T. 173); und den nach G-dur kadenzierenden Takten 65-77 entspricht umfangmäßig die C-dur befestigende »Schlußgruppe« des »Amen« (T. 181), das nachfolgend noch eine sechstaktige Coda bildet: Denkweisen der Sonatensatzform halten dieses »Gloria« zusammen.

Im »Credo« (vom »Et incarnatus est« abgesehen) verweigern Fülle und Vielfalt der Glaubenssätze einen Anhalt. Auch hier setzt sich darum ein *rein musikalischer Formwille* gegenüber einem liturgischen Text durch, an dem er kaum Rückhalt findet. Drei eigenwillige Lösungen:

Mozart, »Credo« der ›Krönungsmesse‹. Der einleitende Gedanke kehrt refrainartig wieder (T. 36, 72, 114). Unterschiedliche Texte erscheinen dadurch in gleicher bzw. ähnlicher musikalischer Gestalt: Vokalmusik nimmt Teil an der Idee des *Rondo*.

Beethoven, »Credo« der ›Missa solemnis‹ op. 123. Das imitatorisch verarbeitete Hauptmotiv des Beginns,

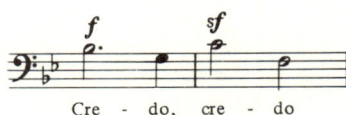

Cre - do, cre - do

ebenso vier folgenden Glaubenssätzen vorangestellt, verklammert den Satz. (Schuberts *As*-dur-Messe treibt die motivische Verklammerung noch weiter: Insgesamt 19mal wird das Eingangswort »Credo« wiederholt, 15mal in der rhythmischen Fassung Cre-do.)

Schubert, »Credo« der *Es*-dur-Messe. Abgehoben von den zwei umrahmenden »Sätzen« und einem vierten »Satz«, der großen Schlußfuge, ist das »Et incarnatus est« ein selbständiger *langsamer Satz*. Höchst merkwürdig, allein musikalisch-formal zwingend, daß darin der Text *zwei*mal hintereinander vorgetragen wird: Nach ». . . passus et sepultus est« und Hinleitung zur Dominante (T. 174) führt die (verkürzte und harmonisch abgewandelte) Reprise zurück zur Tonika. Und aufhorchen läßt die periodisch geschlossene, bewegend schöne Melodie des »Et incarnatus est«, die sich zu einem kanonischen Terzett verbreitert:

Tenor I:	a (T. 138)	b	c
+ Tenor II:		a (T. 146)	b
+ Sopran:			a (T. 154)

Dies ist, nach Stil und Form (nicht anders verläuft etwa das Quartett »Mir ist so wunderbar« aus Beethovens ›Fidelio‹), ein Stück – Oper.

Symphonie und Sonate

Die klassisch-romantische Symphonie und die Opernsinfonia des 17. Jahrhunderts haben greifbare äußere Verbindungen. Ausgangspunkt symphonischer Satzfolge ist das Modell der *Italienischen* Ouvertüre (S. 100f.). Ihr schnell-langsam-schnell erscheint in der Symphonie zu eigenen Sätzen vergrößert und verselbständigt: Ein lyrisch-kantabler Mittelsatz wird umrahmt von einem schnellen Anfangssatz, normhaft in Sonatensatzform, und einem schnellen Schlußsatz, bevorzugt in Rondoform. Daß dem schnellen ersten Satz oft eine *langsame Einleitung* vorangeht, ist andererseits ein Relikt der *Französischen* Ouvertüre; die auf S. 133 zitierte Introduktion Haydns bewahrt mit ihrem punktierten Rhythmus sogar noch deren Eigenart.

*Vier*sätzigkeit entsteht erst durch die Einbeziehung des Menuetts, jenes Tanzes, der stilisiert bereits in die barocke Suite eingefügt wurde (S. 193); schon bei Haydn, vornehmlich aber bei Beethoven nimmt das raschere, nervösere *Scherzo* seine Stelle ein. Modellhaft gilt der viersätzige symphonische Zyklus auch für kammermusikalische Werke, so das Streichquartett, und Klaviersonaten (ohne freilich bindend zu sein – Mozarts Klaviersonaten z.B. sind ausnahmslos *drei*sätzig):

Allegro   Andante (Adagio)   Menuett/Scherzo   Allegro (Presto)

Tiefgreifend jedoch ist der wesenhafte Wandel gegenüber einer Opernsinfonia. Die klassische Satzfolge meint mehr als ergänzenden Kontrast. Ihr Zyklus durchmißt einen Weg, auf dem sich menschliche Ansprache mit kalkulierter musikalischer Wirkung trifft: vom gewichtigen Sonatensatz, der wachen Geist und Denken herausfordert, über die Gefühlstiefe des mittleren Satzes zum lebhaft-vergnüglichen Kehraus. Brücken schlagen kann ein eingefügtes Menuett: Es vermittelt zwischen den Welten von Mitte und Schluß, zwischen Tiefe und Esprit, Erleben und Mitgehen; und es vermittelt zwischen ihren Tempi, die damit zum Schluß hin anziehen.

Alle Momente also bedingen einander (so daß auch andere formale Lösungen stets ihren Sinn aus dem Ganzen ableiten): die *Anzahl* der Sätze, ihr *Charakter*, ihre *Form* und ihre *Position*. Eine Sonate kann sich schon in *zwei* Sätzen[1] derart erfüllen, daß sie einen dritten oder vierten Satz geradezu ausschließt. Charme und Spritzigkeit eines Rondo machen erst am Ende, den Hörer heiter entlassend, ihren Sinn. Daß Beethovens Klaviersonate *As*-dur op. 26 nicht mit einem Sonatensatz beginnt, sondern mit einer Folge von Variationen, führt zu außergewöhnlicher Anlage: Andante con Variazioni – Scherzo – Marcia funebre – Allegro. Und ähnlich dieser Sonate tauschen in Beethovens Neunter Symphonie Adagio und Scherzo ihre angestammte Position: Das Adagio, andernfalls erdrückt und erdrückend neben dem gewaltigen Kopfsatz, steht als lyrischer Schwerpunkt an *dritter* Stelle.

Die wechselseitige Abhängigkeit aller Momente erklärt, daß mit Beethovens – übermächtig nachwirkenden – Symphonien zwei Probleme in den Mittelpunkt rückten: die Gestaltung des Finale und, damit zusammenhängend, die zyklische Gesamtform. Gegenüber dem ersten Sonatensatz ist ein Rondofinale, auch in der Mischform des Sonatenrondo,

---

[1] So Beethovens Klaviersonaten g-moll op. 49,1, *G*-dur op. 49,2 *F*-dur op. 54, *Fis*-dur op 78, e-moll op. 90 und c-moll op. 111.

leicht: Anfang und Schluß halten sich, nach Anspruch und Gewichtig-keit, nicht die Waage. Beethovens Fünfte und Neunte Symphonie reagie-ren darauf in einzigartiger Weise: In der Fünften wird das glanzvolle C-dur-Finale zum Höhepunkt; nach dem viel beschworenen »durch Nacht zum Licht« zielt vom Anfang her alles auf den überwältigenden Schluß. In der Neunten sprengt das Chorfinale alle symphonischen Normen. Der Maßstab, den diese Werke setzten, machte das Finale zum Prüfstein und zur Herausforderung. Mehr und mehr verlagern sich die Gewichte nach hinten. Der ursprüngliche zyklische Weg *löst sich* am Ende zu spielerischer Bewegung. Der Weg im späten 19. Jahrhundert *sammelt sich* am Ende zu konzentrierter Größe; in den Symphonien Gustav Mahlers ist das Finale endgültig der zentrale Satz.

Mit unterschiedlichen Mitteln wurde die zyklische Gesamtform bewäl-tigt. Die 3. Symphonie *d*-moll (1896) Mahlers – gleich seiner 2., 4. und 8. schließt sie, wie Beethovens Neunte, Singstimmen ein – ist zu sechs Sätzen geweitet. Mahler hat sie in »Abteilungen« gegliedert. Der riesige Kopfsatz ist die erste, die Sätze 2-6 sind die zweite »Abteilung«: Nicht als Addition einzelner Sätze ist die zyklische Bewegung gedacht, sondern in großen Wellen, zwei ideell geschlossenen Komplexen. Am Beginn des Finale seiner 5. Symphonie *B*-dur (1875-1878) zitiert Anton Bruckner – wiederum wie Beethovens Neunte – die vorangegangenen Sätze: erin-nernde Rückschau, die momenthaft in die Gegenwart zurückholt, was gewesen war. Und Robert Schumann verknüpft die Thematik seiner 4. Symphonie *d*-moll (1841/1851) – so kehrt die Einleitung im 2. Satz wieder, das Finale verwandelt das Thema des 1. Satzes –, und läßt die vier Sätze pausenlos, wie »einen« Satz, ineinander übergehen.

Schon in Franz Schuberts Klavier-»Fantasie« *C*-dur op. 15 (1822), der ›Wanderer-Fantasie‹, laufen die vier zyklischen Sätze ineinander, mit einer kleinen Atempause nach dem Adagio: Allegro con fuoco – Adagio, Presto – Allegro. Zukunftsweisend aber ist dabei Schuberts formale Ausgestaltung. Thematischer Keim aller Sätze ist das ♩♫ des Adagio; sein Thema entstammt Schuberts Lied ›Der Wanderer‹ (T. 23-30). Aus diesem Keim wird das Werk gewonnen, in eigenwilliger Kombination formaler Prinzipien: *Quasi-Improvisation* geht einher mit *entwickelnder Variation* – ein romantischer Drang nach »offenen«, fantasieartigen Formen bindet sich an ein zusammenschließendes »alles aus einem« –, und hinter dem Sonaten*zyklus* scheinen Stationen der Sonaten*satzform* durch. Das Schluß-Allegro des Zyklus (b) läßt sich zugleich als die Reprise des Sonatensatzes auffassen, die der Kopfsatz (a) ausgespart hatte:

Das Presto-Scherzo ist in seinen thematischen Verwandlungen, seiner
motivischen Abspaltung und seiner Harmonik zugleich eine »Durchführung« des ersten Satzes:

Und Allegro – Adagio wirken zugleich als »Exposition«. Das Allegro
breitet das Hauptthema aus, die Variationen des Adagio umkreisen
eigens seine lyrisch-tiefsinnige Version. Daß die formale Gleichung nicht
restlos aufgeht, liegt an dem Prozeß permanenten »Durchführens«: Das
Schluß-Allegro wirkt zwar als Reprise, verarbeitet aber auch das Thema
imitatorisch; das Anfangs-Allegro gewinnt aus der rhythmischen Formel
und der Chromatik des Hauptthemas schon seinen lyrischen Gegenpol,

wiederholt anschließend (T. 70-82) die Takte 1-13 (so daß die spätere
Reprise um so leichter entfallen kann) und besitzt selbst einen ausladen-
den Durchführungsteil.

Eingelöst ist die Idee, die Schuberts Fantasie vorzeichnet, in der monumentalen Klaviersonate *h-moll* (1853) von Franz Liszt. Hier geben die Sätze des Zyklus ihre frühere Selbständigkeit preis. Sie sind verwoben zu tatsächlich *einem* Satz: *Mehrsätzigkeit* geht wahrhaft auf in *Einsätzigkeit*. Und wirklich ineins gesetzt sind dabei die Teile des Sonatenzyklus (Allegro - Adagio - Scherzo - Allegro) mit den Teilen der Sonatensatzform (Exposition - Durchführung - Reprise).

Einige Hinweise mögen eine weitergehende Auseinandersetzung mit dem überaus komplexen Satz erleichtern:
Exposition T. 8-346, (freie) Reprise T. 460-749. Das »Andante sostenuto« (T. 331-347) ist Abschluß der Exposition, gleichzeitig aber auch Hinleitung zum Mittelteil, der die Durchführung vertritt (T. 347-459); in der Reprise steht es darum *vor* (T. 711-728) der Ostinato-Partie, wegen deren Schlußwirkung (T. 729 ff. – vgl. T. 319 ff.). Der Beginn wächst aus der langsamen Einleitung (T. 1-7) heraus; ihre Takte 2/3 markieren (transponiert) auch das Ende (T. 750-754).
Themen der Exposition: das zweigliedrige Hauptthema (T. 8-17); ein zweites Thema (T. 105); das Thema T. 153 ff., nach Charakter und Rang ein zweiter Seitengedanke, ist durch Vergrößerung aus dem Hauptthema (T. 14 ff.) gewonnen. Charakterliche Verwandlung vollzieht sich auch sonst: vgl. T. 9-13 mit ihrer Verwandlung ins Lyrische T. 124 und zu mitreißendem finalehaftem Aufschwung T. 682; die Robustheit der Verarbeitung von T. 153 in T. 255; oder T. 105 mit dem zerklüfteten »pesante« T. 297.
Der Mittelteil (T. 347-459) ist eine ausdrucksreiche, rhapsodisch freie Montage von Themen der Exposition (T. 349 und wieder 433 = 153 / 363 = 105 / 394 = 331).
Auf eine »Durchführung« im üblichen Verständnis kann und muß die Sonate verzichten: kann, weil Exposition und Reprise schon beherrscht sind von Durchführungstechnik, in ständiger Verarbeitung und Metamorphose des Hauptthemas; muß, weil der Mittelteil zugleich für das »Adagio« des Sonaten*zyklus* steht. Die Exposition ist zugleich das Allegro des Zyklus; die Reprise ist zugleich das Finale des Zyklus. Ein »Scherzo« könnte man in den Takten 460 ff. vermuten – die eigentliche Reprise träte dann unmerklich ein (T. 523 = 25). Eine solche Deutung wäre jedoch weniger glaubhaft, weil die vorweg zitierte langsame Einleitung (T. 453-459) und die Gestalt der Folgetakte (460-467) eindeutig »Reprise« signalisieren.

Arnold Schönberg, Kammersymphonie op. 9 (1906) – Franz Schreker, Kammersymphonie (1916) – Béla Bartók, Streichquartett Nr. 3 (1927): Werke, deren *mehrsätzige Einsätzigkeit* die weiterwirkende Faszination dieser Formidee belegt. Sie bewahren die Satzcharaktere des Zyklus oder suchen deren Verschmelzung mit der Sonatensatzform (man studiere Bartóks Quartett: Moderato = Exposition, Allegro = Durchführung, Moderato = Reprise, Allegro molto = Coda als zweite Durchführung). Werke ab den 1950er Jahren wollen beidem gerade *ausweichen*, sowohl den zyklischen Satzcharakteren wie den Vorgaben eines Sonatensatzes. Zumal die tradierten Charaktere – etwa das Finale als »fröhlicher« oder »triumphaler« Ausklang – schienen zu verbraucht, belastet, nicht mehr unbefangen sagbar. In solchem »vermeiden von« lag dann der Anstoß zu einer vielgliedrig-kontrastreichen Einsätzigkeit (Bernd Alois Zimmermann, ›Symphonie in einem Satz‹, 1951/1953; Manfred Trojahn, 1. Symphonie, 1973/74) – oder, als Alternative, zu einer freien Vielsätzigkeit: Wolfgang Rihms groß angelegte 3. Symphonie (1976/77), mit Chor und Solostimmen, hat vier Sätze, deren ersten beide sich wiederum in vier bzw. zwei Teile untergliedern. Normen sind geschwunden, »Symphonie« und »Sonate« jeder Formulierung und Form offen.

Variation

Variation – »Veränderung« – bezeichnet ein *Prinzip* und eine *Form*.

Das Prinzip des Variierens – ob als spielerisches Abwandeln, gezieltes Weiterführen oder immer anderes Formulieren – ist ein grundlegendes kompositorisches Verfahren. So wechselhaft seine Begründung, so unterschiedlich das Resultat: Variation ermöglicht belebend-intensivierende Abwechslung, zusammenhangvolle Entwicklung, prozeßhafte Verwandlung. Sie ist die Voraussetzung für Varianten (S. 19), motivisch-thematische Arbeit (S. 76), entwickelnde Variation (S. 82).

Variation als Form meint eine Folge von Abschnitten oder eigenständigen Sätzen, die gestützt auf ein Thema oder an einem Thema selbst Veränderungen vornehmen. Die Variationenfolge kann Teil eines größeren Ganzen sein. In den Klaviersonaten Beethovens findet sie sich ebenso am Anfang (*As*-dur op. 26) wie in der Mitte (*G*-dur op. 14,2) oder am Ende (*E*-dur op. 109). Steht eine Variationenfolge als Zyklus *für sich*, muß sie um so mehr in sich selbst Zusammenhalt und Sinn finden. Beethovens Klavier-Variationen *F*-dur op. 34 (1802) ziehen daraus eine radikal neue Konsequenz. Ungewöhnlich schon das Thema. Äußerlich zeigt es, wie viele andere Variationenthemen, dreiteilige Liedform: 8 (Periode) + 6 (um zwei innere Takte, 12/13, erweitert) + 8 Takte. Seine Haltung aber fällt aus dem Rahmen. Ein gewöhnliches Variationenthema ist *einprägsam* – der Hörer soll es behalten, um die Veränderungen darauf beziehen zu können; es ist *gefällig* – der Hörer soll es mögen, um an dem Weiteren interessiert zu bleiben; es ist *schlicht* gefaßt, um späterer Ausgestaltung nichts vorwegzunehmen; und es ist *zurückhaltend*, um den Variationen nicht ihren Rang streitig zu machen. Beethovens Thema – hier der Nachsatz der anfänglichen Periode –

verstößt gegen alle diese konventionellen Normen. Das Thema ist weniger leicht zu behalten als etwa das auf S. 66f. zitierte Mozart-Thema; es ist erfüllt und angespannt von tiefem Ausdruck; in ihm geschieht schon zu viel; und es bedeutet schon für sich selbst alles.

Entsprechend außergewöhnlich ist der ganze Zyklus. Umfang, harmonischer Gang und melodische Bewegungen des Themas bleiben in den Variationen bewahrt. Aber Taktart, Tempo und – vor allem – Tonart wechseln jedes Mal. Man spiele den Schluß des Themas (die *Terz*lage hält ihn ausdrücklich offen) und den Beginn der ersten Variation, um zu erfahren, wie berückend das *a*, Terz von *F*-dur, plötzlich umgedeutet wird zur Quinte von *D*-dur:

Weiter, bis zur Variation 4, entgleiten die Tonarten in entfernter Terzverwandtschaft. 5 setzt den Terzfall fort, wechselt aber auch das Tongeschlecht; dieser Bruch stoppt ein Weiterfallen nach *As*, eingeschobene Takte (*c-moll* wird überraschend zur Dominante *C*-dur) leiten zur Tonika *F*-dur zurück. Das zyklisch abrundende Thema aber ist nicht lediglich Wiederkehr des Anfangs; seine ins Fantastische gehende Ausspinnung setzt die *Erfahrung* der Variationen voraus und fort:

Thema	Var. 1	2	3	4	5	6	Coda	Thema
Adagio Cantabile		Allegro, ma non troppo	Allegretto	Tempo di Minuetto	Marcia Allegretto	Allegretto		Mo.to Adagio
F	D	B	G	Es	c→C	F		F
2/4	2/4	6/8	4/4	3/4	2/4	6/8		2/4

4 (Menuett) und 5 (Marsch) verwandeln das »Cantabile« in einen anderen musikalischen Typus. Eingebunden in den (Terzen-)Kreis der Tonarten, hat jede Variation, wie schon das Thema selbst, einen individuellen *Charakter*, ausgeprägt zu einem Charakterstück.

Dies Besondere versucht der Begriff der *Charaktervariation* zu fassen. Er setzt sich ab von dem Begriff der *Figuralvariation*. Gemeint ist damit die Technik, ein Thema – dessen Umfang und harmonische Anlage erhalten bleiben – mit rhythmischen Mustern zu umschreiben, die von Variation zu Variation wechseln. Als – verfeinertes – Beispiel kann noch die *erste* Variation des auf S. 66f. zitierten Mozart-Themas gelten. Ihre Takte 1-2 bewahren die Oberstimmen des Themas in der linken Hand, danach umspielt ihr Sopran die thematischen Melodietöne. Diesem 2+2 folgt das rhythmische Modell im Sopran, das auch die folgenden Viertakter bestimmt:

Doch die beiden eingebürgerten Begriffe treffen den Sachverhalt kaum; man sollte sie darum nicht verwenden. Denn zum einen verweigern sich die meisten Werke einer entsprechenden Zuweisung: Mozarts *A*-dur-Variationen aus der Klaviersonate KV 311 sind keine bloßen Figurationen, aber auch keine »Charaktere« im Sinne Beethovens. Zum anderen setzen die Begriffe verzerrende Akzente. Eine »Charakter«variation schließt die Technik rhythmisch bestimmten Ornamentierens nicht aus. Eine »Figural«variation gewinnt spätestens dort »Charakter«, wo sich das Tempo ändert oder das Tongeschlecht nach Moll (»Minore«) und wieder Dur (»Maggiore«) umschlägt. (Grundsätzlich hat ein Einbruch des Moll die klassisch-romantischen Komponisten offenbar stärker fasziniert: Alle Themen der Klaviervariationen Mozarts stehen in Dur; Moll – wie in Beethovens 32 Variationen *c*-moll für Klavier – ist Zeichen eines außerordentlichen thematischen Charakters.) Schon die *zweite* Variation des zitierten Mozart-Themas wird zu einem »Cantabile« (in dessen Melodie die der ersten Variation nachklingt); Variation 3 bringt den typischen Umschlag nach Moll. Auf beide Ereignisse reagiert das Folgende überaus ungewöhnlich. Die Variationen 3-6 sind zu *einem* Komplex zusammengezogen: Die ♪ von 3 laufen in 4 (»Maggiore«) weiter, zu 5 (»Adagio«) und 6 (»Allegro«) leiten eingefügte Takte über. Und 5 nimmt auf 2 Bezug, ist *Variation einer Variation*:

Die letzte Variation ist überdies zu *36* Takten geweitet: Nach dem »langsamen Satz« (Variation 5) bildet sie – dem Zyklus der Sonate

vergleichbar – das »Finale«. An das Thema hält sie sich nur noch in den
ersten acht Takten. Die Chromatik aus dem Mittelteil von Variation 3
bricht dann in Akkordfolgen durch, deren Affekt alles Frühere
sprengt:

Um das *konkrete Wesen* von Variationen muß es also gehen, die Art
und den Zusammenhang ihrer Abfolge, die Nähe und Ferne zum Thema,
die Situation am Schluß (denn aus dem Gesamt ergibt sich, ob die letzte
Variation zugleich das Ende ist, ob eine thematisch geprägte Coda folgt,
ob das Thema selbst noch einmal wiederkehrt, oder ob sogar eine Fuge
den Beschluß bildet). Versucht sei darum, über die beiden Beispiele
hinaus, *Möglichkeiten* von Variation zu benennen; sie wollen nicht fünf
Schubladen vorgeben, sondern dazu anregen, das jeweils Wesenhafte zu
begreifen:

1. *Dasselbe in wechselnder Umgebung.* Das Thema selbst ändert sich
äußerlich nicht. Abgewandelt wird, was zu ihm hinzutritt. Die wechselnde Perspektive des Anschauens aber beeinflußt das Angeschaute: Das
Thema wirkt immer wieder anders.

Variationen von John Bull (1562-1628) über den Choral »Veni Creator
spiritus«: Der c.f. ist kontrapunktisch unterschiedlich eingekleidet (mit
einer bis schließlich drei Gegenstimmen wechselnder Rhythmik) und
ausgedeutet (variabel genutzt sind die harmonisch möglichen Bedeutun-
gen der c.f.-Töne):

Vokale Tradition verbindet sich mit instrumentaler Spielfreude: Die Faszination solchen Variierens liegt im Auskosten instrumental-kontrapunktischer Möglichkeiten, die der Stimme nicht zugänglich sind.

Spätere Werke machen die kontrapunktische Technik wieder fruchtbar. Man studiere: Haydn, Streichquartett C-dur op. 76,3, 2. Satz; Beethoven, Variationen 1-3 seines Zyklus Es-dur op. 35.

2. *Hintergrund und neue Gestalten.* Kompositorisch fixiert hat Claudio Monteverdi in seinem ›Orfeo‹ (1607) einmal eine improvisatorische Praxis, die in das 16. Jahrhundert zurückreicht: ein vokales oder instrumentales Improvisieren über einem ostinaten Baß. Orfeo singt drei verschiedene Melodien. Die erste ist dabei nicht »Thema« der späteren, sondern nur zeitlich erste Version auf dem Hintergrund eines Baßganges (Klavierauszug S. 122; die Anfänge sind hier ohne Text übereinander gestellt):

In den barocken Variationenformen der *Chaconne* und der ihr verschwisterten *Passacaglia* lebt dies fort. Ein ostinater Baß im Hintergrund trägt die wechselnden Gestalten der Oberstimmen; er grundiert und gliedert zugleich die Form.

Von »Thema mit Variationen« kann man demgegenüber bei Georg Friedrich Händels Chaconne G-dur sprechen. Der erste, zur V fallende Tetrachord des Basses (*g-fis-e-d*) zählt zu den Baßformeln barocken Variierens; hier kehrt der Baß zur I zurück. Auf dieser Grundlage formt Händel ein in sich geschlossenes, kantables Thema:

Umfang, harmonischer Weg, melodische Züge und Baßgang des Themas bleiben Bindeglied der Variationen. Dies Gemeinsame erhält, mit jeweils beibehaltener Idee, ein immer anderes Aussehen. Ein *Tempoplan* allmählicher rhythmischer Beschleunigung ist – wie in vielen Variationenfolgen des 18. Jahrhunderts – erkennbar. Die verblüffende Anzahl jedoch von 62 Variationen zwingt zu behutsamer Dosierung. Variation 2: Achtel im Sopran, 3: Achtel im Baß, 5: Achtel in der Mittelstimme, erst 7: durchlaufende Achtel, 10: zwei ♪ werden erobert, 12: zwei weitere ♪ kommen hinzu, 13: erneut zwei weitere . . . Die Pointe aber ist die letzte Variation – überraschender konnte das Ende nicht signalisiert werden. Sie bricht aus. Ein zweistimmiger Kanon nimmt alles zu schlichter Linie zurück:

3. *Interpretation und Entwicklung.* Das Thema als Ganzheit geht nicht in die Variationen ein: Legt man Thema und jeweilige Variation übereinander, deckt sich ihr Inhalt nicht. Die Variationen, untereinander nur verbunden durch den gemeinsamen Ausgangspunkt, denken weiter, interpretieren das Thema auf je eigene Weise. Sie nutzen und verarbeiten dabei thematische Bausteine.

In Ludwig van Beethovens ›33 Veränderungen über einen Walzer von A. Diabelli‹ op. 120 beherrschen Elemente des Walzers

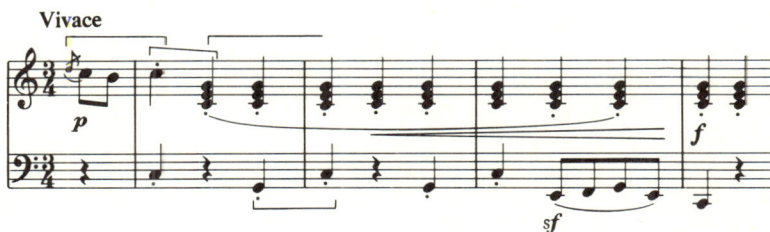

die Variationen: etwa der Auftakt (in Variation 9 rhythmisch wörtlich, in 11 zur Triole verwandelt); die fallende bzw. steigende Quarte (5); die Ton- (32) bzw. Akkordrepetition (25). »Variation« geschieht hier gleichzeitig auf *zwei* Ebenen, auf der Ebene des Themas und auf der Ebene herausgelöster Motive: Das Thema ist der – in allem variable – Grundriß, der überblendet wird von – weiter entwickelten – Teilen seiner selbst.

Wie absolut die Veränderungen sind, sei an Variation 20 skizziert. Nur der Umfang des Walzers (32 T.) bleibt erhalten. Takt ($^6_4$) und Tempo (Andante) wechseln; der Charakter ändert sich unvergleichlich; die Harmonik bewahrt nur gliedernde Punkte (T. 1 C-dur, 16 und 20 G-dur, 32 C-dur). Kanonische Führung (zwischen Baß und Oberstimme am Beginn) und Imitation des Quartmotivs (T. 17 ff.) geben ein wenig Halt. Denn wie traumhaft losgelöst, funktional kaum mehr deutbar, sind die Klangfolgen, so in den Takten 9-12, die nur schattenhaft an die Sequenz im Walzer erinnern. Thematische Mechanik ist zu Klang verzaubert:

4. *Assoziationen.* Die letzte von Robert Schumanns ›Abegg-Variationen‹ op. 1 für Klavier ist »Finale alla Fantasia« überschrieben. Beide Begriffe sind gleich wichtig: »Finale« verweist auf sonatensatzhafte Prinzipien (»Durchführung« T. 163; verkürzte Reprise mit Coda ab T. 199), »Fantasia« auf den Charakter. Die »Fantasia« knüpft an Variation 2 an, läßt mitunter das Thema durchschimmern,

Thema (Beginn)

(Finale) T. 170

188

steigert den charakteristischen Halbtonschritt (*a-b*) des Themenkopfs zu
hochchromatischem Spiel – aber weiter reichen die Fäden nicht. Entscheidend ist weniger, was mit dem Thema selbst passiert; wichtiger ist,
was es *auslöst*. (Das zeigt sich hier schon am »Thema« selbst, das eher als
unentwegt umkreistes, *vervielfältigtes Motto* zu bezeichnen wäre: Die
Ausgangsidee ♩ ♩ ♩ ♩ ♩ wird sequenziert, variiert, umgekehrt.) Das
Thema gibt den Anstoß zu Assoziationen, zu einem quasi-improvisatorischen Fantasieren.

5. *Variationen ohne Thema.* »Aufstellung« und »Veränderung« sind
nicht getrennt. Am Anfang steht kein »Thema«, das anschließend erst die
faszinierende Fülle seiner Möglichkeiten offenlegt. Der Beginn selbst ist
nur und schon eine mögliche Formulierung, eine »erste Variation«. *Alles*,
was geschieht, ist Teil und Ausschnitt eines *variativen Prozesses*.

Die Komponisten verzichten darum auf herkömmliche Titel (wie
»Andante con Variazioni«) oder sprechen lediglich von »Variationen«.
Der 3. Satz des Sextetts *G*-dur op. 36 von Johannes Brahms, ein
ununterbrochener Fluß von »Variationen ohne Thema«, ist nur »Poco
adagio« überschrieben. Schon Beethoven meidet, für den 3. Satz seines
Streichquartetts *F*-dur op. 135, weitergehende Hinweise.

Anton Webern nennt sein Opus 27 nur »Variationen für Klavier«. Alle
drei Sätze des Werkes gehen von derselben 12tönigen Reihe aus (*e f cis es c
d gis a b fis g h*). Der 3. Satz

Ruhig fließend

189

beginnt (1) mit dem Krebs der auf *gis* transponierten Reihe. Gruppe (2), reihentechnisch die Umkehrung des Krebses, ist rhythmisch identisch, aber metrisch – mit Beginn auf »zwei und« statt »eins und« – verschoben. (Musik für Ohr *und* Auge: Die komponierte Intervallrichtung kehrt sich ebenfalls weitgehend um; und im *Notenbild* – im Stimmtausch der Hände – spiegelt sich die Umkehrung.) Gruppe (3) ist reihentechnisch der Krebs des Krebses (also die Reihe auf *gis*); rhythmisch-diastematisch ist sie entsprechend strukturiert, als – komprimierter – Krebs von (1): Im Verhältnis von (2) und (3) zu (1) bestimmt die Reihentechnik zugleich den komponierten Satz.

Das Ganze aber nennt Webern nicht »Thema«, die folgenden Komplexe nicht »Variationen« (T. 12 Beginn auf »zwei und«; T. 23 auf »zwei und«; T. 33 auf »drei und«; T. 45; T. 56). Denn die Takte 5-9 und 9-12 variieren ja schon die Takte 1-5 – und diese wiederum zielen in sich schon auf Abwandlung: Ihre 4+5+3 Töne sind in Gestik und Intervallik (Septime, None) aufeinander verwiesen.

Das *Prinzip* Variation durchdringt die *Form* Variation und zehrt sie auf.

Suite

Suite – im Italienischen *Partita*[1] – heißt eine Folge von Tanzsätzen. Musik zum Tanz ist, neben der seit alters dominierenden Vokalmusik, eine zweite Wurzel für Instrumentalmusik. Elementar Gebrauchshaftes wird in der Suite (und ebenso in der barocken Kammersonate) zusammengefaßt und zu kunstvollen Sätzen stilisiert.

So bedeutsam die Suite für die barocke Instrumentalmusik ist, so spürbar kündigt sich bei Bach bereits ihr Abschied an. Allen Suiten (ausgenommen nur die ›Französischen Suiten‹ und zwei der Partiten für Violine solo) hat Bach ein Vorspiel vorangestellt. Seine vier Suiten für Orchester sind ›Ouvertüre‹ betitelt – dem Ganzen gibt die Einleitung ihren Namen: Sie ist kein »Vorspiel« mehr, sondern das Eigentliche. In Zahlen ausgedrückt, Wiederholungen nicht eingerechnet: Die C-dur-Ouvertüre ist halb so lang wie die Tanzsätze zusammen (144:252 T.), bei der in *D*-dur (Nr. 3) ist das Verhältnis 2:3 (122:180 T.), und gleiche Länge beansprucht sie in den beiden anderen Werken (*h*-moll: 215:208 T., *D*-dur Nr. 4: 187:186 T.). Der Schwerpunkt verlagert sich *fort* von den Tanzsätzen.

---

[1] Bach verwendet »Partita« einerseits im Sinne von Suite, andererseits noch in früheren Bedeutung als Variation bzw. Glied einer Variationenfolge: In seinen vier »Choralpartiten« für Orgel ist der anfangs gespielte Choral die »Partita 1«.

Ihren Ursprung hat die Suite in kontrastierenden Tanzpaaren. Zweigliedrig waren Tänze schon im Mittelalter: Dem geschritten-geradtaktigen *Dantz* folgt der gesprungen-ungeradtaktige *Nachdantz (Hupfauf)*. Ein Satzpaar im 16. Jahrhundert wie *Pavane* und *Galliarde* hat dasselbe Verhältnis; und es bewahrt oft den (ursprünglich improvisierten) Brauch, den zweiten Tanz als ungeradtaktige Fassung des ersten zu gewinnen:

Thomas Morley (1557-1603)

Wird dieses Prinzip auf *mehrere* Tänze übertragen, schließt sich die kontrastierende Tanzfolge zyklisch zusammen: Gegensätzliche Tanzbewegungen werden verbunden durch gleiche melodisch-harmonische Substanz. Entscheidend ist also das Bestreben, zwischen unterschiedlichen, vorgegebenen rhythmischen Ausdrucksformen Zusammenhang zu stiften. Die für solche Suiten übliche Bezeichnung »Variationensuite« sollte man darum vermeiden. In der folgenden Suite von Johann Hermann Schein, aus seiner Suiten-Sammlung ›Banchetto Musicale‹ (1617), ist die Pavane nicht »Thema« der späteren Tänze (ebenso könnte der vierte Tanz am Anfang stehen), sondern eine zeitlich erste Tanzform:

Eine Folge von *vier* Tänzen wurde in der zweiten Hälfte des 17. Jahrhunderts zum *normhaften Grundstock* der Suite. (Daß sie unterschiedlichen Nationen entstammen, belegt eindrucksvoll den damaligen Rang artifizieller Tanzmusik.) Das kontrastierende Paar bleibt als *Allemande – Courante* erhalten (gelegentliche Anklänge erinnern noch an das frühere Verfahren der Ableitung). Es wird ergänzt durch *Sarabande* und *Gigue*, die erneut im Tempo kontrastieren. Jeder Satz ist zweiteilig angelegt (siehe S. 145); und jeder hat, neben seinem konstanten Taktmaß, bestimmte Charakteristika:

Allemande
(deutscher Tanz)
gemessen-fließende
Bewegung
gerader Takt (4/4)
mit Auftakt (♪, ♪ oder ♫♫)

Bach, Suite G-dur für Violoncello solo

Courante
(französisch)
schneller als die
Allemande
ungerader Takt (3/4)
mit (unterschiedlichem) Auftakt

Sarabande
(spanisch)
würdevoll-getragen
ungerader Takt (3/4, 3/2)
normhaft ohne Auftakt
Kennzeichen: Betonung auf der
zweiten Zählzeit (typischer
Rhythmus: ♩ ♩. ♪)

Gigue
(englisch)
schnell; meist 6/8-
Takt – dadurch
doppeldeutig: im
Kleinen (♫♫) ein

Bach, Französische Suite E-dur:

dreier, im Großen (♩. ♩.) ein gerader Takt; mit Auftakt (meist ♪)
Kennzeichen: imitatorischer Beginn, im zweiten Teil oft als Umkehrung

192

Zusätzliche Tänze stehen in der Regel zwischen Sarabande und Gigue. Denn diese Placierung differenziert zwar die zyklische Tempofolge, hebt sie aber nicht auf: Die Sarabande bleibt (ähnlich dem Adagio im Sonatenzyklus) ausdrucksmäßige Mitte, die Gigue bleibt mitreißender Schluß. Zu den wichtigsten Erweiterungen zählen das *Menuett* (siehe das Beispiel Bachs S. 53) und dessen schnellere Fassung, der *Passepied*; die *Gavotte*, ein mäßig bewegter, geradtaktiger Tanz mit typischem ♩♩-Auftakt:

Bach, Cello - Suite D-dur

die *Bourrée*, schnell, geradtaktig, meist mit nervösem ♫-Auftakt:

Bach, Cello - Suite C-dur

sowie die *Musette*, deren kreiselnde Melodik von einem bordunartigen Orgelpunkt getragen wird:

Gavotte II ou la Musette

Bach, Englische Suite g-moll

»In der Art der Musette« ist diese *zweite* Gavotte komponiert. Gern werden Tänzen solche (oft kontrastierenden) *Alternativsätze* beigegeben (»Bourrée II«, »Menuett II«): formales Vorbild für das spätere Menuett-Trio (= »Alternativsatz«) der klassischen Symphonie (S. 68f.). Eine andere Fassung *desselben* Tanzes meinen dagegen die *Agréments* – ausdrucksteigernde, wie improvisiert wirkende Verzierungen – und das *Double*. In Bachs Partita h-moll für Violine solo löst es das ruhige Schreiten der Sarabande in rastlose Motorik auf:

Ein Stück Leben in Kunst überführen: Darin lag wohl die Faszination von Tanz und Stilisierung. Im periodisch ergänzenden Gleichmaß – die Motivik entspricht sich, die Harmonik kehrt sich um – halten sich die vier Takte der oben zitierten Bourrée:

In diesem Prinzip des Gleichgewichts steht die *Kunstmusik dem Tanz nahe*. Die rhythmische Variante ♩♩♩♩ in Takt 4 aber ist mehr als bloße Abwechslung: Die Folgetakte ziehen in Achteln fort, und am Ende der Bourrée (T. 21-26) steht alles in ihrem motorischen Sog. Damit hat sich die *Kunstmusik vom Tanz entfernt*.

I Bindung und Freiheit

Musikalische Form geht nicht immer glatt auf. Ein festgeschriebenes »so muß es sein« trägt falsche Erwartungen an ein Kunstwerk; ein selbstbewußtes »so ist es« wäre gewaltsam und verarmend. Das Mehrdeutige, Zweifelhafte, Unentscheidbare oder nicht richtig Faßbare ist oft gerade das, worum es geht; etwas, das auch zu immer neuem Nachdenken verlockt, ohne doch jemals eine für immer gültige Antwort zuzulassen: ein Stück herausforderndes Geheimnis bleibt. Und als Besonderes fällt andererseits auf, was sich Normen entzieht; ein Verstoß braucht die Regel, um als bewußte, sinnbezogene Abweichung verständlich zu werden: als ein Stück Individualität.

Spiel mit Erwartungen

Der Komponist kann formale Erwartungen durchkreuzen. Das Unerwartete und Verblüffende wird, vor dem Hintergrund des Vertrauten und Gewöhnlichen, zum ästhetischen Reiz und Vergnügen. Aus Haydns Streichquartetten op. 33 (1781) drei formale Pointen:
  1. Mit der Wendung Dominante-Tonika

beginnt das G-dur-Quartett op. 33,5: vorgezogenes Ende (T. 7/8) des folgenden Hauptthemas. Motivisch bleibt ♩ ♫ weiterhin bedeutsam, die harmonische Formel kehrt an formalen Eckpunkten wieder: nach der Durchführung (hier in hübscher Doppeldeutigkeit: Der dominantische Takt verlängert harmonisch noch die Durchführung, ist aber thematisch schon Beginn der Reprise) und am Ende des Satzes.
  Am *Anfang* des Quartetts steht – ein *Schluß*: Es beginnt, als sei es gerade zu Ende gegangen.
  2. Scherzo desselben Quartetts:

Das Forte zu Beginn ist kein dynamischer, sondern ein metrischer Akzent – der Auftakt soll als Takteins wirken; ♫| ♩ ♩ wird zu ♫ ♩ verkürzt – der Dreiertakt kippt um in einen Zweier, bis das sforzato (T. 4) energisch die tatsächliche »eins« wieder klarstellt. Den metrischen Irritationen entspricht der formale Witz: Der reguläre Schlußtakt fällt in das Loch der Pause; Takt 9 durch die – unerwartete – Dominante erneut verdrängt, erscheint die Tonika erst im 10. Takt.

3. Mit einer Komik, die schmunzeln läßt, endet das *Es*-dur-Quartett op. 33,2: Ein Schluß wird suggeriert und nicht eingehalten, ein Anfang wird gesetzt und nicht fortgeführt. Das Thema des Finale erscheint am Ende noch einmal – zerschnitten in lauter Zweitakter:

Das Ende des Themas (∗) vermutet der Hörer als (wenn auch eigenwilliges) Ende des Finale – daß die anschließende Generalpause, darum auf *drei* Takte verlängert, bloße Pause ist, weiß nur, wer die Noten kennt. Ein doppelter Clou also ist der echohafte Neuansatz: weil man nicht auf ihn gefaßt ist, und weil er nicht fortgeführt wird. Der verdutzte Hörer, die melodische Fortsetzung schon im Ohr, merkt erst Sekunden später, daß er gefoppt wurde. Das Finale bleibt offen, das Verschwiegene klingt nur noch im Hörer fort.

Komponierte Form

Wo ist das »zweite Thema« im Kopfsatz von Beethovens Klaviersonate *D*-dur op. 10,3? Man gehe daraufhin die Exposition durch. Die ersten zehn Takte bewahren einerseits, wie S. 64 skizziert, Denkweisen von »Periode« und »Satz«, andererseits sind sie alles andere als ein herkömmliches »Thema«, mit dem sich die Vorstellung von melodischer Prägnanz und rhythmischer Differenzierung verbindet. Die Takte 1-4

entfalten in *einem* großen Zug die thematische Substanz des ganzen Satzes. Man könnte darum, nachträglich gleichsam, den Anfang vom motivisch bedeutsamen Tetrachord aus deuten: Seinem *Fall* zum *a* antwortet (*d/cis* dreht sich um zu *cis/d*) der *Anstieg* zum *a*: zunächst, ebenfalls als Viertongruppe, zum a^1, dann zum a^2, in steigender Variante (mit *e* und *g* als Durchgängen) wieder, wie das Tetrachord, in Sekundschritten. Aber solche Struktur ist bloßer Hintergrund. Pure Energie eröffnet den Satz – eine fortreißende Bewegung, von der sich die innere Kleingliedrigkeit und – jetzt erst: – motivische Kontur des Nachsatzes um so merklicher absetzen.

Takt 23 dann, in *h*-moll, ein »richtiges« Thema (a); es beginnt syntaktisch nun eindeutig (als modulierende Periode) und blüht melodisch auf:

(a)

Takt 54 ein weiterer, wie nur eben angedeuteter Gedanke (b), in *A*-dur, *sieben*taktig, von huschender Unruhe, gleich darauf – schon im 5. Takt abbrechend – in Moll wiederholt; seine fallende Geste, die das Tetrachord aufgreift, findet sich, dort ganz unauffällig, schon in (a):

(b)

Eines bedingt das andere. (a) ist Konsequenz des Anfangs: Entschädigung an »thematischer« Greifbarkeit, die dort noch zurücktrat. (b) ist Konsequenz von (a): Verzicht auf ein gerundetes Singen, das dort schon vorweggenommen wurde. Das Modell der Sonatensatzform versagt. Das »erste Thema« ist mehr Vorstellung von (zunächst noch ungeformtem) Material als thematische Gestalt. Das erste »richtige« Thema gibt sich wie ein zweites, enthüllt sich jedoch als Glied eines Entwicklungsteils: (a) wirkt zwar nach kantablem Charakter und geschlossener Syntax wie ein »zweites Thema«, aber dem widersprechen seine Position, Harmonik (Mollparallele) und modulatorische Fortsetzung. Das denkbare zweite Thema widersetzt sich nach gängigen Maßstäben solcher Bestimmung: (b) wirkt zwar nach Position und Harmonik (Dominante) wie ein »zweites Thema«, aber dem widersprechen scherzohafter Charakter, aufgebrochene Syntax und durchführungsartige Fortsetzung des Tetrachords (vgl. S. 142f.).

Eindeutigere Aussagen sind kaum möglich. Sie würden überdies den Sinn verfehlen: Die ungewöhnliche, in sich zwingende Abfolge, die Doppeldeutigkeiten und Widersprüche sind *Teil und Konsequenz der komponierten Form.*

Zwischen den Welten

Verschiedene Denkweisen können sich durchdringen: in Werken, die nicht geradeaus *eine* Idee verwirklichen, sondern zwischen den Welten stehen. Aufregende Verbindungen gibt es dabei, fernab jeder Konvention. Ein Begriff wie »Mischformen« erfaßt nur vage solche Zwischenstellung. Denn Art und Maß des formalen Ineinander müssen ebenso konkretisiert werden, wie man dessen Gründen nachspüren sollte. Unter vier Aspekten sei das hier versucht:

1. Eine *geschichtliche Situation* kann solches Ineinander begünstigen. Zu deuten ist es nicht als ein unentschiedenes Schwanken zwischen einem »nicht mehr ausschließlich« und einem »noch nicht richtig« (so, als gebe es für eine Form ein geschichtliches Ziel, zu dem anderes nur tastende Vorstufe ist), sondern als historisch und sachlich eigenständige Verschmelzung unterschiedlicher Einflüsse.

1761 schrieb Haydn seine Symphonie C-dur Nr. 7, ›Le Midi‹, ein Werk, das aus der Verbindung barocken und klassischen Denkens Neues gewinnt. Erstaunlich 2. und 3. Satz: zueinander gehörig wie Rezitativ und Duett (Solo-Violine und Solo-Cello). Barockes Konzertieren und Klassische Symphonik treffen sich im 1. Satz. Vorausgeht eine langsame Einleitung, im gravitätischen Stil der Französischen Ouvertüre. Nach Art eines barocken Ritornells erfunden ist das knappe, sechstaktige Hauptthema, mit prägnantem Kopf, Sequenz und Kadenz:

11 Allegro

(+8) f

Die Takte 24 ff. vertreten im Sinne der Symphonie den Entwicklungsteil; im Sinne eines Concerto grosso stellen sie das solistische Concertino (2 Violinen + Violoncello) heraus:

Soli
24 Vl. I,II
p
Vlc.-Solo

Das Seitenthema (T. 41) ist mit zwei Oboen und Fagott als französisches Bläsertrio besetzt (vgl. die Fußnote S. 68). Die Durchführung wird konzertähnlich – nach dem *Tutti* der Schlußgruppe – wieder vom *Solo* (Concertino) eingeleitet und läßt die zwei Soloviolinen nach Art eines Doppelkonzertes konzertieren (T. 78 ff.). In die Reprise eingeschoben ist, überraschend in Moll, eine Episode der ersten Solovioline (T. 112-118) – ein kleines Stück Solokonzert . . .

Reizvoll überlagern sich die Formen, ohne daß die eine oder die andere den Vorrang hätte: Der Satz ist in ein und demselben Moment Konzert und Symphonie, Sonatensatz und Konzertsatz, von barocker und klassischer Haltung.

Man studiere den Kopfsatz der ersten Preußischen Klaviersonate *F*-dur (1742) von Carl Philipp Emanuel Bach. *Gleichrangig* durchdringen sich hier drei Ideen: Der Satz ist 1. ein *Sonatensatz* (Hauptgedanke in *F*-dur, T. 15 Nebengedanke in *C*-dur, Schlußgruppe T. 24, »Durchführung« ab T. 32, Reprise ab T. 56 mit Nebengedanke und Schlußgruppe in der Tonika); 2. ein *Suitensatz* (beide Teile – T. 1-31, 32-81 – werden wiederholt, der erste Teil führt zur Dominante, der zweite Teil beginnt – in Umkehrung – thematisch wie der erste und führt, nach einer Kadenz zur Tonikaparallele *d*-moll T. 54/55, zur Tonika zurück); 3. ein *Konzertsatz* (der Hauptgedanke ist das Ritornell, dazwischen erscheint es T. 24 in der Dominante – durch ausdrückliches »forte« tuttiähnlich herausgehoben – und T. 42 in der Tonikaparallele).

2. Eine bestimmte *Denkweise* kann anderes in seinen Bann ziehen. Das Denken der Klassik ist geprägt von der Idee »Sonate«; auf andere instrumentale Formen – so das Rondo (S. 164f.) – greift sie ebenso über, wie sie hinter vokalen Sätzen – so der Messe (S. 176) – stehen kann.

Das Menuett aus Mozarts Streichquartett *G*-dur KV 387 zeigt, wie üblich, dreiteilige Liedform: A (T. 1-40), B (41-62), A' (63-93). Spiel mit

der Metrik am Beginn: Die pedantisch genauen dynamischen Anweisungen sind *metrische* Akzente; unklar wird dem Hörer, ob der Satz volltak-
tig oder auftaktig beginnt, und der notierte ¾-Takt schlägt um in einen
gespielten ²⁄₄-Takt:

Solche Lust an metrischer Verunsicherung ist durchaus Menuett-ty-
pisch. Alles Folgende aber ist nicht mehr »Menuett«, sondern – Sonatensatz: A vertritt die Exposition (Seitenthema T. 21, Schlußgruppe T. 36),
B die Durchführung, A' die verkürzte Reprise (mit Seitenthema und
Schlußgruppe in der Tonika). Sonatenhaftes Denken erfaßt den Tanz-
satz: Die *Liedform* des Menuetts ist auskomponiert in *Sonatensatzform*.

3. Ein bewußter *historischer Rückgriff* kann verschiedene Sprachweisen
kontrastieren (a) oder ineinander überführen (b) oder Zurückliegendes
neu gewinnen in der eigenen Sprache (c).

(a) Im Finale von Mozarts Streichquartett *G*-dur KV 387 sind die
Welten barocken Kontrapunkts und klassischer Liedhaftigkeit auf unerhörte Weise gegeneinander gespannt. Kontrapunktischer Arbeit

tritt unbekümmert ein homophoner Satz voll melodischer Grazie entgegen (T. 92 ff.):

Polyphone Verschlungenheit und homophones Geradeaus, kontrapunktische Strenge und melodische Gelöstheit, angespannte Kompliziertheit
und verzaubernde Simplizität behaupten sich ganz unvergleichlich
neben- und gegeneinander.

(b) Beethoven, Klaviersonate *As*-dur op. 110: In den ersten vier Takten
ist bereits das Fugenthema des letzten Satzes vorgezeichnet:

1. Satz T. 1-4 Sopran:

3. Satz Thema der »Fuga«:

Die »Fuga« selbst, ein außerordentlicher Satz, spottet jeder Norm.
Eingesprengt wird – schroffer Kontrast der Charaktere – das (variierte)
Arioso. Der Neuansatz der Fuge, nun in *G*-dur, findet erst allmählich zur
Ausgangstonart *As*-dur zurück – und hört im selben Moment (T. 174)
auf, Fuge zu sein: Das Thema wird Baßmelodie, umrankt von Sechzehn-
telfigurationen. »Fuge« verwandelt sich in »Sonate«, Polyphonie immer
deutlicher in Melodie und Begleitung:

Wie im anfänglichen Sonatensatz die Fuge bereits mitgedacht ist, kehrt
die schließende Fuge zum Sonatensatz zurück. Sprachweisen gehen
auseinander hervor und ineinander über: Die *Verwandlung der Sprachfor-
men* ist das Außergewöhnliche dieses Werkes.

   (c) Johannes Brahms greift im Finale seiner 4. Symphonie *e*-moll op. 98
(1885) zurück auf die alte Variationenpraxis über einem ostinaten Baß
(S. 186). Der Kunstgriff des Themas – seine Oberstimme wird später
zum Baß, gelegentlich zur Mittelstimme – ist der Beginn mit der Subdominante:

Denn die Dur-Tonika *E*-dur im 8. Takt ist zugleich Dominante des *a*-moll im 1. Takt: In harmonischer Kreisbewegung gleiten die ersten Variationen ineinander.

Wie aus dem 18. Jahrhundert vertraut, steigert sich anfangs die rhythmische Beschleunigung, Variation 4 (T. 33) – mit ihrem charakteristischen ♩ ♩. ♪ – erinnert an die alte Sarabande, die ♫♫♫ von Variation 11 (T. 73) sind die letzte Stufe rhythmischer Verkleinerung. Gegliedert aber wird die Kette der achttaktigen Variationen durch eine sonatensatzhaft deutbare Gruppierung: Für den Durchführungsteil steht hier die weit gezogene, lyrische Mitte (T. 97-128 = Variation 14-16). Die Reprise = Variation 17 ist in T. 129 mit symphonischem Pathos hervorgehoben; die Variationen 25 (T. 193), 26 und 27 setzen – als *Variationen von Variationen* (nämlich 1, 2 und 3) – die Reprise fort. Und beschlossen wird das Finale, im Sinne symphonischer Steigerung, durch eine grandiose Coda (ab T. 253).

Aus der Sicht des späten 19. Jahrhunderts Archaisches (die alte Ostinatopraxis) mit entsprechend älteren Verfahren (rhythmische Beschleunigung) und Charakteren (Akkordik des Themas, Reminiszenz an die Sarabande) wird eingebunden in lebendig tradierte Vorstellung (Sonatensatz) und in der eigenen Sprache neu gewonnen: Barockes Denken, klassische Formidee und romantische Musiksprache gehen ineinander auf.

4. Die *Sache selbst* kann die Verbindung von Sprachweisen herausfordern.

Im klassisch-romantischen Solokonzert können der solistische und der orchestrale Part unterschiedlichen Rang einnehmen. Wird das Orchester zum eigenständigen Gegenüber des Solisten (statt ihm als bloßer Begleitapparat untergeordnet zu sein), verbindet sich die Eigenart des *Konzertes* mit dem Anspruch des *Symphonischen*. Daß Beethoven mit seinem 4. Klavierkonzert *G*-dur op. 58 auf solchen Typus des *symphonischen Konzertes* zielt – an den Schumann und Brahms anknüpfen –, ist am Beginn überraschend auskomponiert. Fünf Takte Vordersatz im Klavier, neun Takte Nachsatz im Orchester, durch den leuchtenden Einsatz in *H*-dur wie von ferne kommend: *Solistischer Beginn* vereint sich mit *symphonischer Fortsetzung*. Was hier in lyrischer Zurückgezogenheit bleibt, öffnet Beethovens 5. Klavierkonzert *Es*-dur op. 73 ins Großartige: Eine ausgreifende, wie improvisiert wirkende Einleitung des Soloklaviers steht am Anfang, zusammengehalten als gleichsam riesenhafte Kadenz durch die erhabenen Orchesterakkorde in *Es*-, *As*-, *B*- und wieder *Es*-dur.

Normalerweise stellt sich der Solist *im Anschluß* an das eröffnende Orchester heraus. Dort wird ihm ebenso ein eigener Gedanke zugestanden – so im 1. Satz von Beethovens 1. Klavierkonzert C-dur op. 15 diese solistische Introduktion (formal ein Satz mit periodischem Vordersatz):

T. 107 Oberst.

wie vor oder nach dem Seitenthema. Nachdrücklich exponiert sich damit der Solist als Solist, im Rahmen *seiner* Exposition. Denn der Kopfsatz eines Solokonzertes folgt normhaft der Sonatensatzform. Er besitzt aber eine *zweifache Exposition*: die des *Orchesters* und die des *Solisten*. Ist die solistische Exposition durch thematische Erweiterungen herausgehoben, so zeigt die orchestrale Exposition eine andere Eigenart: Sie spart das Seitenthema selbst oder dessen übliche harmonische Ebene aus. Im 1. Satz von Beethovens Klavierkonzert *B*-dur op. 19 tritt das zweite Thema erst in der Soloexposition ein (T. 128). Die Orchesterexposition im 1. Satz von Beethovens Klavierkonzert *C*-dur op. 15 bringt das Seitenthema zunächst in *Es*-dur (T. 49), dann, zweifach sequenzierend, in *f*-moll (T. 56) und g-moll (T. 63) – die Dominante *G*-dur erscheint erst in der Soloexposition (T. 155). Die Idee der Sonatensatzform begründet dies: In der Regel bleibt der *Solo*exposition der eigentliche harmonisch-thematische Gegensatz vorbehalten, damit sich die Durchführung als dessen logische Folge anschließen kann.

Individualisierung

Idee und Form der klassisch-romantischen Symphonie erlaubten die unterschiedlichste konkrete Ausgestaltung. Immer wieder, und immer wieder anders, konnte »Symphonie« formuliert werden; daß aber Haydn 104, Mozart 40 und Beethoven 9 Symphonien schrieben (diese »9« blieb dann im 19. Jahrhundert eine geradezu magische Grenze), ist immerhin auffällig. Idee und Form von György Ligetis Orgelstück ›Volumina‹ (1962/1966) – einer Klangfarbenkomposition, die auf verschiedenartigsten Clustern (Tontrauben) beruht – fallen dagegen zusammen. Mit Clustern arbeiten auch andere Werke und leicht nachzumachen – eine geistlose Imitation – wäre das Orgelstück. Doch in seiner ausschließlichen und spezifischen Verwendung von Clustern, in seinem Verlauf und seiner Gesamtform ist es einzigartig. ›Volumina‹ gibt es nur ein einziges

Mal, da Idee und konkrete Ausgestaltung sich nicht mehr voneinander ablösen lassen. Das Werk ist unwiederholbar.

Was sich schon am Beispiel Symphonie abzeichnet, bestätigt sich aus der Sicht des 20. Jahrhunderts: Das Komponieren geht zunehmend hin auf das einzelne Werk, das, im äußersten Fall, nur noch für sich selbst steht. *Worin* sich jeweils das Individuelle äußert, steht freilich nicht fest. Das 8 + 4 + 8 Takte von Robert Schumanns ›Kuriose Geschichte‹, aus den ›Kinderszenen‹, ist alles andere als originell: Grundriß ebenso von unzähligen anderen Stücken. Individualität liegt hier, wie generell beim Lyrischen Klavierstück, in der poetischen Idee und Aussage, nicht in der Form (wenn diese auch ein apartes Detail hat: Die Reprise des anfänglichen Achttakters wirkt wie um einen Takt länger, da die Achtelbewegung in den drittletzten Takt vorgezogen ist – Takt 18 hört man, entsprechend Takt 7, als »vorletzten« Takt . . .).

Die *Differenzierung* und *Verfeinerung aller Sprachmittel* ist nur die Konsequenz einer fortschreitenden Individualisierung: die chromatische Überhitzung und freie Kombinierbarkeit der Harmonik bis zum Zerfall der Durmolltonalität am Anfang des 20. Jahrhunderts; die Auflösung rhythmischer Korrespondenzen hin zu musikalischer Prosa (S. 86); die Preisgabe syntaktischer Muster wie Satz oder Periode; die Abkehr von formalen Modellen. Eine allgemein gültige Form und Sprache schließlich gibt es in der Gegenwart nicht mehr – oder noch nicht wieder. Vier Gedanken sollen das vertiefen und zugleich differenzieren:

1. Maßgeblich unter dem Einfluß des amerikanischen Komponisten John Cage wurde die *Aleatorik* (lat. alea = Würfel) seit Ende der 1950er Jahre zu einer beherrschenden Idee. In ihr manifestiert sich am nachdrücklichsten die Scheu vor formaler Verfestigung. Die Form ist, im Rahmen der jeweiligen Spielregeln, variabel; aleatorische Werke lassen dem Interpreten Freiräume: in improvisatorischen Details, in der Anlage der Großform oder in beidem. Hans Werner Henzes Orchesterwerk ›Antifone‹ (1960) enthält eine vom Taktschlag gelöste Einheit (T. 94); hier haben die Schlagzeuger, drei verschiedenen Tempi zugeordnet, ihre jeweiligen Rhythmen so lange zu wiederholen, bis der Dirigent die nächste Takteins gibt. Witold Lutosławskis zweisätziges ›Streichquartett‹ (1964) ist nicht in üblicher Partitur gedruckt. Zwar stehen die vier Stimmen übereinander, aber jede Stimme ist, von einem Kästchen umrahmt, getrennt von den anderen; verbale Anweisungen regeln den Fortgang (»give the cello a signal, that you have finished«). Gefordert und ausgenutzt ist dadurch auch hier größte Flexibilität der Interpreten vor allem im Rhythmischen – wie sie in üblicher Notation, wenn überhaupt, nur um den Preis absurder Kompliziertheit zu erreichen wäre. ›In C‹ (1964) von Terry Riley legt 53 melodische Formeln fest, überläßt jedoch die konkrete Gesamtform den Ausführenden (vgl. S. 17). Mauricio Ka-

gels ›prima vista‹ (1962/1964) gibt zwei oder mehr beliebigen und musikalisch beliebig agierenden Ensembles 25 Diapositive vor, deren Symbole beliebige »akustische Ereignisse« verlangen, und deren Abfolge beliebig ist: Gleich vielen Stücken von John Cage sind Einzelheiten *und* Großform frei, die Vorgaben des Komponisten bedeuten nur noch einen Impuls zum – vage gelenkten – Musikmachen.

Allen Beispielen gemeinsam ist formale *Offenheit.* Unterschiedlich sind nur die Sinnhaftigkeit und das Ausmaß dessen, was der Komponist frei läßt. (Je radikaler die Offenheit ausfällt, desto weitgehender wird die Idee des unverrückbaren, in sich geschlossenen *Werkes* preisgegeben – und mit ihr dessen gestaltete Form. Tritt an ihre Stelle individuelle Beliebigkeit, verliert allerdings der Begriff »Form« jeden Sinn.)

Offene *Darbietung* war eine Folge solchen Komponierens. Sie wiederum animierte zu entsprechend offenen Konzepten: *Musikalische Form* und *musikalische Präsentation* sind wechselseitig aufeinander bezogen. Zumal in den 1970er Jahren wurden, erfrischend neu damals, zahllose *Wandelkonzerte* veranstaltet; umherwandelnd hört das Publikum Musik. Ladislav Kupkovič hatte erstmals 1968, mit seinem Konzept ›Ad libitum‹, diese Idee in eigenwilliger Form verwirklicht. Nach einem genauen Zeitplan von 20 bis 23 Uhr hatte das Publikum in den Räumen des Schlosses Smolenice bestimmte Aktionen auszuführen: »nach Noten spielen«, »imitieren«, »pp«, »Solo«, »Vokalaktionen«, »alles verklingen lassen« . . . Das *Publikum* war Interpret, Komponist und – sein eigener Zuhörer.

2. Serielles Komponieren (S. 93ff.) – ohne den Halt an Tonalität, an Themen, Motiven, rhythmischer Prägnanz – sucht ein Werk bis ins Detail durchzuorganisieren, mit einem je *individuellen Strukturplan.* Werke einer neuen Komponistengeneration seit Mitte der 1970er Jahre tasten sich wieder heran an Tonalität, erlauben sich wieder Themen, Motive, greifbare Rhythmik, suchen – in Opposition gegen ein strukturorientiertes Komponieren – den unmittelbaren *individuellen Ausdruck.* Die Positionen könnten nicht gegensätzlicher sein. Merkwürdig vergleichbar aber sind die Sprachen unter sich selbst. Viele serielle Werke ähneln einander, in ihrer Aufsplitterung des Satzes zu einzelnen Tonpunkten, ihrer Reihung wechselnd dichter Felder, ihrer Einebnung von Rhythmus. Viele Werke seit den 1970er Jahren ähneln einander, in ihrer unverhüllten Emotionalität, ihren impulsiven kontrastreichen Abläufen, ihrem Drang nach einem betont sensiblen, schönen, oft schwermütigen Klangbild. Um Individuelles geht es, mit grundverschiedenen Ansätzen, beide Male; gleichzeitig jedoch bildet sich eine bestimmte Art des Sprechens und Formens aus: Individualität geht, in der Summe der Werke, auf in einer allgemeinen Sprachweise.

3. Vor den späten Streichquartetten Beethovens stehen wir noch heute fassungslos. Und der 1. Satz seiner Klaviersonate op. 109 beispielsweise entzieht sich jedem schnellen Zugriff: Ist es angemessen, den Satz noch zu begreifen mit den Kategorien »Exposition«, »Durchführung« (dann: T. 16), »Reprise« (T. 49), »Coda« (T. 66)? Wird »Sonate« in Richtung »Fantasie« aufgebrochen? Konzentriert der unvermittelte Gegensatz des »Vivace« und »Adagio« die Sonatensatzform auf ihren (hier radikalisierten) Themenkontrast? Zyklisch gedacht: Fallen schneller und langsamer Satz in einem zusammen – um im 2. (»Presto«) und 3. Satz (»Gesangvoll«) ihre Entsprechung und Erfüllung zu finden?

Gewohnte formale Kategorien können vollkommen versagen. Wo Tonalität preisgegeben ist, spricht man von A-Tonalität, wo keine Themen mehr komponiert sind, von a-thematischer Musik. Negativ wird definiert, was sich überkommenen Kategorien nicht mehr fügt; positive Begriffe fehlen oder haben sich nicht durchgesetzt (wie Schönbergs »polytonal« oder »pantonal« statt »atonal«). Wenn aber Begriffe nicht mehr greifen, scheint eine Sache ungreifbar – und unbegreifbar zu werden. Der Sache selbst droht angelastet zu werden, was an einem unangemessenen Ansatz oder festgefahrenen Vorstellungen liegt; je historisch näher und je neuartiger und individueller die Musik, desto mehr verstärkt sich das Problem. Ton-*Punkte*, Ton-*Gruppe, Fläche, Linie, Raum, Klangfarbe* werden für die Formvorstellung seit den 1950er Jahren wesentlich: Angemessene Beschreibung gilt es jeweils zu finden oder die Bereitschaft und musikalische Neugier, sich ohne Absicherung durch ein begriffliches Netz einzulassen auf ein Werk.

Dies ist – wie der Hinweis auf Beethoven verdeutlicht – eine zeitlose Forderung. Franz Schubert, Streichquintett *C*-dur op. 163, 2. Satz: unsagbare Traummusik – an der alles Gewohnte versagt:

Ein $^{12}/_8$-Takt ist notiert, ein $^6/_8$ wäre immerhin denkbar gewesen. Der $^{12}/_8$ ist ein Fingerzeig: Die Großräumigkeit der Musik, ihr weiter Atem soll nicht beengt werden durch kleinere Takteinheiten. Die Taktstriche sind, pointiert gesagt, Konvention: Weder sind innerhalb eines Taktes abgestufte Schwerpunkte gemeint, noch schließen sich die Takte – als »schwer« oder »leicht« einzuordnen – im Sinne der Klassik zu Gruppen zusammen.

Drei Schichten übereinander, tonräumlich unverrückt placiert, »Oben«, in der ersten Violine, punktierte Tonrepetitionen und sparsamste Gesten, komplementär bezogen »unten« auf das 2. Cello: einförmig hingehende Baßtupfer, die nur ♪ ♩ und, in 28 Takten nur 5mal, ♫ ♩ kennen. In der Mitte ein dreistimmiges Klangband, ohne syntaktisches Raster, pausenlos hinziehend, mit minimaler Bewegung, die keine Stimme greifbar heraushebt; man zögert, von »Melodie« zu sprechen.

Die Harmonik bleibt stehen oder gleitet (die Wendung nach G-dur in T. 19 ausgenommen) zu nahe verwandten Tonarten. Sie ist ohne Ziel. Sie hat keine Entsprechungen (wie in einer klassischen Periode), sie durchläuft keine Geschichte (wie in einem Sonatensatz). Auch einem geübten Hörer fällt es schwer, den harmonischen Weg zu verfolgen: der große Takt, das Adagio, der Quasi-Stillstand in allem – das löscht Erinnerungen und Bezüge aus, trägt nur kreisend zu immer denselben Punkten.

Keine Dimension des Tonsatzes funktioniert in gewohnter Weise. Es gibt keinen begrenzenden oder gruppierenden Takt, kein syntaktisches Muster, keine greifbare Melodie, keinen rhythmischen Fortgang, keine formgebende harmonische Kraft. Im Ohr bleibt nichts. Haften bleibt Atmosphäre: selbstvergessene Ruhe, Zurücknahme, Wärme, Tristesse.

Das Eigentliche offenbart sich dadurch in einer ganz anderen Dimension: in einer neuen Erfahrung von Zeit. Ein *Zeitverlauf* wird dem Hörer nur dann erfahrbar, wenn etwas *geschieht*. Nur wenn sich etwas ereignet, wenn Gedanken zueinander treten (wie etwa bei Mozart) oder ein Motiv das Weitere auslöst (wie bei Beethoven), erlebe ich einen zeitlichen Vorgang. Hier aber »passiert« nichts. Das Vergehen von Zeit wird nicht fühlbar; der Puls des 2. Cello erhält ihr nur ein Minimum an innerer Bewegung. Der Mittelteil des Satzes erwacht in allem, so sehr auch er dann im Immergleichen kreist. Darum ist sein Eintritt (T. 29) wie ein Schock: War vorher die Musik gleichsam der Zeit enthoben, wird abrupt Zeit wieder erlebbar . . .

4. Vom 20. Jahrhundert her ist das Beispiel Schuberts verstörend aktuell: Serielles Komponieren – bedrängt von dem Problem, Zeit zu organisieren – schärfte das Bewußtsein für deren musikalischen Rang. Minimal music vermittelt eine neue Zeiterfahrung (S. 17f.). Unter den Komponisten ist es namentlich Bernd Alois Zimmermann (1918-1970), dessen Denken und Komponieren beherrscht war von zeitphilosophischen Überlegungen.

»Zeit« bei Schubert und im 20. Jahrhundert. Oder: Die Isorhythmik des 14. Jahrhunderts (S. 92f.) begegnet auch wieder bei Wolfgang Fortner, dessen ›The Creation‹ (1957) mit einem ausgedehnten »Amen isorythmique« schließt. Die Kontrapunktik von Renaissance und Barock lebt auf in der vielschichtigen Polyphonie György Ligetis (S. 96f.). Wie Mehrchörigkeit des 17. Jahrhunderts Musik zur Raumkunst macht (S. 106), wird in Werken des 20. Jahrhunderts die Einbeziehung des Raumes maßgeblich, so bei Ives (S. 24) oder in Stockhausens ›»Gruppen« für drei Orchester‹ (1955-1957), die um den Hörer postiert sind. Freies Fantasieren in Barock und Klassik, die Freiheiten des Generalbaßspiels, das Extemporieren der solistischen Kadenz im Konzert: Das neuerliche Interesse an Improvisation knüpft an verschüttete Traditionen an.

Die Beispiele ließen sich vermehren: Immer wieder trifft sich weit Auseinanderliegendes, so sehr sich auch Sprache und Form individualisierten. In spätere Musik geht (ob durch Opposition, Weiterführung, Umformung oder Wiederentdeckung) frühere ein, so wie frühere Musik Möglichkeiten der späteren bereithält. Überwältigend, geradezu schwindelerregend, hat Bernd Alois Zimmermann das einmal zusammen gesehen: »So spiele ich Bach, wenn ich Frescobaldi spiele, und Strawinsky, wenn ich Pergolesi musiziere, und Sweelinck, wenn ich die Virginalisten aufführe und Attaingnant, wenn ich Couperin bringe; Barockes in Hindemith, Indisches und Javanisches in Messiaen, Folkloristisches bei Bartók: welche Umkehrung der Begriffe! Dann wäre es also wichtiger, der Letzte zu sein statt der Erste? Recht verstanden: ja.«

Verzeichnis aller im Text erwähnten Werke
(kursiv gesetzte Zahlen verweisen auf Notenbeispiele)

Sachregister

217

Literaturhinweise

Zur Vertiefung und Weiterführung des Studiums seien folgende Aufsätze und Bücher empfohlen:

Besseler, Heinrich, Singstil und Instrumentalstil in der europäischen Musik, in: Kongreßbericht [Gesellschaft für Musikforschung] Bamberg 1953, S. 223-240.

Brenn, Franz, Form in der Musik, Freiburg in der Schweiz 1953 (= Freiburger Universitätsreden, Neue Folge Nr. 15).

Dahlhaus, Carl, »Rhythmus im Großen«, in: Melos/NZ für Musik 1, 1975, S. 439-441.

–, Zur Theorie der musikalischen Form, in: Archiv für Musikwissenschaft 34, 1977, S. 20-37.

Fischer, Wilhelm, Zur Entwicklungsgeschichte des Wiener klassischen Stils, Wien 1915 (= Studien zur Musikwissenschaft III).

Form in der Neuen Musik, hrsg. von Ernst Thomas, Mainz 1966 (= Darmstädter Beiträge zur Neuen Musik X).

Halm, August, Von zwei Kulturen der Musik, München 1913, Stuttgart ³1947.

de la Motte, Diether, Form in der Musik, Kassel usw. 1979.

Schmitz, Arnold, Beethovens »Zwei Prinzipe«, Berlin und Bonn 1923.

Schönberg, Arnold, Brahms, der Fortschrittliche, in: Schönberg. Stil und Gedanke. Aufsätze zur Musik, hrsg. von Ivan Vojtěch, Frankfurt/Main 1976, S. 33-71.

–, Komposition mit zwölf Tönen, ebenda, S. 72-96 sowie S. 380-383.

Stephan, Rudolf, Neue Musik. Versuch einer kritischen Einführung, Göttingen 1958, ²1973.

Webern, Anton, Der Weg zur Neuen Musik, hrsg. von Willi Reich, Wien 1960.

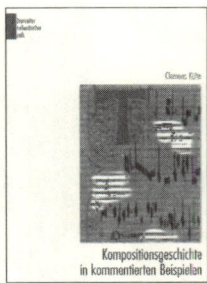

B ärenreiter
S tudienbücher
M usik

Eine Reihe praktischer Arbeitsbücher
für Studenten, Dozenten, Schüler, Lehrer
und Musiker.

Die Bücher eignen sich für das
Selbststudium, als Begleitmaterial
für Seminare und Orientierungshilfe und
Stoffsammlung für Lehrer und Dozenten.
Sie enthalten Übungsaufgaben zum
Mit- und Weiterarbeiten, kommentierte
Literaturverzeichnisse, Quellentexte sowie
eine Fülle an Musikbeispielen.

Herausgegeben von Silke Leopold und
Jutta Schmoll-Barthel.

Die Reihe wird fortgesetzt.

Bärenreiter